Heimsoeth Friedrich

Die indirecte Ueberlieferung des aeschylischen Textes

Ein Nachtrag zu der Schrift über die Wiederherstellung der Dramen des Aeschylus,

zugleich ein Bericht über die Aeschylus-Handschriften in Deutschland

Heimsoeth Friedrich

Die indirecte Ueberlieferung des aeschylischen Textes
Ein Nachtrag zu der Schrift über die Wiederherstellung der Dramen des Aeschylus, zugleich ein Bericht über die Aeschylus-Handschriften in Deutschland

ISBN/EAN: 9783337413545

Printed in Europe, USA, Canada, Australia, Japan

Cover: Foto ©ninafisch / pixelio.de

More available books at **www.hansebooks.com**

Die

indicrecte Ueberlieferung

des aeschylischen Textes

von

Friedrich Heimsoeth.

Ein Nachtrag zu der Schrift über die Wiederherstellung der Dramen des Aeschylus, zugleich ein Bericht über die Aeschylus-Handschriften in Deutschland.

BONN,
Max Cohen & Sohn.
1862.

Wenn sich plötzlich die Kunde verbreitete: „neue Aeschylus-Handschriften sind gefunden, vortreffliche alte, älter als der Mediceus", mit welchem Eifer, mit welcher Anstrengung würde man sich um die Lesarten dieser Handschriften bemühen? Und doch wäre es sehr zweifelhaft, ob dieselben für den Text des Dichters eine Ausbeute ergäben, die derjenigen entfernt gleich käme, welche sich aus dem schon vorliegenden und noch nicht verwertheten Materiale der Ueberlieferung mit Sicherheit ergibt.

Das Material, welches ich meine, sind die aus den alten Commentaren, welchen noch ein unverdorbenerer Text zu Grunde lag, als uns auch von den frühesten Handschriften dargeboten wird, überlieferten Nachrichten über frühere Lesarten, und der Grund, warum dieses Material nur erst zum allergeringsten Theile ausgebeutet ist, liegt nicht bloss darin, dass die Kritik überhaupt erst auf dem Punkte angelangt scheint, dergleichen indirecte Quellen der Ueberlieferung consequent und erschöpfend zu benutzen, sondern es haben hier auch Täuschungen über die äussere und innere Ausdehnung jenes Materiales die Benutzung desselben direct gehemmt.

Da man in einer, allen übrigen Textüberlieferungen um mehrere Jahrhunderte vorhergehenden alten Handschrift kurze Scholien fand, in später geschriebenen Handschriften weitläufigere, in denen doch jene kürzern sich wiederfanden, so schloss man: die kurzen Scholien sind die Quelle der weitläufigeren, diese nur spätere Paraphrasen jener; kritisch maassgebend sind also nur die Scholien jener alten Handschrift, die mediceischen.

Ehe diese Behauptung so bestimmt aufgestellt wurde, hatte man auch in den Scholien der spätern Handschriften in einzelnen Fällen Hindeutungen auf bessere, in den mediceischen Scholien nicht berührte Lesarten gefunden und dieselben zu Gunsten des Textes benutzt. Warum zog man daraus nicht den Schluss: auch hier fliesst Ueberlieferung, und forschte dieser nun weiter nach? Die Beschaffenheit der Scholien selbst mag wohl der Grund sein; es mochte bedenklich scheinen, dem einen kritischen Werth beizulegen, was sich in sich so schwach, so verwirrt, so widersprechend zeigte. Nähere Zergliederung hätte auf die wirkliche Sachlage und ihren Grund geführt. Die fraglichen Scholien sind keine eigentlichen Originalcommentare, sie sind von Grammatikern zu dem Texte ihrer Zeit mit Benutzung vorliegender älterer Commentare zusammengestellt; ihre Verfertiger haben die von ihnen benutzten Commentare beständig durch die Brille des ihnen vorliegenden, inzwischen vielfältig veränderten Textes angesehen und alle Arten von Verwischungen, Verwechslungen und Missverständnissen flossen in ihre Arbeit. In den wortreicheren Scholien der späteren Handschriften lag diese Verwirrung gehäuft vor, dieses äusserliche üble Ansehen täuschte über die in ihnen versteckten früheren Bestandtheile. In der That participiren die mediceischen Scholien an denselben Gebrechen, allein dies machte sich hier, im Verhältniss der Kürze der Excerpte, weniger bemerklich. Das mit der Kürze verbundene äussere Alterthum trug den Glauben davon; aus den in späterer Schrift uns vorliegenden Scholien wurden nur wenige auf der Oberfläche ausliegende Steine aufgehoben, der durch sie angedeutete, unter der Oberfläche ruhende reiche Schacht von Ueberlieferungen blieb unausgebeutet.

Aehnlich erging es den, neben den compacten Scholienmassen, welche am Rande der Handschriften verzeichnet zu sein pflegen, in den Handschriften vorkommenden Interlinearbemerkungen. Wohl bemerkte man auch in ihnen hier und da Zeugnisse früherer, im Texte selbst verschwundener Lesarten. Aber um einen allgemeinen Schluss auch über sie zu ziehen und in Folge dessen absichtliche Nachforschung nach ihnen zu halten, dazu fehlte die Vorstellung des Zusammenhanges, den sie wohl mit der Ueberlieferung haben möchten — man liess sie auf sich beruhen. Dass ein Theil dieser Interlinearbemerkungen selbst über die ganze übrige Scholienmasse zurückreiche und uns die allerältesten Ueberlieferungen zuführe, das stellte sich nicht heraus: die meisten und wichtigsten sind gar nicht bekannt geworden.

Ueber die auf solche Weise uns zu Gebote stehende älteste und werthvollste Ueberlieferung, welche ich im Gegensatze zu der in den Texten gebotenen die indirecte nenne, habe ich im Allgemeinen bereits in meiner Schrift über die Wiederherstellung der Dramen des Aeschylus gesprochen und Anfangs, wo ich ex officio von dieser Quelle der Restitution spreche, so wie im fernern Verlaufe der Schrift bei Gelegenheit Beispiele verschiedener Art gegeben. Hier erzählten Glossen, welche über dem verschriebenen Worte erhalten waren, von der frühern richtigen Lesart; dort verrieth die Confrontation des Textes und der über ihm stehenden Erklärung das beiden gemeinschaftliche Original; oder es fand sich in jenen später geschriebenen Scholien eine in den Texten verschwundene Lesart deutlich bezeichnet; häufiger noch wurde zwar auch schon die verschriebene Lesart des Textes berührt und besprochen, dieser Besprechung aber waren zugleich allerlei Bemerkungen beigemischt, welche, näher über ihren Ursprung befragt, sich als Theile der Erklärung einer andern Lesart ergaben, ja es fanden sich Fälle, wo der ganze Stoff einer zu früherer Lesart geschriebenen Bemerkung herübergenommen und zur Erklärung des unterdessen ganz anders gewordenen Textes benutzt worden war. Inzwischen fiel, da ich so manches Andere, für die Herstellung des Textes nicht minder Wichtige zu besprechen hatte, die Hinweisung auf diese Quelle der Restauration im Verhältniss zu ihrer Reichhaltigkeit immerhin nur sehr karg aus. Gleich nach Beendigung der Schrift fiel mir dies unangenehm auf (beruhte doch die Wahl des stolzen Titels meiner Schrift hauptsächlich auf jenen von allen Seiten auf mich eindringenden Ueberlieferungen), es schien mir nothwendig, noch nachdrücklicher auf den Reichthum und die Eigenthümlichkeit jener Quelle aufmerksam zu machen, ich bot dem rheinischen Museum sofort einen darauf bezüglichen Aufsatz an, dessen Abdruck aber Ueberfluss an Stoff (bis Herbst 1862 war Alles besetzt) verhinderte.

Inzwischen setzte ich meine Untersuchungen fort. Bis dahin hatte ich nur erst das gedruckt vorliegende Material (die edirte Scholienmasse) und den Wolfenbüttler Codex benutzen können. Da ich in letzterm schon so manches bis dahin Unbenutzte gefunden, so eilte ich bei erster Gelegenheit zu erproben, ob sich dergleichen auch noch in andern Handschriften vorfinde. Bald war es ein noch nicht edirter Zusatz zu den Scholien, bald eine eigenthümliche Redaction bekannter Bemerkungen, bald wieder eine zwischen den Zeilen aufbewahrte Notiz, welche bestimmte Schlüsse auf den Text ergeben hatten. Diesen Dingen spürte ich denn in den zunächst zu erreichenden Handschriften weiter nach. Ausser der Wolfenbüttler Handschrift konnte ich die Leipziger und Wittenberger eine Zeitlang zu Haus vergleichen, die Münchener Bruchstücke und die Wiener Handschriften suchte ich an Ort und Stelle auf. Ich fand — wie ich vermuthet hatte, aber fast über das gehoffte Maass hinaus — eine für die Kritik so ergiebige Ausbeute, dass es mir der Mühe werth scheint, schon gleich (bei noch frischem Gedächtnisse) einen Bericht darüber zu erstatten, dem ich bald einen fernern über die auswärtigen Handschriften folgen lassen zu können hoffe. Ich denke mir, dass es den Freunden des Dichters nicht gleichgültig sein werde sich davon zu überzeugen, wie Vieles, ausser den Texten und weit über sie zurück, noch glücklich bis zu uns hin überliefert ist, was uns anleitet, den ursprünglichen Glanz des Dichters an allen Ecken und Enden auf authentische Weise wieder herzustellen. Da die ähnlichen Verhältnisse auch bei andern Schriftstellern, zu welchen uns alte Scholien erhalten sind, statt finden, so ist die Sache von allgemeiner Wichtigkeit für die Kritik.

Auf die in Deutschland befindlichen Handschriften des Aeschylus — alle mehr oder weniger neuern Datums — ist, gemäss der bisherigen Ansicht über das kritische Material, nur geringeres Gewicht gelegt worden: Alles drängte sich um das Licht des Mediceus. Seine Scholien waren ja die Quelle aller übrigen, und was sollte sich mit dem so viele Jahrhunderte früher geschriebenen Texte messen wollen? Freilich suchten Einige daran festzuhalten, dass, was den Text betrifft, wenigstens für die drei Stücke: Prometheus, Sieben vor Theben, Perser noch eine von dem Mediceus unabhängige Quelle fliesse, aber W. Dindorf hat zuletzt auch dem wieder bestimmt widersprochen: in einer neuerdings ausgegebenen Abhandlung wird der Text des Mediceus als die einzige Quelle sämmtlicher noch vorhandener Handschriften für alle Stücke des Aeschylus hingestellt.

Wie unrichtig diese Behauptung, will ich hier einschaltend auf die kürzeste Weise darthun. Von den in der Wiener Hofbibliothek befindlichen (bei Schütz und Hermann summarisch genannten) vier Handschriften enthalten drei den Prometheus und die Sieben vor Theben, die vierte enthält auch die Perser (in meiner Ausgabe des Aeschylus werde ich das genaue Detail darüber angeben). Diese Abschrift der Perser enthält nicht bloss eine Menge werthvoller indirecter Nachrichten in ihren Scholien, wovon ich später sprechen werde, sondern sie hat auch im Texte alte richtige Lesarten, von denen weder der Mediceus, noch — aus den bisherigen Collationen zu schliessen — irgend eine andere Handschrift eine Ahnung hat. Ich will, da ich auf diese directe Ueberlieferung in dieser Schrift nicht mehr zurückkommen werde, einige Beispiele hier einrücken.

Pers. V. 310 heisst es in der Aufzählung der in der Schlacht gefallenen Anführer:

Λίλαιος Ἀρσάμης τε κἀργήστης τρίτος,
οἵδ' ἀμφὶ νῆσον τὴν πελειοθρέμμονα
νικώμενοι 'κύρισσον ἰσχυρὰν χθόνα.

Alle Ausgaben haben dies so beibehalten, so viel ich weiss, ist nie der leiseste Zweifel darüber laut geworden, und doch ist νικώμενοι, der Begriff selbst und das Präsens, hier ohne Sinn. Die Wiener Handschrift hat deutlich die Hand des Dichters:

οἵδ' ἀμφὶ νῆσον τὴν πελειοθρέμμονα
κυκώμενοι 'κύρισσον ἰσχυρὰν χθόνα.

(vergl. Sophokl. Elektr. V. 733 γνοὺς δ' οὑξ Ἀθηνῶν δεινὸς ἡνιοστρόφος ἔξω παρασπᾷ κἀνακωχεύει παρεὶς κλύδων· ἔφιππον ἐν μέσῳ κυκώμενον. Aeschyl. fragm. Glauc. ἵπποι δ' ἐφ' ἵπποις ἦσαν ἐμπεφυρμένοι), deutlich, sage ich, da die Handschrift nicht bloss sorgfältig und schön geschrieben ist, sondern über diesem κυκώμενοι auch die Glosse ταραττόμενοι steht d. i. die für κυκᾶν (Prom. V. 994 κυκάτω πάντα καὶ ταρασσέτω) gebräuchlichste Glosse, vergl. Hesychius: κυκῶν, ταράσσων. κυκᾷ, ταράσσει. κυκήσεις, ταράξεις. Etym. magn. s. v. κυρκάνη ... παρὰ τὸ κυκῶ τὸ ταράσσω. Etym. Gud. s. v. κῦμα ... παρὰ τὸ κυκῶ τὸ ταράσσω. Hesychius: κυκηθήτην (zu Ilias XI, 129 τὼ δὲ κυκηθήτην), ἐταράχθησαν. κύκημα, τάραχος u. s. w. Eine Spur dieser Lesart kann man nun auch noch in den Scholien wahrnehmen, wenn z. B. in Schol. A. neben dem 'κύρισσον ἰσχυρὰν χθόνα des Textes von einem συνέκρουον ἀλλήλοις (Schol. Med. unrichtig ἄλλοις) die Rede ist, während ein νικώμενοι in ihnen mit keiner Silbe berührt wird.

Pers. V. 1002 ist bisher aus allen Handschriften referirt:

βεβᾶσι γὰρ οἵπερ ἀγρόται (ἀκρόται) στρατοῦ.

Man hat, um γάρ metrisch zu stützen, τοίπερ eingesetzt. Hermann schreibt in Uebereinstimmung mit der Gegenstrophe:

βεβᾶσι γὰρ τοίπερ ἀκρῶται στρατοῦ.

Allein diese Worte, welche die Antwort des Xerxes auf eine vorhergehende Frage des Chores sein sollen, haben so keinen Sinn. Erst die Lesart des Wiener Codex bringt Licht in die Stelle, in ihm steht: βεβᾶσι γὰρ ἧπερ (sehr bestimmt und gross, auf einer radirten Stelle, mit der Erklärung καὶ καθά darüber — vergl. Hesychius: ἇπερ, καθάπερ — Choëph. V. 440 ἔπρασσε δ' ἇπέρ νιν ὧδε θάπτει). Der Chor fragte vorher: und wie steht es mit denen und denen, wurden sie begraben, wie es ihrer Stellung gebührt? Xerxes antwortet:

' βεβᾶσιν οὐχ ἇπερ ἀκρῶται στρατοῦ

und der Chor fällt ein:

βεβᾶσιν, οἳ, νώνυμοι u. s. w.

Das nach der Personenverschiebung aller Handschriften, wonach Xerxes schon früher anfing zu antworten, von den Grammatikern hier nach ihrer Weise eingeschobene γάρ verdeckte die Negation und das ᾗπερ der Wiener Handschrift (wahrscheinlich nur aus ᾆπερ verändert) ist das letzte Ueberbleibsel von der Hand und dem Gedanken des Dichters. Wie in dieser eine weite Strecke rückwärts und vorwärts voller Fehler gewordenen Stelle die Wiener Handschrift noch weiter leuchtet, werden wir später finden. Die kleine Aenderung des ᾗπερ in οἷπερ und die daraus hervorgegangene Verwischung des Sinnes erinnert mich an die Stelle des Pindar Pyth. VI, 50, wo in den Handschriften steht: τίν τ', Ἐλέλιχθον, ὀργαῖς πάσαις ὅς ἱππείαν ἔσοδον μάλα ἁδόντι νόῳ, Ποσειδᾶν, προσέρχεται, die alten Scholien aber schreiben: σοὶ δέ, ὦ Πόσειδον, προςέρχεται καὶ προσοικειοῦται ὃς εὗρες ἱππείας εἰσόδους τουτέστιν ἱππικὰς ἁμίλλας, ὅτι ἱππικὸς ὁ θεός. Statt des ὅς im Scholiasten fand T. Mommsen in Vat. B. οὕς. Setzt man statt dieses ὅς oder οὕς (wie nahe die Züge aneinanderliegen, weiss der Leser von Handschriften) ἅς, so kommt man auf die Entstehung von προσέρχεται zurück (προσέρχεται ἱππείας ἐσόδοις) und auf die Hand des Dichters:

τίν δ', Ἐλέλιχθον, ἅς θ' εὗρες ἱππίας ἐσόδους,
μάλα ἁδόντι νόῳ, Ποσειδᾶν, προσέχεται.

Pers. V. 218:
τὰ δ' ἀγάθ' ἐκτελῆ γενέσθαι σοί τε καὶ τέκνοις σέθεν
hat diese Wiener Handschrift (aus keiner andern ist es angemerkt) das richtige:

σοί τε καὶ τέκνῳ σέθεν

mit der Erklärung τῷ Ξέρξῃ darüber, in Uebereinstimmung mit Schol. A. zu V. 215 (auch in Vit.): σοὶ καὶ τῷ Ξέρξῃ. Durch das folgende σέθεν ist der Schreibfehler τέκνοις entstanden, den auch schon der Mediceus hat; in Vit. hat er sich zu τέκνοισί τε erweitert. Mit ähnlichem Fehler steht V. 227 in Lips. u. a. Handschr.: παισὶ καὶ δόμοις ἐμοῖσι statt παιδί. — Das von mir bei Gelegenheit der Herstellung von Sieben vor Theben V. 610 (σώφρων, δίκαιος, κεδνός, εὐσεβής ἀνήρ) statt des überlieferten τὰ ἀγαθὰ δ' vorgeschlagene κεδνὰ δ' ἐκτελῆ γενέσθαι (es bezieht sich nicht mehr speziell auf das, was Atossa sah, was mit εἴ τι φλαῦρον εἶδες abgemacht ist, sondern ist allgemein, daher nun der Artikel wegfällt, wie in V. 222 ἐσθλὰ σοὶ πέμπειν τέκνῳ τε) bewährt sich durch denselben Schol. A., welcher die andere Glosse von κεδνά hat: τὰ καλὰ δὲ πεπληρωμένα γενέσθαι: Hesychius: κεδνά, ἀγαθά ... καλά (vergl. Pers. V. 928 κεδνᾶς ἀλκᾶς. Schol. G. Lips. ἀγαθῆς, ἀρίστης und VII, 594 τὰ κεδνὰ βουλεύματα. Schol. A. τὰ ἀγαθά. Schol. Vind. τὰ κάλλιστα), so wie sich Choëph. V. 109 statt κεδνά im Texte der Handschriften σεμνά findet, im Schol. Med. ἀγαθά: Hesych. κεδνά, ἀγαθά . . . σεμνά.

Pers. V. 721 findet sich allenthalben:
πῶς δὲ καὶ στρατὸς τοσόσδε πεζὸς ἤνυσεν περᾶν;
Weder der Ausdruck an sich ist in Ordnung (ἤνυσεν περᾶν ist unvollständig und στρατὸς τοσόσδε πεζός ist Prosa) noch der Wechsel der Subjecte. Darius fragt, nachdem er gehört, dass Xerxes gegen Griechenland gezogen:
πεζὸς ἢ ναύτης δὲ πεῖραν τήνδ' ἐμώρανεν τάλας;
Atossa antwortet:
ἀμφότερα· διπλοῦν μέτωπον ἦν στρατευμάτοιν δυοῖν.
und Darius fragt weiter:
πῶς δὲ καὶ κ. τ. λ.
worauf erwiedert wird:
μηχαναῖς ἔζευξεν Ἕλλης πορθμὸν, ὥστ' ἔχειν πόρον.
Die Wiener Handschrift hat an der fraglichen Stelle:
πῶς δὲ καὶ στρατὸς τοσόνδε πέρας ἤνυσεν περᾶν;
Dergleichen entsteht nicht zufällig, es enthält die ächte, in der sonstigen Ueberlieferung verstümmelte griechische Redeweise und führt auf die Hand des Dichters zurück, welche lautete:
πῶς δὲ καὶ πέρας τοσόνδε πεζὸς ἤνυσεν περᾶν;
nämlich Xerxes, der hier Subject ist, wie vorher und nachher (vergl. Eurip. Rhes. V. 437 ἥκω περάσας ναυσὶ πόντιον στόμα, τὰ δ' ἄλλα πεζὸς γῆς περῶν ὁρίσματα). Στρατός ist eine zu πεζός über die Zeile geschriebene Erklärung, welche nur in der Quelle des Wiener Codex noch nicht zu vollständiger Interpolation durchgedrungen war, wie in den übrigen, auch dem Mediceus.

Diese wenigen Beispiele werden hinreichen, die Ansprüche des Mediceus auf die Eigenschaft einer allgemeinen Quelle unserer Textüberlieferung zu characterisiren. Ohne vorgefasste Meinung liess sich dasselbe auch leicht aus den bekanntern Handschriften erkennen. Ich komme später auf diesen Punkt zurück.

Was nun die indirecten Ueberlieferungen, denen diese Blätter gelten, betrifft, so werde ich dieselben nicht an den Tragödien nach der Reihenfolge ihrer Verse aufweisen; damit die Sachlage sich deutlicher herausstelle, will ich sie nach ihren verschiedenen Gattungen und den manchfaltigen Vermummungen, in welchen sie uns dargeboten werden, dem Leser vorzuführen suchen.

Ich unterscheide bei den folgenden Mittheilungen zwischen den Interlinearglossen und den Scholien am Rande und bezeichne erstere kurz durch i., letztere durch m., z. B. Schol. G. m. Vind. m. sind die Scholien des Wolfenbüttler und der Wiener Handschriften am Rande, Schol. Lips. i. Vit. i. die Interlinearscholien der Leipziger und Wittenberger Handschrift.

Der einfachste Fall ist, dass die überlieferte Lesart eine in den Text gerückte Glosse des Originalwortes ist und als solche durch andere Glossen entlarvt wird. Jedem sind eine Menge Fälle vorgekommen, wo in einzelnen Handschriften die Glosse in den Text gerieth, während andere das Original bewahrten, z. B. $\chi\vartheta o\nu\acute{o}\varsigma$ und $\gamma\tilde{\eta}\varsigma$ Prom. 349 ($\gamma\tilde{\eta}\varsigma$ in Vind. und Lips. l., bei Hermann nicht angemerkt), $\mu\acute{v}\vartheta\varphi$ und $\lambda\acute{o}\gamma\varphi$ Prom. 1080 ($\lambda\acute{o}\gamma\varphi$ in G., fehlt ebenfalls bei Hermann), $\lambda\varepsilon\acute{\omega}\varsigma$ und $\sigma\tau\varrho\alpha\tau\acute{o}\varsigma$ Pers. 279, $\pi\acute{o}\tau\mu\varphi$ und $\mu\acute{o}\varrho\varphi$ Pers. 439, $\varphi\acute{\varepsilon}\varrho\iota\sigma\tau\varepsilon$ und $\breve{\alpha}\varrho\iota\sigma\tau\varepsilon$ VII, 39, $\kappa\alpha\kappa\tilde{\omega}\varsigma$ und $\delta\varepsilon\iota\lambda\tilde{\omega}\varsigma$ ib. 223, $\pi\acute{\alpha}\lambda o\nu$ und $\kappa\lambda\tilde{\eta}\varrho o\nu$ 376. $\dot{\alpha}\nu\tau\eta\varrho\acute{\varepsilon}\tau\alpha\varsigma$ und $\dot{\alpha}\nu\tau\iota\sigma\tau\acute{\alpha}\tau\alpha\varsigma$ 518, $\gamma\tilde{\eta}\varrho\alpha\varsigma$ und $\pi\acute{\varepsilon}\varrho\alpha\varsigma$ 682 u. s. w. Es gibt nun aber auch eine Menge Stellen, in welchen die Glosse die allgemeine Lesart aller unserer Handschriften geworden ist, ohne dass uns aber die Hinweisung auf das Original von der Ueberlieferung ganz vorenthalten sei. So wies ich z. B. aus den Glossen und Scholien $\varphi\iota\lambda\acute{\iota}\alpha$ für $\xi\upsilon\nu\alpha\lambda\lambda\alpha\gamma\alpha\acute{\iota}$ nach, $\pi\tilde{\eta}\mu\alpha$ für $\pi\varrho\tilde{\alpha}\gamma\mu\alpha$, $\vartheta\varepsilon\acute{o}\varsigma$ für $\tau\acute{v}\chi\eta$, $\lambda\alpha\mu\pi\varrho\acute{o}\nu$ für $\chi\varrho\acute{v}\sigma\varepsilon o\nu$, $\dot{\alpha}\sigma\varepsilon\beta\tilde{\eta}$ für $\dot{\alpha}\tau\acute{\iota}\tau\eta\nu$, $\dot{o}\varrho\vartheta o\tilde{\iota}$ für $\dot{\alpha}\varrho\varepsilon\tilde{\iota}$, $\dot{o}\varrho\mu\alpha\acute{\iota}\nu\varepsilon\iota$ für $\dot{\alpha}\varkappa\tau\alpha\acute{\iota}\nu\varepsilon\iota$, $\pi\alpha\nu\delta o\varkappa o\tilde{v}\sigma\alpha$ für $\tau\lambda\eta\pi\alpha\vartheta o\tilde{v}\sigma\alpha$ u. s. w. Fernere Fälle der Art sind:

Sieben vor Theben V. 486 heisst es in allen Handschriften und Ausgaben:
τέταρτος ἄλλος, γείτονας πύλας ἔχων
Ὄγκας Ἀθάνας, ξὺν βοῇ παρίσταται.
Es muss heissen:
τέταρτος ἄλλος, γείτονας πύλας λαχὼν
Ὄγκας Ἀθάνας
Der Sinn sagt es und die Ueberlieferung: Schol. G. i. und Schol. Vind. i. haben über ἔχων die Erklärung: κληρωθείς d. i. die Glosse von λαχών, vergl. Hesychius: λαχών, ὁ κληρωσάμενος. λαχόντα, κληρωσάμενον, und in den Sieben vor Theben regelmässig, z. B. V. 55 λαχών Schol. G. i. Vind. i. u. a. κληρωθείς. V. 126 πάλῳ λαχόντες, κλήρῳ κληρωθέντες. V. 376. εἴληχεν πάλῳ, ἐκληρώσατο. V. 422 εἴληχεν, ἐκληρώθη. V. 451. εἰληχότα, κληρωθέντα. V. 690 κῦμα Κωκυτοῦ λαχόν Schol. G. i. κληρωθέν. Schol. B. Lips. ἤγουν ἀπώλειαν καὶ φθορὰν κληρωσάμενον u. s. w. Von diesem Originale λαχών nun wird ἔχων nicht Schreibfehler, sondern selbst Glosse sein, vergl. Prometh. V. 48 ἔμπας τις αὐτὴν ἄλλος ὤφελεν λαχεῖν, Schol. G. i. κληρώσασθαι, ἔχειν: der Aorist von λαγχάνειν gibt eben das präsente ἔχειν. Auf diesem Wege wird auch Eumen. V. 82 κἀκεῖ δικαστὰς τῶνδε καὶ θελκτηρίους μύθους ἔ χ ο ν τ ε ς entstanden sein.

Pers. V. 166 ist überliefert:
μήτε χρημάτων ἀνάνδρων πλῆθος ἐν τιμῇ σέβειν
μήτ' ἀχρημάτοισι λάμπειν φῶς, ὅσον σθένος πάρα.
Hier ist ἀνάνδρων ein schiefer Ausdruck, grade so, wie deren durch Glossirung zu entstehen pflegen. Schol. G. i. und Vind. i. führen uns das Originalwort zu, wenn sie schreiben: μὴ δυναμένων βοηθεῖν d. i. ἀναλκῶν, wovon ἀνάνδρων die Glosse ist, vergl. Hesychius: ἀναλκής, ἄναιδρος, ἀσθενής. Erotian. ἀναλκές, ἔνιοι μὲν τὸ ἄνανδρον καὶ ἀδύναμον· βέλτιον δέ ἐστιν ἀκούειν τὸ ἀβοήθητον· ἀλκὴ γὰρ παρ' αὐτῷ (Hippokrates, es gehört zu de aër. aq. et locis c. 39 διὰ ταύτας ἐμοὶ δοκέει τὰς προφάσιας ἀναλκὲς εἶναι τὸ γένος Ἀσιηνόν) λέγεται ἡ βοήθεια. Vergl. dazu Etym. magn. ἀλκῶ τὸ βοηθῶ. s. v. ἀλκί... κυρίως γὰρ τὸ ἀλκεῖν βοηθεῖν. Hesych. ἄλκαρ, βοήθημα. ἀλκτῆρα, βοηθόν u. s. w.

Diese andere Erklärung durch ἀβοήθητον geben denn auch die citirten Scholiasten durch die Beischrift μὴ δυναμένων βοηθεῖν. Daher schreibt auch Schol. B., obschon auch er ἀνάνδρων in seinem Texte schon vor sich hat, aus seiner Vorlage (zu V. 163): ὁ πλοῦτος, ὃς τὸν ὑπερμαχοῦντα οὐκ ἔχει, und (zu V. 168): ὁ μὴ δυνάμενος τοῦ πλούτου ὑπερμαχεῖν, vergl. Etym. magn. ἀλκή δὲ καὶ μάχη ... καὶ ἀλκάζειν τὸ μάχεσθαι, u. s. w. Alles, was man hier in den Commentaren fand, passte scheinbar auch auf ἀνάνδρων, was man im Texte vor sich hatte. Wir hätten neben ἄναλκις ein ἀναλκής anzunehmen und zu schreiben: μήτε χρημάτων ἀναλκῶν πλῆθος ἐν τιμῇ μένειν κ. τ. λ.

Pers. V. 735 heisst es in dem Zwiegespräch zwischen Darius und Atossa über das Schicksal des Xerxes:

Ατ. μονάδα δὲ Ξέρξην ἔρημόν φασιν οὐ πολλῶν μέτα
Δαρ. πῶς τε δὴ καὶ ποῖ τελευτᾶν; ἔστι τις σωτηρία;
Ατ. ἄσμενον μολεῖν γέφυραν γαῖν δυοῖν ζευκτηρίαν.

Hier ist weder ποῖ τελευτᾶν überhaupt ein Ausdruck von einer Person, noch würde τελευτᾶν etwas anderes bezeichnen können, als den Untergang und ein ἦ ἔστι τις σωτηρία; nach sich haben müssen; aber auch so würde es dem richtigen Anschlusse des dritten Verses an den ersten im Wege stehn; die Worte des Darius müssen eine Zwischenfrage sein, welche den vom Chore angefangenen Satz zu dem in der stichomythischen Form nun zu Ende führenden ἄσμενον μολεῖν nur überleitet. Kurz τελευτᾶν ist eine Glosse, von περαίνειν, vergl. Etym. Gud. πείρω τὸ τελειῶ, ἐξ οὗ καὶ πέρας τὸ τέλος. s. v. ἀκραιφνές und πταίω ... ὥσπερ ἐκ τοῦ περῶ, τὸ τελειῶ, περαίω καὶ πλεονασμῷ τοῦ ν περαίνω. Hesychius: πέρας, τέλος. περαιωθῆναι, τελειωθῆναι. Pers. 699 πέραινε, Schol. G. τελείωσον u. s. w. Eine andere Glosse, διαπράττεσθαι, steht im Med. am Rande, vergl. Eustath. zu Il. 3, 14 μάλα δ'ὦκα διέπρησσον πεδίοιο p. 373 κυρίως διαπρήσσειν ἐπὶ θαλάσσης τὸ διαπερᾶν und p. 754 διαπρήσσειν κυρίως μὲν ἐπὶ περάματος θαλάσσης, καταχρηστικῶς δὲ καὶ ἐπὶ γῆς· οἷον διέπρησσον πεδίοιο. ἐνταῦθα δὲ διαπρήσσειν λέγει τὸ ἁπλῶς διανύειν καὶ οἷον διεξοδεύειν. Schol. zu Od. 3, 476 ἵνα πρήσσησιν ὁδοῖο ... εἰς πέρας ἔλθῃ τῆς ὁδοῦ καὶ περαιώσῃ αὐτήν. Hesychius: διέπρησσον, διεπέρων. διέπρησσε, διεπέρασε u. s. w. Manche leiteten πρήσσειν direct von περᾶν her (Etym. magn. s. v. πρήθω und πρήσσω), der Grammatiker des Med. aber gab an unserer Stelle περαίνειν wieder durch διαπράττεσθαι (wie Schol. B. Pers. 103 διέπειν). Daher heisst es denn ferner auch in Schol. A. zu V. 734 ... οὐ μετὰ πολλῶν ἀνδρῶν διαπερᾶσαι τὸν Ἑλλήσποντον (vergl. Hesychius: περάαν, διεκπερᾶν, περᾶσαι, διαβῆναι). Zu dem durch Nichtfesthalten der abhängigen Construction (φασίν ...) entstandenen unmetrischen τελευτᾷ dachte man sich nun, ausser Xerxes, auch (dem Worte sprachlich angemessener) τὸ πρᾶγμα als Subject, wie Vind. i. über τελευτᾷ steht, nach Schol. Par. B. πῶς δὲ δὴ ἔρχεται καὶ ποῖ κατήντησε (κατιντᾷ Glosse von τελευτᾷ, auch in Lips. i., in Cant. 2 im Text) τὸ πρᾶγμα; das bei Dind. aus Schol. B. zu ποῖ τελευτᾷ citirte ἀπολέλειπται ἐκεῖνος ist zu πῶς τε δή erdacht (so steht es in Lips. i. mit ἐναπολέλειπται), des Schol. Med. γρ. φυγεῖν steht in G. i. noch als Glosse über μολεῖν, und das von Hermann hergestellte γαῖν ist noch berührt durch ὅστις ἐστὶν ὅρος τῶν δύο ἠπείρων in Schol. B. und ζυγὸς γὰρ οἷον ἐγένετο ταῖς δυσὶν ἠπείροις in Schol. A. Die Stelle muss heissen:

Ἀτ. μονάδα δὲ Ξέρξην ἔρημόν φασιν οὐ πολλῶν μέτα
Δαρ. πῶς τε δὴ καὶ ποῖ περαίνειν; ἔστι τις σωτηρία;
Ἀτ. ἄσμενον μολεῖν γέφυραν γαῖν δυοῖν ζευκτηρίαν.

Sieben vor Theben V. 556 heisst es in der Antwort des Eteokles über den dem Parthenopäos mit seinem Sphinxschilde entgegengestellten Aktor:

ὃς οὐκ ἐάσει γλῶσσαν ἐργμάτων ἄτερ
ἔσω πυλῶν ῥέουσαν ἀλδαίνειν κακά.

Hier erweckt der Ausdruck ῥέουσαν als insignificant Verdacht: bei unserm Dichter darf man einen specielleren Gegensatz zu ἐργμάτων erwarten. Die Ueberlieferung sagt noch bestimmt, was an seiner Stelle stand. In Vit. steht über ῥέουσαν die Erklärung στωμυλευομένην, in G. i. λέγουσαν, G. m. erklärt πολλὰ λέγουσαν (ὅστις οὐκ ἐάσει τὴν γλῶσσαν τοῦ Παρθενοπαίου τὴν χωρὶς ἔργων ῥέουσαν ἤτοι πολλὰ λέγουσαν αὐξάνειν τὰ κακὰ κ. τ. λ.). Das Mittelglied, welches diese Glossen und den überlieferten Text miteinander verbindet, ist der Stamm φλέω, welcher auf der einen Seite das Fliessen ergibt (vergl. Erotian. φλυδᾶν, διϊκνεῖσθαι, διαπηδᾶν, διαπίνειν leg. διαπίπτειν, wie Hesychius: φλιδάνει, διαπίπτει, διαρρεῖ. ἔφλιδε, διέρρεε), auf der andern das Schwatzen der Zunge (vergl. φλέδων, φλεδονεῖν, φλυαρεῖν. Hesych. φλυάσσει, φλυαρεῖ, φλύει. VII, 660 γράμματα ἐπ' ἀσπίδος φλύοντα, Schol. B. O. P. φλυαροῦντα. Prometh. V. 504 μὴ φλῦσαι θέλων. Schol. A. und P. ψευδῶς φλυαρῆσαι. Eustath. p. 1746 φλῶ φλύος παρὰ Ἀρχιλόχῳ ἐπὶ φλυαρίας u. s. w.). Nun haben wir den die Thaten und das Geschwätz der Zunge (ἔργῳ und λόγῳ) einander entgegensetzenden significanten Ausdruck des Dichters von der Zunge, die sich nicht sonder Thaten hineinschwatzen solle in die Stadt:

ὃς οὐκ ἐάσει γλῶσσαν ἐργμάτων ἄτερ
ἔσω πυλῶν φλύουσαν ἀλδαίνειν κακά

und von diesem φλύουσαν ist ῥέουσαν die (nur die eine Seite des Originals wiedergebende) Glosse. Weitere Parallelstellen wird man zu einem solchen Ausdrucke nicht verlangen: er ist mit scharfem Wortwitze grade für die speziellen Verhältnisse dieser Stelle erfunden.

In dem bald darauf folgenden Verse 560, wo das in den Handschriften entstandene:

ἔξωθεν εἴσω τῷ φέροντι μέμψεται

in alter und neuer Zeit so viele Anstrengungen der Erklärung veranlasst hat und ich:

ἔξω δ' ἐκείνη τῷ φέροντι μέμψεται

schrieb, fand ich das von mir zur Entstehung des εἴσω supponirte οὖσα (ἔξωθεν οὖσα) in Vit. i. noch angemerkt, zweimal, einmal am Anfange des Verses, wo über ἔξωθεν steht: τῶν πυλῶν οὖσα ἡ Σφίγξ (vergl. Schol. A. ἔξωθεν ἱσταμένη τοῦ τείχους), und nochmal über εἴσω: οὖσα ἐν τῇ ἀσπίδι.

Auch in dem vorhergehenden Verse 553:

ἔστιν δὲ καὶ τῷδ', ὃν λέγεις τὸν Ἀρκάδα

ist das von mir an die Stelle von τὸν Ἀρκάδα gesetzte, dem Gedanken fehlende ἀντηρέτης:

ἔστιν δὲ καὶ τῷδ', ὃν λέγεις, ἀντηρέτης

noch überliefert: in Vit. steht zwischen den Zeilen: ἀντίμαχος (da es sein Wort nicht mehr vorfand, ist es zu ἔστιν geschrieben) d. i. die gewöhnliche Glosse von ἀντηρέτης (V. 283 ἀντηρέτας Schol. A. ἀντηρέτας καὶ ἀντιμάχους. V. 595 Schol. A. ἀντηρέτας καὶ ἀντιπάλους καὶ ἀντιμάχους u.s.w.). Sieben vor Theben V. 515:

τοιάδε μέντοι προςφίλεια δαιμόνων

stimmt zu meiner Rückübersetzung von φιλία in ξυναλλαγαί:

τοιαίδε μέντοι δαιμόνων ξυναλλαγαί

auch Lips. i. mit seinen pluralen Glossen σχέσεις, οἰκειώσεις. Ein Wiener Codex hat, wie G. i., φιλιώσεις εἰσὶ τῶν und auf πρός, was ich von der Erklärung φιλία πρὸς τοὺς θεούς, wie Schol. O. P. hat, herleitete, noch den (demnächst ausgestrichenen) Accent. Das in diesen Scholien von mir zugesetzte καί: ἡ ἡμετέρα καὶ τῶν Ἀργείων οἰκείωσις καὶ σχέσις καὶ φιλία steht richtig so in Vind. m. Und zu V. 518: εἰκὸς δὲ πράσσειν ἄνδρας ὧδ᾽ ἀντιστάτας, wo ich κἄνδρας herstellte, ist in Lips. m. der daraus hervorgehenden Construction entsprechend angemerkt: τὸ ὧδε πρὸς τὸ εἰ Ζεὺς ἔχει τὴν δύναμιν.

Wenn ich Sieben vor Theben V. 637 zu dem überlieferten ἀτιμαστῆρα τως ἀνδρηλάτην (was Ritschl so vortrefflich fand und mit einem „so beschimpfenden Landesvertreiber" übersetzte) auf das in G. übergeschriebene καθά und das demgemäss im Texte hergestellte θ᾽ώς aufmerksam machte und:

ἀτιμαστῆρά θ᾽ ὥς τ᾽ ἀνδρηλάτην

(d. i. die schöne Declamation von ὡς ἀτιμαστῆρα καὶ ἀνδρηλάτην) schrieb, so habe ich diese Lesart in den deutschen Handschriften noch vollständig wiedergefunden. Zu der Correctur in G. fand ich das Original in einer Wiener Handschrift, wo jenes θ᾽ώς mit der Glosse καθά noch im Text steht (auch aus cod. Taur. ist es bei Peyron Notit. libr. Valp. Calus. angemerkt). Und ὥς τε ist in Lips. aufbewahrt: dort steht nämlich ὡσ᾽ mit längerem Ausgangsstrich des σ; der Apostroph sagt schon, dass ὥς τε gemeint sei, und dieses lange σ=ς findet sich häufig in der Handschrift, z. B. in den Worten εὐπρεπεστάτα, ἐστί, στάσις u. s. w. (das von Hermann zu Pers. V. 260 citirte ὡς πάντα γ᾽ ἔσ᾽ ἐκεῖνα ist der Art). — Bei dieser Gelegenheit kann ich bemerken, dass das von Hermann Prometh.

V. 986 statt des überlieferten ὡς παῖδά με und ὡς παῖδ' ὄντα με geschriebene ὥστε παῖδά με, wofür ich auf den Gebrauch der Grammatiker, in solchen Fällen das Participium von εἶναι hinzuzufügen, hinwies, sich noch speciell durch Schol. G. m. bestätigt, worin es heisst: ἐκερτόμησας ἤτοι ἐξουθένησας ἐμὲ καθάπερ παῖδα. Während er das ὄντα nicht hinzufügt, ist grade καθάπερ die spezielle Glosse zu ὥστε (Hesychius: ὥστε, καθάπερ. ὥστε γάρ, καθάπερ γάρ). Aber Sieben vor Theben V. 13: ὥραν ἔχονθ' ἕκαστον ὥστι συμπρεπές wird ὡς erst durch die Erklärung entstanden sein statt:

ὥραν ἔχονθ' ἕκαστον ἥτις ἐμπρεπής

vergl. V. 65 καὶ τῶνδε καιρὸν ὅστις ὤκιστος λάβε. Pers. V. 833 ἐλθοῦσ' ἐς οἴκους κόσμον ὅστις εὐπρεπὴς λαβοῦσ' ὑπαντίαζε παῖδα. Man erklärte ὡς ἐμπρεπές ἐστιν ἑκάστῳ κατὰ τὴν ἡλικίαν u. s. w.

Auch Sieben vor Theben V. 429:

οὐδὲ τὴν Διὸς
Ἔριν πέδῳ σκήψασαν ἐμποδὼν σχεθεῖν

wo ich ἔριν (wie V. 726) auf ἐρινύν und dies auf νέμεσιν zurückführte und statt des Artikels τὴν das Pronomen νίν einsetzte:

οὐδέ νιν Διὸς
νέμεσιν πέδῳ σκήψασαν ἐμποδὼν σχεθεῖν

scheint die Ueberlieferung noch auf dies Original hinzuweisen. In G. m. heisst es zu der Stelle: θεοῦ τε γάρ: τῆς γὰρ τύχης θελούσης, φησὶν ὁ Καπανεύς, οὐδὲ τὴν ἔριν ἤτοι τὴν ὀργὴν τοῦ Διὸς (das ist die Διὸς νέμεσις, vergl. Hesychius: νεμεσᾷ, ὀργίζεται) ἐπελθοῦσαν ἐν τῷ πεδίῳ δυνηθῆναι σχεθεῖν καὶ κωλύσειν αὐτόν (d. i. νίν) μὴ ποιῆσαι ἃ βούλεται. Und dieses ὀργήν steht in Vit. über ἔριν, so wie in einer Wiener Handschrift: ὀργήν, θυμόν, aus Schol. A. ἤτοι οὐδὲ τὴν ὀργὴν καὶ τὸν θυμὸν τοῦ Διὸς κ. τ. λ. (vgl. Hom. χόλῳ οὐδὲ νεμέσσει, νεμεσίζομαι οὐδὲ χολοῦμαι). Wie ὀργή und νέμεσις den Grammatikern als correlative Begriffe galten, zeigt auch Pers. V. 362, wo zu οὐ ξυνεὶς δόλον Ἕλληνος ἀνδρὸς οὐδὲ τὸν θεῶν φθόνον Schol. B. (auch in G. i. und Lips. i.) bemerkt: νέμεσιν ἣν τοῖς μεγαλοφρονοῦσιν (so G., Schol. B. μεγάλα φρονοῦσιν, Lips. μεγάλοις

l. μεγάλως φρονοῦσιν) ἐπάγουσιν ἀπροσδοκήτως καταβάλλοντες αὐτούς (vergl. Hesych. νέμεσις, φθόνος), während in Vind. i. über φθόνον die Glosse ὀργήν steht (im Text ist ausserdem nachträglich οὐδὲ τὸν θεὸν φθόνου geändert, wobei direct an die Nemesis gedacht ist). Dass in der oben citirten Bemerkung von G. m. zu VII, 429 bloss τῆς τυχῆς θελούσης gesagt ist ohne Wiedergabe von καὶ μὴ θέλοντος, dies hängt damit zusammen, dass an dieser Stelle in Folge des sich wiederholenden θέλοντος beim Abschreiben von θεοῦ τε γὰρ θέλοντος auf φησὶν οὐδέ übergesprungen und bloss θεοῦ τε γὰρ θέλοντά; φησιν οὐδὲ τὴν Διός κ. τ. λ. geschrieben wurde. So steht es in G. mit nachträglich darüber geschriebenem ἐκπέρσειν πόλιν καὶ μὴ θέλοντος. Dasselbe ist in einer der Wiener Handschriften der Fall und ist dort durch ein Zeichen an den Rand verwiesen, wo nun ἐκπορθήσειν πόλιν καὶ μὴ θέλοντος steht, mit Einmischung der Glosse ἐκπορθήσειν, welche in G. noch über ἐκπέρσειν steht.

Auch über dem unrichtigen πέμπε in V. 435:
τοιῷδε φωτὶ πέμπε, τίς ξυστήσεται
steht in Vit. i. noch die Glosse des Originals, nämlich ἀναλογίζου; es ist hier nur der umgekehrte Fehler vorgefallen, dass der Schreiber dieses ἀναλογίζου nun auch in V. 470 zu dem dort richtigen πέμπε (καὶ τῷδε φωτὶ πέμπε τὸν φερέγγυον) wiederholt hat!

Pers. V. 1036 ist überliefert:
Ξέρξ. γυμνός εἰμι προπομπῶν
Χηρ. φίλων ἄταισι ποντίαισιν.
Das ist nicht in Ordnung: die Worte des Chores sollen mit der Bejahung nähere Ausführung des von Xerxes Gesagten bringen, mit προπομπῶν ist aber schon Alles gesagt — der Ausdruck geht zu weit, es muss erst der Begriff ausgesprochen und von ihm zur persönlichen Ausführung desselben fortgeschritten werden. Das ist denn auch überliefert, denn in G. i. und Lips. i. steht über dem ersten Verse: ἐστερημένος, ὑπάρχω θεραπείας βασιλικῆς; dies wurde ursprünglich geschrieben zu προπομπῆς, was erst durch die Erklärung in προπομπῶν verwandelt wurde — nun ist der Fortschritt richtig:

Ξέρξ. γυμνός εἰμι προπομπῆς
Χορ. φίλων ἄταισι ποντίαισιν.

Sieben vor Theben V. 25:
νῦν δ' ὡς ὁ μάντις φησίν, οἰωνῶν βοτήρ,
ἐν ὠσὶ νωμῶν καὶ φρεσίν, πυρὸς δίχα,

steht in G. i. und einem Wiener Codex über πυρὸς δίχα geschrieben: τοῦ ὁρᾶν αὐτούς (d. i. δίχα, ἄνευ τοῦ ὁρᾶν αὐτούς); das ist die Ueberlieferung des richtigen Wortes φωτός oder φάους, wovon πυρός als Glosse in den Text gerathen ist. Hesychius: φῶς ... καὶ τὸ πῦρ. Etym. Gud. s. v. φώς ... περισπωμένως δὲ τὸ πῦρ u. s. w. Dieses πυρός veranlasste denn erst die Erklärungen von der Feuermantik, wie es in Schol. Med. heisst: οὐκ ἐμπύροις χρώμενος oder in Schol. B: τὸ δὲ πυρὸς δίχα εἶπε — ἵν' ᾖ ὁ δι' ὀρνίθων μαντευόμενος καὶ οὐ διὰ πυρός. Schol. Vind. ἄλλοι γάρ εἰσιν οἱ διὰ πυρὸς μαντευόμενοι καὶ ἕτεροι οἱ διὰ τῶν οἰωνῶν. Was in den Vorlagen von οὐχ ὁρῶν, οὐκ αὐτὸς ὢν αὐτόπτης, τυφλὸς ὤν u. s. w. vorkam, vernutzte man Alles mit bei der Erklärung von ἐν ὠσὶ καὶ φρεσίν. In einem Wiener Codex steht noch unmittelbar neben πυρὸς δίχα am Rande (das ursprünglich zum Original geschriebene) ὅτι ὁ Τειρεσίας ἦν τυφλός. Vergl. Eur. Cycl. 634 ἐκκαίειν τὸ φῶς Κύκλωπος.

Sieben vor Theben V. 96 ist überliefert:
ἰὼ μάκαρες εὔεδροι, ἀκμάζει βρετέων ἔχεσθαι

und jeder hat wohl einmal angestossen an dem Hiatus — er ist nur in Folge der Glossirung entstanden, an welche hier von allen Seiten erinnert wird. Zwei Wiener Handschriften haben die Erklärung: ἀπαρασάλευτοι, ἀκίνητοι, auch Vit. i. hat ἀκίνητοι, das ist geschrieben zu εὐσταθεῖς, wovon εὔεδροι die Glosse, vergl. Hesychius: εὐσταθῶς, ἑδραίως, καὶ εὐσταθής, καλῶς ἑστώς. σταθερόν, ἑδραῖον (VII V. 513 σταδαῖος, Schol. Med. Vit. i. ἐνιδρυμένος, Schol. B. ἡδρασμένος). Daher stammt die Beischrift in zwei andern Wiener Handschriften: οἱονεὶ ὄντες γίνεσθε βοήθεια ἡμῖν δηλ. und in Vit. i. kurz (neben ἀκίνητοι) βοηθοί; es beruht auf dem besondern Gebrauche von εὐσταθεῖν, vergl. Eurip. Rhes. V. 317 ὅταν πολίταις εὐσταθῶσι δαίμονες, ἕρπει κατάντης συμφορὰ πρὸς τἀγαθόν. Und eine solche doppelte (äusserliche und innerliche) Deutung von εὐστα-

θεῖς scheint der zwiefachen Erklärung von Schol. Med. und P. zu Grunde zu liegen: ἐπ' ἀγαθῷ ἱδρυμένοι ἢ ἐπὶ τῶν ἰδίων (καλῶν) καθεδρῶν καθεζόμενοι. Nun heisst es ohne Hiatus:
μάκαρες εὐσταθεῖς, ἀκμάζει βρετέων ἔχεσθαι.
Auf diesen Vers, der noch anders gelautet hat, werde ich später zurückkommen.

Sieben vor Theben V. 394:
ὅστις βοὴν σάλπιγγος ὁρμαίνει μένων
stellte ich nach Zeugniss der aus Schol. B. und Mosc. 1 notirten Glosse σφαδάζει (dieselbe steht in Lips. i. und einem Wiener Codex):
ὅστις βοὴν σάλπιγγος ἀκταίνει κλίων
her und verwies auf Agamemn. V. 1388, wo dasselbe ὁρμαίνων, und auf Plato Phäd. 118 a., wo ἐκινήθη im Texte steht. Man betrachte ferner die Stelle in den Persern, wo Atossa ihren Traum erzählend V. 205 sagt:
ὁρῶ δὲ φεύγοντ' ἀετὸν πρὸς ἐσχάραν
Φοίβου· φόβῳ δ' ἄφθογγος ἐστάθην, φίλοι·
μεθύστερον δὲ κίρκον εἰσορῶ δρόμῳ
πτεροῖς ἐφορμαίνοντα καὶ χηλαῖς κάρα
τίλλονθ'· ὁ δ' οὐδὲν ἄλλο γ' ἢ πτήξας δέμας
παρεῖχε.
Der dritte und vierte Vers ist nicht in Ordnung: zu ἐφορμαίνοντα καὶ χηλαῖς κάρα τίλλοντα fehlt der Adler, dem dies geschieht; ob die Grammatiker ihn emsig zu κάρα über die Linie schreiben (τοῦ ἀετοῦ), die Diction kann ihn nicht entbehren, es muss wenigstens heissen:
μεθύστερον δὲ κίρκον εἰσορῶ δρόμῳ
κείνῳ τ' ἐφορμαίνοντα καὶ χηλαῖς κάρα
τίλλοιτα
und πτεροῖς muss eine Beischrift der Erklärung sein, sei es zu δρόμῳ (Schol. Vit. i. erklärt δρόμῳ πτερῶν, was vielleicht auf den Ursprung von πτεροῖς zurückgeht), sei es zu ἐφορμαίνοντα, um ihm ein dem χηλαῖς im zweiten Gliede entsprechendes Wort hinzuzufügen. Da nun aber ferner dieses ἐφορμαίνοντα von Schol. A. mit σφαδάζοντα καὶ ὀξέως κινούμενον erklärt wird (auch in Par. B. steht γρ. σφαδάζοντα), wozu in dem überlieferten ἐφορμαίνοντα keine

Veranlassung gegeben scheint, wohl aber in einem originalen ἀκταίνειν, welches uns zugleich durch ὁρμαίνειν, σφαδάζειν, κινεῖσθαι erklärt wird, so scheint herzustellen:

κείνῳ τ' ἐπακταίνοντα καὶ χηλαῖς κάρα
τίλλοντα

wodurch dem Texte ausser dem Adler selbst auch die lebhafte Schilderung wiedergegeben wäre, wie ihm der Habicht auf den Nacken steigt.

In dem vorhergehenden V. 203 hat auch die Wiener Handschrift das richtige βωμὸν προσέστην. Die Grammatiker haben bei ἐφῆσθαι, προσῆσθαι, προσίστασθαι u. s. w. meist neben die dichterische Construction die gewöhnlichere gestellt. Eurip. Cycl. V. 16, wo überliefert ist παῖδές τ' ἐρετμοῖς ἥμενοι γλαυκὴν ἅλα ῥοθίοισι λευκαίνοντες ἐζήτουν ὁ', ἄναξ und Hermann παῖδές τ' ἐπ' ἐρετμοῖς ἥμενοι schrieb, wird:

παῖδές τ' ἐρετμ' ἐφήμενοι

herzustellen sein; der übergeschriebene Dativ verdeckte die Präposition. Und Choëph. V. 183 κἀμοὶ προσέστη καρδίας κλυδώνιον χολῆς muss statt des durch κλυδώνιον veranlassten Genitivs nicht mit Hermann der Dativ, sondern neben ἐμοί der Accusativ hergestellt werden:

κἀμοὶ προσέστη καρδίαν κλυδώνιον
χολῆς

(vergl. Agam. V. 834 δύσφρων γὰρ ἰὸς καρδίαν προσήμενος).

Sieben vor Theben V. 508 heisst es von dem zufälligen Zusammentreffen des Hyperbios und Hippomedon an den Onkäischen Thoren:

Ἑρμῆς δ' εὐλόγως ξυνήγαγεν.

Das Object fehlt; es müsste, wenn das Verbum das rechte, wenigstens heissen:

Ἑρμῆς δ' εὐλόγως ξυνῆγέ νιν.

Allein ich frage auch hier, wie vorher bei der γλῶσσα ἔσω πυλῶν ῥέουσα, ob dem Dichter nicht ein significanterer Ausdruck zu Gebote stand als συνῆγε? Hermes selbst und die überlieferten Glossen geben bestimmte Antwort. Ἑρμῆς παρὰ τὸ εἴρω (Eustath. p. 182). Εἴρω τὸ εἰς μάχην συμπλέκω (Eustath. p. 31. Etym. magn. s. v. ὅρμος u. s. w.). Schol. Vind. i. συνῆψεν αὐτούς, Hesychius: εἶραι, συνάψαι.

συνείρει, συνάπτει. συνείροντες, συνάπτοντες· εἴρειν γὰρ τὸ ὁμοῦ συνάπτειν. Suid. συνείρει, συνάπτει καὶ συνειρόμεθα ἀντὶ τοῦ συνηπτόμεθα. Schol. Hom. Od. 18, 295 ὅρμον παρὰ τὸ εἴρω τὸ συνάπτω u. s. w. Schol. Vit. i. und Vind. i. συνέμιξε τὸν Ἱππομέδοντα καὶ τὸν Ὑπέρβιον, Hesychius: συνείρει, μιγνύει u. s. w. Auch dies ἕρμαιον dürfen wir also zu den Ueberlieferungen rechnen; Aeschylus schrieb:

Ἑρμῆς δ' εὐλόγως συνεῖρέ νιν

(vergl. Etym. magn. συνεῖρα und ἐνείρω); von diesem συνεῖρε sind συνῆψεν, συνέμιξεν, συνήγαγεν Glossen, die letztere hat sich in dem Texte festgesetzt. Nun ist jedes Wort bezüglich, und das nur durch die längere Glosse συνήγαγε fortgefallene Object, wozu das allenthalben in den Handschriften übergeschriebene αὐτούς ursprünglich die gewöhnliche Erklärung bildete, fügt sich von selbst an.

Man sieht es ist kein Scherz mit jenen kleinen, in den Handschriften zwischen den Zeilen versteckten Zeugen, welche so lange stumm geblieben sind: sobald die Exegese den rechten Lichtstrahl auf sie wirft, fangen sie, wie die Memnons Säule, an zu tönen und erzählen von längst verschollenen Dingen. Beschränkte sich ihr Zeugniss auch nur auf die einzelnen Wörter, die da den Sinn der betreffenden Sätze berichtigen oder den Glanz der dichterischen Diction herstellen, so lohnte es schon der Mühe, sich mit ihnen zu befreunden. Allein ihre Tragweite ist nicht selten sehr viel grösser: eine durch sie berichtigte Stelle wirft manchmal rückwärts und vorwärts ihre Lichtstrahlen aus und ganze Scenen werden durch sie aufgehellt.

In der verwirrten Stelle Sieben vor Theben V. 985, wo überliefert ist:

διερὰ τριπαλτων πημάτων

während es metrisch lauten soll: ⏑⏑⏑ _ ⏑⏑ _ ⏑ _, heisst es in Schol. Med. und P. ζῶντα πήματα — das ist die Erklärung von διερά, vergl. Hesychius: διερός, ζῶν. Schol. Hom. Od. VI, 201 διερός, οὕτως τὸν ζῶντα Ἀρίσταρχος. Etym. magn. s. v. διερός und ὑγιής . . . διερὸς ὁ ζῶν u. s. w. Auch Vit. i. hat νεαρά, ζῶντα übergeschrieben; zum erstern vergl. ἄρτι ζῶν in Schol. Hom. Od. VI, 201 und Eustath. p. 1615 über διερός: προςεκτέον δὲ καὶ Θεοκρίτῳ εἰπόντι γόνυ χλωρὸν τὸ νεάζον καὶ θαλερόν. Von diesem διερά ist δίυγρα die Glosse: Hesychius: διερούς, διύγρους. Schol. Aristoph. Av. V. 213 διεροῖς, διύγροις. Schol. Nub. V. 337 διερὰς μὲν τὰς διύγρους. Eustath. p. 1231 ὁ διερός ὅπερ ἐστὶ δίυγρος, p. 1312 ἐξ οὗ διερός, ὁ δίυγρος u. s. w. Dieses originale διερά ist denn der zu πάλματα gehörende Ausdruck, vergl. Hom. Odyss. 9, 43 διερῷ ποδί. Schol. τῷ ὀξει καὶ ταχεῖ. Etym. magn. s. v. διερός. Eustath. p. 1615. Etym. magn. und Gud. s. v. ἱερὸν ἰχθῦν ... διερὸς ὁ ταχὺς καὶ διωκτικός u. s. w. Aeschylus schrieb:

διερὰ πάλματα πημάτων.

Das überlieferte τριπάλτων πημάτων wird eine von der Erklärung angemerkte Parallelstelle zu dem Ausdrucke πάλματα πημάτων sein, welche übergeschrieben in den Text gerieth und dann selbst wieder mit σφοδρῶς πηδησάντων, πυλνορμήτων καὶ πολυκινήτων δυστυχημάτων erklärt wurde. — Dass von diesem festen Punkte aus sich die ganze, in Verwirrung gerathene Scene ordnen lasse, will ich kurz andeuten. Hier an dieser Stelle war nicht (wie Hermann und Weil es, jener durch δίπονα in V. 984, dieser durch διπλάμονα in V. 985, einführen wollten) das Zwiefache der Leiden hervorgehoben, der Dichter hatte dies in der Strophe V. 973. 974 gethan und wiederholte diesen Gedanken hier nicht. Wie nun denn hier auf die Betonung des Schrecklichen der Leiden ὀλοὰ λέγειν, ὀλοὰ δ' ὁρᾶν folgte, so wurde dort in der Strophe nach dem Geltendmachen des Zwiefachen (von dieser Stelle spreche ich später besonders) mit διπλόα λέγειν, διπλόα δ' ὁρᾶν concludirt. Diese in den Handschriften vorgeschobenen und in Folge davon contrahirten Worte gehören in die Lücke der Handschriften nach V. 974, wo Hermann wieder ὀλοὰ λέγειν, ὀλοὰ δ' ὁρᾶν in den Text stellte. An der Stelle jenes vorgeschobenen διπλᾶ λέγειν, διπλᾶ δ' ὁρᾶν selbst wieder stand ursprünglich das nach V. 964 verschlagene ἴτω γόος, ἴτω δάκρυ (letzteres, in den Handschriften δάκρυα geschrieben, scheint das α noch von dem an seiner Originalstelle folgenden ἄχεα an sich zu tragen). Dieses ἴτω γόος, ἴτω δάκρυ (Weil hat darauf schon aufmerksam gemacht) steht zwischen V. 963 und 965 unrichtig, was sich um so deutlicher herausstellt, wenn das verschriebene μελεύπονος wieder in das Umgekehrte von μελεοπαϑής berichtigt ist, in μελεοποιός (auch in Schol. B. muss es heissen ἤγουν μέλεα ποιήσας πρὸς τὸν ἀδελφόν statt ποιήσας). Zu diesem μελεοποιός gehört das folgende πρόκεισαι, und zu μελεοπαϑής das folgende, in κατακτάς verschriebene κατέκτας. Es ist kein πρόκεισαι φονευϑείς mit Hermann hinzuzurestauriren, sondern Alles entsprach sich Wort auf Wort folgendermassen:

Ἀντ. παισϑεὶς ἔπαισας.   Ἰσμ. σὺ δ' ἔϑανες κατακτανών.
Ἀντ. δορὶ δ' ἔκανες.   Ἰσμ. δορὶ δ' ἔϑανες.
Ἀντ. μελεοποιός   Ἰσμ. μελεοπαϑής
Ἀντ. πρόκεισαι.   Ἰσμ. κατέκτας.

Die Geschichte der Verwirrung scheint diese, dass zu V. 974 von der Erklärung das spätere διπλόα λέγειν, διπλόα δ' ὁρᾶν herangezogen wurde und dadurch an seiner Stelle ausfiel; dort verdeckte es ἴτω γόος, ἴτω δάκρυ, worauf diese Worte, wieder angemerkt, in eine andere Columne geriethen. In der folgenden Strophe entsprechen sich nun:

ἴτω γόος.   ἴτω δάκρυ.

und:

τάλαν γένος.   τάλαν πάϑος.

Es war eine falsche Fährte, wenn Weil den Varianten des V. 983 ein τάλανα τελῶν, τάλανα παϑών entlockte. Das überlieferte τάλανα παϑόν und τάλανα καὶ παϑόν (woraus nur missverständlich wieder πάϑον und ἔπαϑον hervorging; mit dem übergeschriebenen ἐ, wie es noch in G. i. steht, war wahrscheinlich nur ἔπαϑες gemeint) ist, so wie des Schol. Med. τλητικὰ πεπονϑός, nur Erklärung, welche sich an τάλαν γένος anknüpft und dies voraussetzt. Τάλανα καὶ παϑόν zeigt zurück auf τάλαν καὶ πάϑος, wie in G. steht, und (καί ist von der Erklärung hinzugefügt) τάλαν πάϑος, wovon auch die Erklärung durch den Plural τάλανα πάϑη in Par. B. vorkommt (in Vit. mit καί: τάλανα καὶ πάϑη). Es entsprechen sich ferner:

διπλόα λέγειν.   διπλόα δ' ὁρᾶν.

und:

ὀλοὰ λέγειν.   ὀλοὰ δ' ὁρᾶν.

V. 990 steht das richtige σὺ τοί νιν, was bisher nur aus einem γρ. des Par. B. citirt war, in einer der Wiener Handschriften noch deutlich im Text mit αὐτήν γρ. μοῖραν darüber, und auch für den folgenden Vers: σὺ δ' οὔ νιν ὕστερον ἔμαθες ist dort νιν durch die Glosse αὐτήν belegt, und während in G. über ὕστερος von dem Grammatiker das ν angemerkt ist, was Lips. noch im Text hat, und in dem Wiener Codex über μαθών das ἐ von ἔμαθες, scheint ferner die dort über μαθών stehende Erklärung ἀποθανών näher die Veranlassung zur Entstehung von μαθών zu zeigen. Schol. B. gibt, wenn er schreibt: σὺ δὲ, ὦ Ἐτεόκλες, οὐδὲν πρόσθεν τὴν Ἐρινὶν ἐγίνωσκες, εὐτυχῶν καὶ ἄρχων τῆς πόλεως, ἔμαθες δὲ ὕστερὸν κ. τ. λ., während er zugleich das οὐδὲν seines Textes festhält und zu erklären sucht, aus seiner Vorlage das νίν und ὕστερον ἔμαθες wieder (vergl. Schol. A. und Med. σὺ δὲ, ὦ Ἐτεόκλες, (οὐ) μετ' οὐ πολὺ οὐδὲ ὕστερον ἔμαθες), so wie auch für den V. 993 statt des überlieferten unmetrischen δόρος γε τοῦδ' ἀντηρέτας das von mir eingesetzte δόρος γε (nicht der Herrschaft!) τοῦδ' ἰσήμορος mit den Erklärungen von Schol. B. A. und Med. stimmt, woraus erst ἀντηρέτας entstanden zu sein scheint. Von V. 995 ab wird es geheissen haben:

ἰὼ ἰὼ πόνοι·   ἰὼ ἰὼ κακά·
δώμασι καὶ χθονί·   καὶ τὸ πρόσω γ' ἐμοί.

Wie dem γόος der Singular δάκρυ, so entsprach umgekehrt dem κακά der Plural πόνοι (in G. stehen auch über diesem πόνος die Worte εἰσὶν ἐμοί, wie über κακά: εἰσίν; da aber auch in dem ersten Falle ἐν τοῖς dabei steht, was im zweiten Falle zu δώμασι gehört, so könnte jene Beischrift Zufall sein). Früher suchte ich das überlieferte καὶ τὸ πρόσω γ' ἐμοί dem vorhergehenden πρὸ πάντων δ' ἐμοί metrisch gleich zu machen durch τὸ πρόσθεν γ' ἐμοί, indem ich das in G. über πρόσω geschriebene κατὰ τὸ ἔμπροσθεν für Glosse von πρόσθεν nahm. Hermann's von der Ueberlieferung abweichende Anordnung der ganzen Stelle hatte mich getäuscht. Ich glaube nun, dass die überlieferten Dochmien (ist bei Hartung schon ausgesprochen):

> πρὸ πάντων δ' ἐμοί
> καὶ τὸ πρόσω γ' ἐμοί

eine Dittographie sind, nämlich der erstere die Erklärung des letztern, welcher seinerseits dem Dochmius δώμασι καὶ χθονί entspricht (ἔμπροσθεν ist auch Glosse von πρόσω, Hesychius: πρόσω, ἔμπροσθεν). Vielleicht bezieht sich noch auf diese Dittographie, nicht auf das ein- oder zweimalige ἰώ, das aus Par. B. citirte (γρ.) μόνως, so dass am Rande angemerkt gewesen, dass der Vers nur einmal stehen solle. Endlich hat es an dem viel besprochenen Schlusse dieser Scene statt des überlieferten:

> ἰὼ ἰὼ ποῦ σφε θήσομεν χθονός;
> ἰὼ ἰὼ ὅπου τιμιώτατον.
> ἰὼ ἰὼ πῆμα πατρὶ πάρευνον.

wohl geheissen (zusammenhängend, wie in der Strophe):

> ὅπου τι τιμιώτατον
> ἰὼ ἰὼ σῆμα πατρὶ πάρευνον.

παρὰ τὴν εὐνὴν τοῦ πατρός, τουτέστι πλησίον τοῦ πατρός, wie es in dem ἄλλως des Schol. A. und in Schol. Med. heisst, vergl. V. 912 f. Nach welcher andern Richtung hin sollte auch das τιμιώτατον hinweisen, als nach dem — gleich unglücklichen Vater? Nun hat die Stelle an sich Inhalt und die ganze Scene bedeutsamen Ausgang.

Auch die andere in Verwirrung gerathene Stelle der Sieben gegen Theben V. 804—821 erhält Licht durch die Entfernung einer Glosse. In dem V. 807:

> φρονοῦσα νῦν ἄκουσον· Οἰδίπου γένος

blickt hinter γένος noch das Original hervor im Med., wo neben γένος von erster Hand τόκος geschrieben steht. Im Singular ist dies hier nicht anwendbar, deutet also auf Οἰδίπου τόκοι (Eumen. V. 402 Θησέως τόκοις). Nur dieses Mittelglied fehlte, um die Hand des Dichters in dieser ganzen Stelle, welche Hermann's freie Umdichtung ganz vom rechten Pfade abführte, wieder herzustellen. Der Verlauf des Textes in der Ueberlieferung ist im Allgemeinen richtig; er hatte nur gleich anfangs durch den Vorwitz der Grammatiker ein Einschiebsel erhalten; auf die Frage: τί δ' ἐστὶ πρᾶγος νεόκοτον πόλει παρόν; hatte man die spätern, deutlichste Antwort gebenden Verse: πόλις σέσωσται, βασιλέοιν δ' ὁμοσπόροιν πέπωκεν αἷμα γαῖ' ὑπ' ἀλλήλων φόνῳ angemerkt; der erste derselben gerieth in die Reihe der Verse und es wurde nun an dem Genitiv βασιλέοιν δ' ὁμοσπόροιν, um ihn in den Zusammenhang zu bringen, interpolirt, was in einigen Handschriften ganz (βασιλεῖς δ' ὁμόσποροι), in andern erst halb fertig ist (ein Wiener Codex hat noch βασιλέων ὁμόσποροι mit γρ. βασιλεῖς, wie Par. B. ὁμόσποροι mit γρ. ὁμοσπόροιν). Der Dichter brachte hier weder gleich eine kurze abschliessende Antwort, noch liess er auch die Aufklärung absichtlich aufschieben: den Schrecken des Chors hat er in einer Weise gemalt, dass, obwohl der Bote natürliche Antwort gibt, erst nach einer lebhaften Stichomythie das letzte Schlagwort fällt.

Χορ. τί δ' ἐστὶ πρᾶγος νεόκοτον πόλει παρόν;

(Schol. G. i. Vind. i. παραγενόμενον). Die natürliche Antwort, welche unter gewöhnlichen Umständen ausgereicht hätte, lautet:

Ἄγγ. ἄνδρες τεθνᾶσιν ἐκ χερῶν αὐτοκτόνων.

Aber der Chor wagt dies nicht zu verstehen, verwirrt ruft er:

Χορ. τίνες; τί δ' εἶπας; παραφρονῶ φόβῳ λόγου.

worauf der Bote, seine Antwort wiederholend, anfängt:

Ἄγγ. φρονοῦσα νῦν ἄκουσον, Οἰδίπου τόκοι...

Damit sind die ἄνδρες nun deutlich und unverkennbar bezeichnet (mit einem βασιλέοιν wäre schon Alles bestimmt abgemacht gewesen; nach ἄνδρες ist ein τίνες; noch psychologisch wahr, nicht so nach βασιλέοιν ὁμοσπόροιν ein τίνων;) und der Chor ruft, ahnend das Schreckliche:

Χορ. οἲ 'γὼ τάλαινα, μάντις εἰμὶ πημάτων

(κακῶν Glosse von πημάτων, wie V. 573 μέγιστον Ἄργει πημάτων διδάσκαλον, Hesychius: πήμασιν, κακοῖς). Der Bote fährt in seinem Satze fort, kommt jedoch, vom aufgeregten Chore Schritt vor Schritt unterbrochen, erst nach und nach zum Schluss: Οἰδίπου τόκοι hatte er angefangen, nun heisst es weiter:

οὐκ ἀμφιλέκτως νῦν κατεσποδημένοι

das unrichtige οὐδέ hatte auch noch μήν zur Folge, νῦν

steht noch in Vit. G. u. a. (vergl. οὐκ ἀμφιβόλως, οὐκ ἀμφιλόγως, οὐ διχορρόπως). Der Chor, nun den schrecklichen Schluss vorherschend, fällt ein:

ἐκεῖθι κῆλθον; βαρία δ' οὖν ὅμως φράσον

worauf denn das schlimmste Schlusswort fällt:

αὐταῖς ἀδελφαῖς χερσὶν ἠναίρονθ' ἅμα.

Nauck hat hier schon ἅμα vorgeschlagen, indem er ἄγαν und ἅμα in V. 811 und 812 ihre Stellen wechseln lässt, aber ἄγαν passt keinerseits. Statt αὐταῖς (αὐταδέλφοις χερσὶν gesteigert in αὐταῖς ἀδελφαῖς χερσὶν) war geschrieben οὕτως, wie im folgenden Verse, in welchem der Chor noch einmal besonders die Frage stellt: ob auch beide, ob also auch Eteocles:

οὕτως ὁ δαίμων κοινὸς ἦν ἀμφοῖν ἄρα;

(zu οὕτως vergl. Pers. V. 729 ὧδε παμπήδην δὲ λᾶος πᾶς κατέφθαρται δόρι; ἄρα wurde bei seiner vom Schlussjamb attrahirten Stellung in Folge von κοινὸς ἀμφοῖν in ἅμα verschrieben), und auch darauf denn die bestimmte bestätigende Antwort:

αὐτός γ' ἀναλοῖ δὴ τὸ δύσποτμον γένος.

(αὐτός mit dem γέ der Antwort als steigernde Bejahung von κοινός), wenn δῆτα nicht ganz zugesetzt ist als Erklärung der Bejahung, sodass es (wie V. 691 πᾶν τὸ Λαΐου γένος) hiess:

αὐτός γ' ἀναλοῖ πᾶν τὸ δύσποτμον γένος.

Nun folgte die, die ganze Situation zusammenfassende Conclusion (Hartung hat diese Stellung schon):

πόλις σέσωσται, βασιλέοιν δ' ὁμοσπόροιν
πέπωκεν αἷμα γαῖ' ὑπ' ἀλλήλων φόνῳ

die dem folgenden τοιαῦτα vorhergehen muss (diese zwei Verse waren es allein, welche die Verwirrung brachten; nachdem sie früher angemerkt waren, fielen sie an ihrer Stelle aus und wurden am Schlusse nachgetragen); und in Bezug auf dieses Glück und Unglück zugleich heisst es nun:

τοιαῦτα χαίρειν καὶ δακρύεσθαι πάρα·
πόλιν μὲν εὖ πράσσουσαν, οἱ δ' ἐπιστάται
δισσὼ στρατηγὼ κ. τ. λ.

V. 808 habe ich einen Artikel gelöscht und V. 813 einen zugesetzt. Der hinzugefügte ist mir bei meiner letzten Handschriftenschau wieder hundertfach vor Augen gekommen. So steht in der Wiener Handschrift der Perser V. 1044 βαρεῖα δ' ἤδ' ἡ συμφορά. In derselben liest man, wie in Lips. u. a., Pers. V. 810 οὐδὲ πιμπρᾶν τοὺς νεώς, wo durch den übergeschriebenen Artikel grade die letzte Silbe des Verbums abgeschnitten wurde, so wie Sieben vor Theben V. 473 das von der Erklärung missverständlich hinzugefügte οὐ die letzte Silbe von πέπεμπται (bezeugt durch die Glosse ἐπέμφθη in Vit. i. Vind. i.) mit sich fortnahm. Der zugesetzte Artikel trägt die Schuld der Ueberlieferung in Eum. V. 435: πῶς δ' οὔ; σέβουσαί γ' ἀξίαν τ' ἐπαξίων, da man τῶν ἐπαξίων erklärte (Schol. Med. ἀξίων οὖσα γονέων), wie VII, 717 οὐκ ἀνδρ' ὁπλίτην τοῦτο χρὴ στέργειν ἔπος in Par. E. u. Vind. στέργειν τ' ἔπος steht (daher in G. στέργειν γ' ἔπος), was in einer Wiener Handschrift und in Taur. ausgeführt ist zu στέργειν τοὔπος (Vind. τοὔπος). Eurip. Cycl. V. 240, wo κἄπειτα συνδήσαντες εἰς τὰ δώλια τῆς νηὸς ἐμβαλόντες in den Handschriften steht, wird εἰς θ' ἐδώλια herzustellen sein, und V. 300 statt ὑπ' Αἴτνῃ τῇ πυριστάκτῳ πέτρᾳ, wie V. 116, 97, 20, ὑπ' Αἰτναίᾳ πυριστάκτῳ πέτρᾳ. Sieben vor Theben V. 566, wo nur ein Theil der Handschriften noch das originale εἴθε γὰρ θεοί darbietet, hat der übergeschriebene Artikel erstlich εἴθε γὰρ οἱ θεοί gebracht (so steht in einer Wiener Handschrift), oder er hat das γὰρ ausgestossen: Lips. Rob. εἴθε οἱ θεοί, was in G. u. Taur. elidirt εἴθ' οἱ θεοί lautet, und im Med., nachdem sich das θε von εἴθε mit dem Artikel zu einem zweiten θεοί verbunden hatte: εἰ θεοὶ θεοί. Die Ueberlieferung in Sieben vor Theben V. 218 scheint so entstanden:

ἀλλ' οὐ· θεοὺς
τοὺς τῆς
ναοὺς ἁλούσης πόλεος ἐκλείπειν λόγος.

Durch die über ihrem Haupte zusammenschlagenden Artikel sind die Tempel unsichtbar geworden; in der Erzählung des Schol. Vit. m. und Med. finden sie sich noch wieder: λέγεται ὅτι, ὅταν ἔμελλε πορθηθῆναι ἡ Τροία, ἐφάνησαν οἱ θεοὶ τοῖς Τρωσὶν ἀνελόμενοι ἐκ τῶν ναῶν τὰ ἀγάλματα ἑαυτῶν; dies ναοὺς ἐκλείπειν ist das τοιοῦτόν τι in der Beischrift des Med.: εἰς τὴν Τροίαν γὰρ τοιοῦτόν τι ἐφαίνετο (die Lesart ναοῖς ist schon in einer Thesis von Frey's Dissert. de Schol. Medic. vorgeschlagen worden). Andererseits ist denn auch der originale Artikel durch andere hinzugefügte und verlängerte Wörter fortgefallen, wie durch δῆτα in dem oben berührten Verse 813 (das verlängerte δή beschränkte das πέπεμπται des V. 473 auch von der andern Seite, in G. steht καὶ δῆτα πέμπετ') und Pers. V. 334 in der Frage der Atossa:

ἀτὰρ φράσον μοι τοῦτ' ἀναστρέψας πάλιν·
πόσον τὸ πλῆθος ἦν νεῶν Ἑλληνίδων;

wo die Handschriften δέ und δή haben. In dem Chorgesange Sieben vor Theben V. 315, wo überliefert ist:

τοῖσι μὲν ἔξω
πύργων ἀνδρολέτειραν
καὶ τὰν ῥίψοπλον ἄταν
ἐμβαλόντες

und Hermann ἀνδρολέτειραν ἄταν, ῥίψοπλον ἄταν (eine hier fremde Rhetorik) schrieb, halte ich καὶ τάν für Schreibfehler und vermuthe:

ἀνδρολέτειραν
κοινὰν ῥίψοπλον ἄταν

allgemeine, gänzliche Niederlage (vergl. V. 608 πληγεὶς θεοῦ μάστιγι παγκοίνῳ 'δάμη. Agam. V. 627 ἦ χεῖμα, κοινὸν ἄχθος, ἥρπασε στρατοῦ; Hiket. V. 366 τὸ κοινὸν δ' εἰ μιαίνεται πόλις).

Ich fahre fort, die Verschiedenheit der Fälle aufzuzählen, in denen sich die statt der Originale in den Text gedrungenen Erklärungen erkennen lassen.

Manchmal macht eine durch irgend welche Anzeichen erkannte Glosse nun von selbst auf eine fernere mit ihr in Verbindung stehende aufmerksam. Wenn ich z. B. Pers. V. 702 statt des überlieferten unmetrischen:

λέξας δύσλεκτα φίλοισιν

wofür Hermann προλέγων δύσλεκτα φίλοισιν schrieb, dem ἐπειδὴ μέλλω λέξειν des Schol. B. das anapästische ἐρέων entnahm, so ist nun ferner:

ἐρέων δύσρητα φίλοισιν

herzustellen; beide Wörter waren gleichmässig übersetzt:

ἐρέων δύσρητα in λέξων δύσλεκτα. Dieses δύσρητα (vergl. Demetr. Phaler. 302 ἐάν τις αἰσχρὰ καὶ δύσρητα ἀναφανδὸν λέγῃ. Hesych. ἄρρητον, αἰσχρόν) wurde mit δύσλεκτα erklärt, was Text wurde (vergl. Hesychius: ἀρρήτως, ἀλέκτως), und mit κακόφημα, δυστυχῆ, δύσκολα, welches letztere in Lips. in den Text gerieth. Nun ist auch die Wiederholung desselben Wortklanges nach: σέβομαι δ' ἀντία λέξαι in V. 694 gehoben.

Sieben vor Theben V. 229, wo man las:
ἔστι· θεοῖς δ' ἔτ' ἰσχὺς καθυπερτέρα·
πολλάκι δ' ἐν κακοῖσι τὸν ἀμήχανον
κἀκ χαλεπᾶς δύας ὑπέρ τ' ὀμμάτων
κρημναμέναν νεφελᾶν ὀρθοῖ.

übersetzte ich nach Anleitung der Glossen ἀποδιώκει, ἀποσοβεῖ αὐτήν (auch in Vit. i.), ὀρθοῖ καὶ ἀποσοβεῖ (auch in Vind. i. u. m.) und ἐγείρει καὶ εἰς τοὐναντίον τρέπει das in den Texten überlieferte ὀρθοῖ in das Original ἀρεῖ. Dadurch stellte sich nun heraus, dass auch πολλάκι δ' (πολλάκις δ' steht noch in G. Vit. u. a.) Glosse von ἔσθ' ὅτε sei. Dies führt wieder zu fernern Berichtigungen. Es hätte eigentlich ἔστι δ' ὅτ' heissen müssen; ausserdem stiess nun auch καθυπερτέρα und ἔσθ' aneinander, was, obwohl nach dem zweiten Dochmius, doch bedenklich erscheinen musste. Ich bemerkte daher noch nachträglich (im Register meiner Schrift): κἄστιν ὅτ' ἐν κακοῖς? Hier muss ich nun fortfahren und fernere Einmischung der glossirenden Erklärung aufweisen. Ueberliefert ist ἐκ χαλεπᾶς δύας und κἀκ χαλεπᾶς δύας. Letzteres wurde nothwendig zur Stütze der kurzen Schlusssilbe von τὸν ἀμάχανον, nachdem durch die Erklärung das participiale τὸν ἀμαχανοῦντ' (fragm. Prometh. sol. 210 H. ἰδὼν δ' ἀμηχανοῦντά σ' ὁ Ζεὺς οἰκτερεῖ) zum Adjectiv geworden war. Zu dem Verbum schrieb die Erklärung (schol. Med.) τὸν μὴ δυνάμενον ἑαυτῷ μηχανήσασθαι καὶ βοηθῆσαι (so ward auch V. 521 ἀντιτυποῦν durch die Erklärung in ἀντίτυπον verwandelt). Nun darf das καί wieder zu dem Begriffe treten, wozu es dem Sinne nach eigentlich gehört: καὶ τὸν ἀμαχανοῦντ', das Metrum hat die nothwendige lange Anfangssilbe, und die Dochmien setzen sich ab, wie in der

Strophe: ἅδε πανάγυρις und κἄστιν ὅτ' ἐν κακοῖς. So scheint sich von dem einen festen Punkte, dem ἀρεῖ, aus in Consequenz auch alles Uebrige, was durch die Erklärung alterirt worden war, wieder eingefunden zu haben; der ganze Gedanke ist nun ausgesprochen, wie er soll, und der Rhythmus überall in Ordnung:

ἔστι· θεοῦ δ' ἔτ' ἰσχὺς καθυπερτέρα,
κἄστιν ὅτ' ἐν κακοῖς καὶ τὸν ἀμαχανοῦντ'
ἐκ χαλεπᾶς δύας ὑπέρ τ' ὀμμάτων
κρημναμέναν νεφελᾶν ἀρεῖ.

Die Glosse, aus welcher das im Texte stehende Wort ebenfalls als Glosse des Originales erkannt wird, kann auch selbst schon in einzelnen Handschriften Lesart geworden sein: der noch übergeschriebenen Erklärung steht die bereits in den Text gedrungene gleich. Sieben vor Theben V. 619 muss es statt des überlieferten:

φιλεῖ δὲ σιγᾶν ἢ λέγειν τὰ καίρια

nach Anleitung von Cantabr. 2., welcher λακεῖν im Texte hat, heissen:

φιλεῖ δὲ σιγᾶν ἢ λακεῖν τὰ καίρια.

Beide überlieferte Lesarten λέγειν und λακεῖν sind nur ein Ausfluss des gemeinschaftlichen Originals λακεῖν, vergl. Hesychius: λάσκειν, λέγειν. Etym. magn. λάσκω σημαίνει τὸ λαλῶ. Eustath. p. 950 λακεῖν δὲ οὐχ ἁπλῶς τὸ φωνεῖν ἢ λαλεῖν, ὡς οἱ τραγικοὶ διθυραμβικώτερον χρῶνται, καὶ ὁ κωμικὸς παίζει ἐν τῷ ὁ Φοῖβος ἔλακεν ἐκ τῶν στεμμάτων —, cf. Soph. Trach. V. 824 τοὔπος τὸ θεοπρόπον — ὅ τ' ἔλακεν, Eurip. Orest. V. 330 φάτιν, ἂν ὁ Φοῖβος ἔλακεν u. s. w. Nun geben die Worte auch schon durch ihren Stil zu erkennen, worauf sie sich beziehen (auch dieser Vers ist von Ritschl N. Jahrb. 1858 S. 786 unrichtig besprochen und nach V. 624 transportirt, wo er, ganz ungehörig, einen Vorwurf gegen den σώφρων, δίκαιος, κεδνός, εὐσεβὴς ἀνήρ bilden, die Ordnung der Prädicate des Lasthenes stören, den Schlusssatz θεοῦ δὲ δῶρον κ. τ. λ. von den Worten, wozu er speziell den Gegensatz bilden will, trennen und dazu auch noch mit seinem zu den beiden vorhergehenden hinzutretenden und dem folgenden vorgesetzten δέ die Rhetorik zwiefach lädiren würde), von Apollo heisst es: er spricht nicht oder spricht das Zutreffende d. h. da er gesprochen, so wird es geschehen. Von einem Schweigen auf gestellte Frage ist dabei keine Rede, und τὰ καίρια schliesst, nach Dichterweise, als der weitere Begriff den betreffenden speziellen in sich (Schol. G. i. Vind. i. τὰ ἔγκαιρα καὶ ἀληθῆ).

Sieben vor Theben V. 710:

ἄγαν δ' ἀληθεῖς ἐνυπνίων φαντασμάτων
ὄψεις

ist φαντασμάτων die Glosse von φασμάτων, vergl. Hesychius: φάσματα, φαντάσματα. Das Original:

ἄγαν δ' ἀληθεῖς φασμάτων ἐνυπνίων
ὄψεις

steht noch in Par. A. Cant. 1. Arund. Die erste Einsetzung der Glosse sieht man in Cant. 2: ἄγαν δ' ἀληθεῖς φαντασμάτων ἐνυπνίων ὄψεις, und die nun zu Gunsten des Metrums gefolgte interpolirende Umstellung im Med. und den übrigen Handschriften.

Mit dem Getriebe der in den Text eindringenden Glossen vertraut, wird man dieselben denn auch da, wo in den Handschriften selbst der specielle äussere Hinweis auf dieselben verschwunden sein mag, gewahren: aus irgend welchem Anstosse von Seiten des Sinnes oder des Metrums. Sieben vor Theben V. 188 ergab sich aus der Nothwendigkeit eines femininen Wortes statt des γένει der Handschriften das Original φύτλη: ebendaselbst V. 240 aus dem Bedürfnisse der Diction statt τάνδ' ἐς ἀκρόπολιν (τάνδ' ἐς σκοπιάν, τάνδ' ἐς σκοπᾶν), τίμιον ἔδος, ἱκόμαν das Original τᾶνδ' ἐς ἀκροσκοπᾶν τίμιον ἔδος ἱκόμαν: V. 549 verlangte der Zusammenhang τύχη statt θεός; Choeph. V. 947 trat an die Stelle der sich wiederholenden Ποινά die δαλιόφρων Ἄτα: Iliket. V. 10 wegen eines nothwendig zu vermeidenden τέ an die Stelle von ἀσεβῆ: ἀτίτην u. s. w. Das Zeugniss des Versmasses verwandelte Eumen. V. 265 ἐρυθρόν in φοίνιον, Agam. V. 415 δοκεῖ in ἔοικεν, Choëph. V. 32 φόβος in οἶστρος, V. 960 ἄξιον in θέμις, Sieben vor Theben πόνοι in μόχθοι, ἀνδρῶν in βροτῶν, ἐχθροῖς in ἀντίοις, ἡμετέρους in ἐμούς, ἄπιστοι in ἀπίθανοι, σαζειν in σαοῦν, δικαίως in διὰ δίκης u. s. w.; Sinn und Metrum zugleich Agamemn. V. 1461 πολύμναστος in δριμνάστευτος, Promcth. V. 420 Ἀραβίας in Χαλκίδος u. s. w. Sieben vor Theben V. 834, wo überliefert ist:

κακόν με καρδίαν τι περιπίτνει κρύος

stellte ich her:

δεινόν με περιπίτνει τι καρδίαν κρύος

κακόν war die Glosse von δεινόν (Hesychius: δεινός, κακός; auch die Bemerkung des Schol. A. ἢ φόβος κακοῦ ἀντὶ τοῦ κινδύνου spricht wegen der Erklärung mit κίνδυνος für δεινός). Dasselbe Original vermuthete ich hinter μέγα Choëph. V. 962, wo ich zur Strophe:

δεσποσύνων δόμων ἀναφυγῇ κακῶν

statt des überlieferten μέγαν τ' ἀφῃρέθην ψάλιον οἴκων:

δεινὸν ἀφῃρέθη ψάλιον οἰκίων

schrieb. Diese Glossirung von δεινόν mit μέγα, welche ich dort nicht weiter nachwies, kommt nicht selten vor, so heisst es z. B. Pers. V. 58 δειναῖς βασιλέως ὑποπομπαῖς in Schol. B. (steht auch in G. i. Lips. i.) μεγάλαις; zu Sieben vor Theben V. 1031 δεινὸν τὸ κοινὸν σπλάγχνον, οὗ πεφύκαμεν in Schol. G. i. μέγα ἐστὶ προσφιλτερον ἡ κοιλία ἐξ ἧς ἐγεννήθημεν, in Schol. B. μέγιστόν ἐστιν ἡ συγγένεια κ. τ. λ.; zu Prometh. V. 39 τὸ ξυγγενές τοι δεινὸν ἥ θ' ὁμιλία in Schol. B. μέγα τι πρὸς οἶκτον ἐγεῖραι ἡ πρώην συναναστροφή; Soph. Oed. rex V. 745 δεινῶς, Schol. Par. μεγάλως u. s. w. In den Text eingedrungen bemerke ich dieses μέγα als Glosse von δεινόν noch dreimal. Eumeniden V. 274 muss es zur Strophe:

καὶ ζῶντα σ' ἰσχνάνασ' ἀπάξομαι κάτω

statt des überlieferten: μέγας γὰρ Ἅδης κ. τ. λ. heissen:

δεινὸς γὰρ Ἅδης ἐστὶν εὔθυνος βροτῶν.

Agamemn. V. 1102 zur Gegenstrophe:

λουτροῖσι φαιδρύνασα — πῶς φράσω τέλος;

statt des überlieferten: μέγ' ἐν δόμοισι τοῖσδε κ. τ. λ.

δεινὸν δόμοισι τοῖσδε μήδεται κακόν

(die ganze, mit Erklärungen überschriebene Stelle, deren übrige Theile ich in meiner Schrift S. 79 ff. behandelte, würde nun statt des überlieferten:

ἰὼ πόποι, τί ποτε μήδεται;
τί τόδε νέον ἄχος μέγα

μέγ' ἐν δόμοισι τοῖσδε μήδεται κακὸν
ἄφερτον φίλοισιν, δυσίατον; ἀλκὰ δ' ἑκὰς ἀποστατεῖ.

vollständig so lauten:

ἰὼ πόποι, τί ποτε σύζυγος, τί τόδε πρόσφατον
δεινὸν δόμοισι τοῖσδε μήδεται κακόν,
ἄφερτον φίλοισιν, δυσίατον; ἀλκὰ δ' ἑκὰς ἀποστατεῖ.)

und Perser V. 984 (wo die Herausgeber wegen der Persernamen der Responsion der Strophen alle möglichen Freiheiten gestatten) zu der Gegenstrophe:

αἰχμᾶς ἀκόρεστον.

statt des überlieferten μέγαν τ' Οἰβάρην:

δεινόν τ' Οἰβάρην.

Pers. V. 275 bildete ich zu der Strophe:

τὰ πολέα βέλεα παμμιγῆ.

statt des überlieferten: ἁλίδονα σώματι πολυβαφῆ die Gegenstrophe:

ἁλίδονα μέλεα παμβαφῆ

und siehe da! in dem Wiener Codex steht noch γρ. μέλεα angemerkt — zwar nicht über σώματα, auch nicht am Rande, sondern es steht dort über βέλεα in V. 269, allein die Annahme wird wohl nicht zu gewagt sein, dass dieses γρ. μέλεα früher am Rande gestanden und von dem Schreiber irrthümlich zu dem ähnlichen Worte βέλεα herangezogen wurde statt zu σώματα. — Solcher γρ., die manchmal sehr klein und schwer lesbar zwischen den Zeilen stehen, sind noch manche nicht mitgetheilt. So steht in Vit. i. bei Sieben vor Theben V. 195 γρ. καὶ ἔχοι, V. 508 γρ. μετήγαγε, bei 473 ausser der Glosse ἐπέμφθη auch γρ. καὶ πέμπεται. V. 59 steht in einer Wiener Handschrift γρ. πανώλεθρος στρατός und bei τάσδε διαδρόμους φυγάς in V. 191, wo bis jetzt nur ein γρ. βοάς aus Vit. notirt ist, was Rob. im Text hat: γρ. καὶ βοηδρόμους φυγάς, woran sich das τάς in G. und Taur. anschliesst. In G. steht Pers. 393 über ἐφήμουν auch das richtige γρ. ἐφίμνουν, 665 γρ. οἷα erklärt mit μεγάλα, V. 701 in Lips. γρ. φρᾶσθαι. Prom. V. 219 steht in G. am Rande: ἄμεινον γράφεται μελεμβαθύς (vol. — θής), ἐπεὶ μελεμβαφής (l. — φής) μὲν εἴη ἂν ὁ μέλανι χρώματι βεβαμμένος, οἷον μελεμβαφὲς ἱμάτιον ἢ ἄλλο τι μέλαν. βαθύς δὲ

(l. μελεμβαθὴς δὲ) ὁ διὰ τὸ βάθος τῆς ἀορασίας μέλας. καὶ ὅτι μελαμβαφὴς μὲν εἴη ἂν ὁ τοῦ μέλανος χρώματος μετέχων, ὡς ἀπὸ τοῦ βάπτω· μελεμβαθὺς (ής) δὲ ἀπὸ τοῦ μέλας καὶ τὸ βάθος, ὅπερ ἔχει ὁ τάρταρος.

Was bedeutet Sieben vor Theben V. 1026:

ἐγὼ δὲ Καδμείων γε προστάταις λέγω

das γέ? Es ist doch wohl nur das Flickwort für die durch eine kürzere Glosse leer gewordene Stelle:

ἐγὼ δὲ Καδμείων ἐπιστάταις λέγω

(V. 815 πόλιν μὲν εὖ πράσσουσαν, οἱ δ' ἐπιστάται κ. τ. λ. Soph. Oed. Col. V. 889 ἐναλίῳ θεῷ τοῦδ' ἐπιστάτῃ Κολωνοῦ) vergl. Hesychius: ἐπιστασίαν, προστασίαν. V. 952, wo man πύνοισί γε δόμοι las, was auch im Med. beigeschrieben ist, blieb das γε von dem mit der Glosse δόμον überschriebenen Originale γενεάν übrig, so wie V. 282 von ἐγὼ δ' ἐπάρχους das ἐπ nach der Ueberschrift von ἄνδρας. Aber Pers. V. 329, wo überliefert ist:

τοιῶνδ' ἀρχόντων νῦν ὑπεμνήσθην πέρι

gelangt man weder durch die blosse Annahme einer Glosse (Hermann: τοιῶνδε ταγῶν, τοιῶνδ' ἀνάκτων), noch durch γέ (Rob. τοιῶν δέ γ' ἀρχόντων, Canter und Hermann: τοιῶνδέ γ' ἀρχῶν) zum Ziele: τοιῶνδε ist der unrichtige Begriff, statt dessen müsste es, wenn ἀρχόντων richtig wäre, heissen: τοσοῦτον (Prom. V. 621 τοσοῦτον ἀρκῶ σοι σαφηνίσαι μόνον); da aber ausdrücklich in Par. B. überliefert ist: γρ. καὶ ἐπαρχόντων, so wird:

τοσόνδ' ἐπαρχόντων ὑπεμνήσθην πέρι

herzustellen sein; die längere participiale Form und ihre Stellung im Verse unterstützt die vom Sinne gebotene Betonung dieses Wortes; νῦν scheint nur zu Hülfe genommen zu sein, um nach Verlust von ἐπ den Senar wieder auszufüllen, man scandirte: τοιῶνδ' ἀρχόντων νῦν ὑπεμνήσθην πέρι als Senar (ich weiss nicht, ob man beobachtete, dass in den frühern Jahrhunderten, in welchen man jene politischen Verse fabricirte, deren sich auch in den Aeschylushandschriften, gewöhnlich am Schluss der Stücke, finden, auch im Text der alten Dichter so scandirt wurde, z. B.

μή μοι τὴν πόλιν πρύμνοθεν πανώλεθρον.
πόλις σέσωσται· βασιλεῖς δ' ὁμοσπόροι.

τρίτον δὲ τὸν νῦν τυραννοῦντ' ἐπόψομαι.
σαφεῖ δὲ μύθῳ τὸ πᾶν ὅπερ χρῄζετε

d. i. die vermeintliche Berichtigung des durch den Zusatz des Artikels entstandenen: σαφεῖ δὲ μύθῳ τὸ πᾶν ὅπερ προσχρῄζετε, wie noch in einer Wiener Handschrift an dieser Stelle (Prom. V. 641) steht).

Sieben vor Theben V. 749:
χρηστηρίους θνάσκοντα γέννας ἄτερ σώζειν πόλιν
ersetzte ich die beiden unmetrischen Glossen θνάσκοντα und σώζειν durch die Originale θανόντα und σαοῦν. Diesem θνήσκοντας statt θανόντας (es ist nicht ganz so schlimm, wie das auf Lebendige angewandte θανών neuerer Grammatiker) begegnet man nicht selten bei den Scholiasten. So steht z. B. auch V. 48 ἢ γῆν θανόντες τήνδε φυράσειν φόνῳ in einem Wiener Codex über θανόντες die Glosse θνήσκοντες; zu V. 860 πάνδοκον εἰς ἀφανῆ τε χέρσον schreibt Schol. Med. u. Vind. (dass. führt Francken aus Schol. Voss. an) τὴν πάντας δεχομένην τοὺς ἀποθνήσκοντας, und zu Pers. 691 ὅμως δ' ἐκείνοις ἐνδυναστεύσας ἐγὼ ἥκω heisst es in der Bemerkung des Schol. A. τιμώμενος καὶ μὴ λογιζόμενος ὡς οἱ λοιποὶ τῶν τεθνεώτων ἥκω in Vit m. τιμώμενος καὶ μὴ λογιζόμενος ὡς οἱ κοινῶς ἀποθνήσκοντες. Uebersehen scheint bis jetzt, dass diese nämliche Glosse auch, in früherer Zeit, in Sieben vor Theben V. 242 eingedrungen ist, wo es statt des überlieferten: μὴ νῦν, ἐὰν θνήσκοντας ἢ τετρωμένους πύθησθε heissen muss:

μὴ νῦν, ἐὰν θανόντας ἢ τετρωμένους πύθησθε

θνήσκοντας ἢ τετρωμένους bildet kein richtiges Paar; es ist nicht von dem Wehklagen Sterbender die Rede, sondern von der Nachricht von Todten oder Verwundeten (vergl. V. 837. Soph. Ai. 692 καὶ τάχ' ἄν μ' ἴσως πύθοισθε, κεἰ νῦν δυστυχῶ, σεσωσμένον. Phil. 427. Trach. 611. Eur. Cycl. 444 u. s. w.). Umgekehrt muss es Prometh. V. 1009 statt:

τέγγει γὰρ οὐδὲν οὐδὲ μαλθάσσει λιταῖς
ἐμαῖς, δακὼν δὲ στόμιον ὡς νεοζυγὴς
πῶλος βιάζει καὶ πρὸς ἡνίας μάχει

δάκνων heissen, wie in Schol. A. noch richtig steht (ὥσπερ νεωστὶ ἀχθεὶς εἰς τὸν ζυγὸν πῶλος, δάκνων τὸν χαλινόν, βιάζῃ σὺ κ. τ. λ.), und Eum. 135 ἐκλείπων.

Auch Sieben vor Theben V. 1056:

ὦ μεγάλαυχοι καὶ φθερσιγενεῖς
Κῆρες Ἐρινύες, αἵτ' Οἰδιπόδα
γένος ὠλέσατε πρέμνοθεν οὕτως,
τί πάθω; τί δὲ δρῶ; τί δὲ μήσωμαι κ. τ. λ.

ist der dritte Vers wohl nur durch eine andere paraphrasirende Form des Verbums zum Dimeter geworden, statt des Parömiacus:

γένος ὄλλυτε πρέμνοθεν οὕτως

(die Grammatiker pflegen die Zeiten logisch zurecht zu legen). So ist Pers. V. 1062 das unmetrische κατοίκτισαι statt κατοίκτιζε in vielen Handschriften in den Text gerathen (es entsprechen sich genau V. 1056 καί μοι γενείου πέρθε λευκήρη τρίχα und V. 1062 καὶ ψάλλ' ἔθειραν καὶ κατοίκτιζε στρατόν) und Sieben vor Theben V. 754 ist aus dem glossirenden σπεῖραι für σπείρειν das unrichtige σπείρας entstanden (so Pind. Isthm. 4, 48 κελαδῆσαι für κελαδέειν). Wenn es dort heisst: Ἀπόλλωνος εὖτε Λαΐος βίᾳ ... κρατηθεὶς ἐκ φίλων ἀβουλίας

ἐγείνατο μὲν μόρον αὑτῷ,
πατρόκτονον Οἰδιπόδαν,
ὅστε ματρὸς (μὴ πρὸς) ἁγνὰν
σπείρας ἄρουραν, ἵν' ἐτράφη,
ῥίζαν αἱματόεσσαν
ἔτλα· παράνοια συνᾶγεν
νυμφίους φρενώλεις.

so stammt dies zunächst her von:

ὅστε μὴ πρὸς ἁγνὰν
σπείρειν ἄρουραν, ἵν' ἐτράφη,
ῥίζαν αἱματόεσσαν
ἔτλα.

Diese Construction ist noch deutlich wiedergegeben in Schol. Vind. i. γονὴν συγγενικὴν σπεῖραι ὑπέμεινε. Das mit bedeutsamer Declamation in das neue Versglied gestellte ἔτλα veranlasste die Verbindung ἔτλα παράνοια συνᾶγαι, wie in G. steht, oder ἔτλα παρανοίᾳ συναγαγεῖν mit φρενώλης, wie Schol. Med. im ersten Absatz erklärt (der zweite gibt παράνοια συνᾶγεν νυμφίους φρενώλης wieder). Was die Negation betrifft, so ist ὅστε μή möglich, da man aber sagt σπείρειν εἰς γῆν (Plat. Tim. p. 42 d. ἔσπειρε τοὺς μὲν εἰς γῆν, τοὺς δ' εἰς σελήνην, τοὺς δ' εἰς τὰ ἄλλα ὅσα ὄργανα χρόνου. Legg. p. 838 e. μηδ' εἰς πέτρας τε καὶ λίθους σπείροντας, οὗ μή ποτε φύσιν τὴν αὑτοῦ ῥιζωθὲν λήψεται γόνιμον), so scheint μὴ πρός erst von der Erklärung μητρός herzustammen, deren letzte Silbe mit dem, das originale ἐς wiedergebenden πρός zusammenfiel, und zu schreiben:

ὅστις οὐκ ἐς ἁγνὰν κ. τ. λ.

vergl. Schol. A. ἤγουν εἰς τὴν τῆς μητρὸς αὐτοῦ γαστέρα, οὐχὶ πρὸς ἁγνὰν ἄρουραν.

Wenn Pers. V. 1014 überliefert und in allen Ausgaben beibehalten ist:

Ξέρξ. πῶς δ' οὐ στρατὸν μὲν τοσοῦτον τάλας πέπληγμαι·
Χορ. τί δ' οὐκ ὄλωλεν μεγάλως τὰ Περσᾶν;

was mit der Gegenstrophe:

ἀγανόρειος· κατεῖδον δὲ πῆμ' ἄελπτον.

nicht stimmt, wer kann zweifeln, dass πῶς nur die Glosse von τί ist:

τί δ' οὐ στρατὸν μὲν τοσοῦτον κ. τ. λ.

da ja dieses τί δ' οὐ des Xerxes und das folgende des Chores: τί δ' οὐκ ὄλωλεν κ. τ. λ. einander so wörtlich entsprechen müssen? Immer geht so die Berichtigung des Metrums Hand in Hand mit der Berichtigung des Sinnes.

Dass zuweilen eine unrichtig überlieferte Stelle durch die Annahme einer verkehrten Glosse sich aufklärt, habe ich in meiner Schrift S. 98 ff. berührt. Der Vers 610 der Sieben vor Theben:

σώφρων, δίκαιος, ἀγαθός, εὐσεβὴς ἀνήρ

den Ritschl für aus der Nachbarschaft zusammengeflickt erklärte, wurde gesund und schön durch die Verwandlung der Glosse ἀγαθός in das Original κεδνός. V. 515 richtete sich der so zu sagen aufgegebene Vers:

τοιάδε μέντοι προσφίλεια δαιμόνων

wieder auf durch die Verwandlung der Glosse φιλία in ihr Original ξυναλλαγαί. Agamemn. V. 547 verschwand in der von Seiten des Heeres an das Volk gerichteten Frage:

πόθεν τὸ δύσφρον τοῦτ' ἐπῆν στύγος στρατῷ;

die Verwirrung durch Zurückführung der Glosse στρατῷ auf λεῴ (über die Reciprocität von στρατός und λαός vergl. ausser den dort angeführten Stellen Pers. 235, 244, 466, 517, 1002, wo in Lips. i. überall λαός übergeschrieben ist, und Pers. 729 ὧδε παμπήδην δὲ λαὸς πᾶς κατέφθαρται δορί· Lips. γρ. στρατός, wo zuerst die Umstellung πᾶς λαός (Rob.), dann dazu die Glosse angewandt wurde (Ald. πᾶς στρατός). Zu dieser Umstellung vergl. Pers. V. 838 μόνης γὰρ, οἶδα, σοῦ κλύων ἀνέξεται. Lips. μόνης γὰρ σοῦ οἶδα. V. 754 ταῦτά τοι κακοῖς ὁμιλῶν ἀνδράσιν διδάσκεται θούριος Ξέρξης. Cant. 1. κακοῖς ἀνδράσιν ὁμιλῶν. V. 845 ὦ δαῖμον, ὥς με πόλλ' ἐσέρχεται κακὰ ἄλγη. G. ὥς με πολλὰ κἀκ' εἰσέρχεται u. s. w. Dahin gehört auch Pers. V. 720 ἀμφότερα· διπλοῦν μέτωπον ἦν δυοῖν στρατευμάτοιν statt στρατευμάτοιν δυοῖν, und die Entstehung von ἀλλ' ἐπεὶ δέος παλαιῶν σοι φρενῶν statt παλαιόν Pers. 703 in G.). Eumen. V. 163 berichtigte sich κρατοῦντες τὸ πᾶν δίκας πλέον in δίκας πέρα nach Hesych. πέρα, πλέον. Wie ebendaselbst V. 105 ἐν ἡμέρᾳ δὲ μοῖρ' ἀπρόσκοπος βροτῶν und Choëph. V. 129 κἀγὼ χέουσα τάσδε χέρνιβας βροτοῖς (Med. γρ. νεκροῖς) die Glossen βροτοῖς und νεκροῖς auf das Original φθιτοῖς zurückweisen, so hat zu Pers. V. 523 ἔπειτα γῇ τε καὶ φθιτοῖς δωρήματα κ. τ. λ. der Schol. A. bei Dind. τῇ γῇ τε καὶ τοῖς θνητοῖς, in Vit. m. τῇ γῇ τε καὶ τοῖς νεκροῖς. Sieben vor Theben V. 323 δουλείαν ψαφαρᾷ σποδῷ findet sich in G., Lips., Vind. die Erklärung δουλοσύνην, nur eine Wiener Handschrift hat richtig ὑποχειρίαν, δουλεύουσαν; in Vit. i. steht δουλοσύνην, daneben aber auch, näher an δουλείαν, die Erklärung ὑποστῆναι, welche wieder zum Adjectiv gehört.

Durch eine solche Verwechslung ist Sieben vor Theben V. 260 das überlieferte:

αἰτουμένῳ μοι κοῦφον εἰ δοίης τέλος

entstanden; vergebens hat man versucht, diesen Worten einen Nachsatz zu erpressen oder beizusuppliren: in früherer Zeit hat man einmal fälschlich ἄν mit εἰ erklärt, Eteocles sagt zum Chore:

αἰτουμένῳ μοι κοῦφον ἄν δοίης τέλος

„eine Bitte könntest du mir leicht erfüllen",

Χορ. λέγοις ἄν ὡς τάχιστα καὶ τάχ' εἴσομαι.
Ἐτ. σίγησον, ὦ τάλαινα, μὴ φίλους φόβει.
wozu Vit. i. richtig bemerkt: τοῦτ' ἐστὶ τὸ κοῦφον αἴτημα.
Und lässt sich die Stelle V. 931 ff.:

οἳ δ'
ὧδ' ἐτελείτασαν ὑπ' ἀλλαλοφόνοις
χερσὶν ὁμοσπόροισιν.
ὁμόσποροι δῆτα καὶ πανώλεθροι κ. τ. λ.

anders begreifen, als dadurch, dass der Dichter schrieb:

χερσὶν ὁμαιμόνεσσιν·
ὅμαιμονες δῆτα καὶ πανώλεθροι

und dass durch die von der Erklärung an die Stelle gesetzte Glosse ὁμόσποροι das Wortspiel zerstört wurde? In den Handschriften steht über dem betreffenden Worte beidesmal ἀδελφικαῖς, ἀδελφοί; dies passte zu dem einen, wie zu dem andern (Hesychius: ὅμαιμοι, ἀδελφοί. ὁμόσποροι, ἀδελφοί). Nachdem das rechte Wort durch die Glosse verschwunden, heisst es nun auch in Schol. Med. und Schol. A. in Vit. m. ἀδελφοὶ καὶ πανώλεθροι γεγόνασιν (Vit. ἀληθῶς ἀδελφοὶ γεγόνασι) ἀλλήλους διατεμόντες ἐν μαινομένῃ ἔριδι κ. τ. λ. statt: ἀληθῶς ὅμαιμοι γεγόνασι κ. τ. λ. (So scheint Eurip. Cycl. V. 290, wo überliefert ist: μὴ τλῇς πρὸς ἄντρα σοὺς ἀφιγμένους φίλους κτανεῖν und Hermann πρὸς ἄντρα τὰ σά γ' ἀφιγμένους φίλους schrieb, σούς übrig zu sein von dem Originalworte δόμους, worüber die Erklärung, da Polyphem eigentlich in einer Höhle wohnt, ἄντρα anmerkte: μὴ τλῇς δόμους πρὸς σοὺς ἀφιγμένους φίλους κτανεῖν, vergl. Aesch. Eum. V. 669 καὶ τόνδ' ἔπεμψα σῶν δόμων ἐφέστιον). Sieben vor Theben V. 463:

φιμοὶ δὲ συρίζουσι βάρβαρον τρόπον

stellt sich das von Prien gefundene νόμον auch aus den drei verschiedenen Erklärungen wieder her, welche diesem Worte zu Theil wurden. Schol. O. schreibt: ἦχον ἀποτελοῦσι (denn so muss es heissen statt ἠχοῦσι, ἀποτελοῦσι κακά) κατὰ τὴν συνήθειαν τὴν βαρβαρικήν — so verstand man νόμος als συνήθεια (vergl. Hesychius: νόμος, συνήθεια. Phavor. νόμος, θεσμός, συνήθεια. Etym. magn. u. Gud. νόμος σημαίνει πέντε (Gud. ἓξ) ... καὶ νόμος ἡ συνήθεια), wie dies Schol. B. näher ausführt: ἐποίουν δὲ τοῦτο οἱ βάρβαροι, ἐμιμοῦντο δέ τινες τῶν Ἑλλήνων, ὥσπερ καὶ ὁ Ἐτεοκλῆς l. Ἐτέοκλος οὗτος. Schol. Med. hat die musikalische Erklärung: ἀπηνῆ ἦχον. Vit. i. κατὰ ἦχον ἄσημον. Die in den Text gerathene Glosse τρόπον kann auf beiderlei Weise gemeint gewesen sein. — V. 266, wo es heisst:

καὶ πρός γε τούτοις, ἐκτὸς οὖσ' ἀγαλμάτων,
εὔχου τὰ κρείσσω ξυμμάχους εἶναι θεούς

wo ich eher „des Weitern", τὰ πόρσω, erwarte (vergl. V. 21—23), vermuthe ich dies oder:

εὔχου τὰ μάσσω ξυμμάχους εἶναι θεούς

was mit τὰ μείζω und τὰ κρείσσω glossirt worden sein könnte, vergl. Agam. V. 598 καὶ νῦν τὰ μάσσω μὲν τί δεῖ σ' ἐμοὶ λέγειν; Pers. V. 708 ὁ μάσσων βίοτος ἦν ταθῇ πρόσω. Hesych. μασσότερον, πορρώτερον. In der Stelle des Prometheus V. 629, wo überliefert ist: μή μου προκήδου μᾶσσον ὡς ἐμοὶ γλυκύ steht das von Turnebus angemerkte ἢ ὡς auch in G. zwischen den Zeilen; ich halte es für original (vergl. Pind. Olymp. 13, 113 καὶ πᾶσαν κατὰ Ἑλλάδ' εὑρήσεις μᾶσσον' ἢ ὡς ἰδέμεν). Nichts häufiger, als das Verschwinden eines Wortes, welches mit einem andern metrisch nur éine Silbe bildet; ich möchte glauben, dass wir durch das häufige Ausfallen solcher Silben an die Syniceseund Elision noch immer zu wenig gewohnt sind. Wie ich Sieben vor Theben V. 196 statt des überlieferten: κεἰ μή τις ἀρχῆς τῆς ἐμῆς ἀκούσεται vorschlug: εἰ δή τις ἀρχῆς τῆς ἐμῆς μὴ ἀκούσεται (im Lemma des Schol. G. m. heisst es vielleicht nicht zufällig noch εἰ statt κεἰ) und Eurip. Phön. V. 526 οὐκ εὖ λέγειν χρὴ εἰ μὴ 'πὶ τοῖς ἔργοις καλοῖς, so halte ich auch Pers. V. 478:

σὺ δ' εἰπὲ, ναῶν αἳ πεφεύγασιν μόρον,
ποῦ τάσδ' ἔλειπες· οἶσθα σημῆναι τορῶς;

für unvollständig. Die Frage οἶσθα σημῆναι τορῶς; ist hier kein natürlicher Ausdruck, ich schreibe:

εἰ οἶσθα, σήμηνον τορῶς.

(Prom. δεῖξον, εἴπερ οἶσθα), und Choëph. V. 875:

οἴμοι, πανοίμοι, δεσπότου τελουμένου·
οἴμοι μάλ' αὖθις ἐν τρίτοις προσφθέγμασιν.

ist die Lücke, welche entsteht, wenn man das irthümlich aus V. 872 wiederholte τελουμένου löscht, wohl darum noch nicht passend ausgefüllt, weil man nur viersilbige Wörter dafür in Anspruch genommen hat; die vorgeschlagenen πεπληγμένου, τετρωμένου, τετυμμένου scheinen alle nicht ausreichend; natürlichere, schlagendere Ausdrücke wären ἐξεφθαρμένου (Eurip. Hekub. V. 669) oder:

οἴμοι, πανοίμοι δεσπότου 'ξειργασμένου

(Eurip. Hypol. V. 565 σιγήσατ', ὦ γυναῖκες, ἐξειργάσμεθα), wie bald darauf διαπεπραγμένῳ.

Ein eigenthümliches Räthsel hält uns im ersten Augenblicke Pers. V. 469 entgegen, wenn es dort von Xerxes heisst:

ῥήξας δὲ πέπλους κἀνακωκύσας λιγύ,
πεζῷ παραγγείλας ἄφαρ στρατεύματι,
ἤϊξ' ἀκόσμῳ ξὺν φυγῇ

und dies von den Scholiasten auf eine doppelte Weise erklärt wird: von Schol. A. mit συμβουλευσάμενος τῷ πεζῷ στρατεύματι φυγεῖν δηλονότι, von Schol. B. (auch in G. i. Lips. i.) mit προσδραμών, πλησιάσας. Soll man bei dem letztern an ein neutrales παριστείλας denken? so dass Xerxes sich sofort von seiner hohen Warte auf das Landheer zurückgezogen — oder an ein παρεγγίσας, woran Fähse bei der Bemerkung des Schol. B. zu Sieben vor Theben V. 533 dachte, wo es zu ἀνδρόπαις heisst: πρὸς ἄνδρας παραγγείλας ἄρτι ἤτοι πλησίον? Der manchfaltige Sprachgebrauch von παραγγέλλειν scheint die Aufklärung zu geben. Erstlich sagte man neutral παραγγέλλειν εἰς παῖδας, εἰς ἄνδρας, vergl. Synes. bei Steph. καὶ εἰς ἄνδρας παραγγείλας οὐδέν τι παιδαρίου πρὸς ἀπραγμοσύνην παρήλλαξα. In einer Wiener Oktavhandschrift, welche ausser den Scholien des Triclinius und Thomas Magister zu Agamemnon noch besondere 'σχόλια παλαιὰ εἰς τὸν Αἰσχύλου Ἀγαμέμνονα' enthält (ein vielversprechender Titel! ich spreche später näher davon) steht zu Agam. V. 289 τὸ χρυσοφεγγές, ὥς τις ἥλιος, σέλας παραγγείλασα Μακίστου σκοπαῖς angemerkt: ἃ εἰδώς, πῶς λέγεται παραγγέλλειν τὸ βρέφος εἰς παῖδας καὶ τὸν παῖδα εἰς ἄνδρας, οἶδε καὶ πῶς λέγεται ἐκ τοῦ Ἄθω πυρσὸς παραγγεῖλαι εἰς τὰς σκοπιὰς τοῦ Μακίστον ὄρους Εὐβοίας. Auf diesem Ausdrucke beruht des Schol. B. πρὸς ἄνδρας παραγγείλας, was gleich ist mit dem ὁ νεωστὶ εἰς ἄνδρας ἐλθών des Schol. A. In der Stelle der Perser bleibt der von dem augenblicklichen Commando von Mund zu Mund technische Ausdruck παραγγείλας, was Schol. A., wenig militärisch, mit συμβουλευσάμενος wiedergibt (allenfalls für Stellen, wie Plato's: οἱ νόμοι παραγγέλλοντες τῷ πατρὶ τῷ σῷ σε ἐν μουσικῇ καὶ γυμναστικῇ παιδεύειν anwendbar). Die Erklärung des Schol. B. aber: προσδραμών, πλησιάσας scheint ein Pendant zu sein zu dem Artikel des Suidas: παραγγέλλων, ἀντὶ τοῦ συνδιερχόμενος, συνδιατρίβων, συναναστρεφόμενος. Ὁ δὲ παραγγέλλων ποτὲ μὲν τοῖς, ποτὲ δὲ τοῖς, ἥρπαζε μετ' αὐτῶν καὶ διεδύετο.' ἢ παραγγέλλων ἀντὶ τοῦ ἀπροόπτως ἐρχόμενος. In der hier angeführten Stelle ist παραγγέλλων ποτὲ μὲν τοῖς, ποτὲ δὲ τοῖς in dem gewöhnlichen militärischen Sprachgebrauche gesagt, dass er bald diesen, bald jenen Zeichen zum Aufbruch gibt, daraus zog man den Sinn, der freilich damit verbunden ist, dass er bald mit den einen, bald mit den andern herumzieht (συνδιερχόμενος, συνδιατρίβων, συναναστρεφόμενος), oder, meinte man, es heisst: er stellt sich plötzlich bei ihnen ein (ἀπροόπτως ἐρχόμενος), 'er meldet sich bei ihnen an' (wie man auch παραγγέλλειν für 'sich melden zu etwas' = sich um etwas bewerben, z. B. εἰς ὑπατείαν, sagte). So scheint denn auch Schol. B. in der Stelle der Perser das παραγγείλας mit dem blossen Dativ (beim Commandowort ist es natürlich, das δηλονότι φυγεῖν versteht man aus ᾖξ' ἀκόσμῳ σὺν φυγῇ) verstanden und das sich Einstellen des Xerxes bei dem Heere in diesem Worte gefunden zu haben; die beiden so verschiedenen Erklärungen kehren auf diese Weise zu demselben Originale zurück. In der Stelle des Agamemnon aber, bei welcher ich (S. 179 m. Schr.) auseinanderzusetzen suchte, dass an der Stelle von παραγγείλασα das verbum finitum gestanden habe, und das von Bamberger vorgeschlagene persische παρηγγάρευσε adoptirte, glaube ich jetzt an das andere technische und recht eigentlich attische Wort, welches mit παραγγέλλειν erklärt zu werden pflegt, an παρεγγυᾶν, vergl. Hesychius: παρεγγυᾷ und παρεγγυᾶται, παραγγέλλει.

Suidas: παρεγγυᾷ, παραγγέλλει. Moeris: παρηγγύησεν Ἀττικῶς, παρήγγειλεν Ἑλληνικῶς — so dass es also geheissen:
παρηγγύησε Μακίστου σκόπῳ.
(Suid. παρεγγύησε ἀντὶ τοῦ παρέδωκεν. παρεγγυήσαντος, παρασχόντος. παρεγγυᾷ, παραδίδωσι, παραγγέλλει, παρακατατίθεται. Hesychius: παρεγγυᾷ, διαδίδωσιν. παρεγγυᾶται, παραδίδωσιν u. s. w.) und dass die um eine Silbe kürzere Glosse παρήγγειλε die Veranlassung der Unordnung gewesen sei. Aeschylus, der bald darauf: οἱ δ' ἀντέλαμψαν καὶ παρήγγειλαν πρόσω bringt, hätte mit den beiden Ausdrücken abgewechselt, wie dies auch die attischen Historiker (vergl. Xenoph. Anab. u. Cyrop.) zu thun pflegen.

Ich gehe auf den fernern Fall über, dass eine aus früherer Zeit fortgepflanzte Glosse des Originals den inzwischen in dem Text entstandenen Schreibfehler resp. die in Folge eines solchen eingetretene Interpolation berichtigt. Den Beispielen, welche ich von diesem so häufig vorkommenden Falle geben werde, schicke ich eine kurze Schilderung der Sachlage voraus.

Nichtübereinstimmung des Textes und der Erklärung kann man in jeder Handschrift beobachten, und zwar gehen nicht bloss Text und der am Rande der Handschriften verzeichnete Commentar jeder seinen eignen Weg, da letzterer eben auch als etwas Vorliegendes von aussen herangeholt wird, sondern auch die unmittelbar über den Text geschriebene Erklärung stimmt mit demselben häufig nicht. Es gibt hier zwei Fälle: dass die Differenz durch augenblicklichen Schreibfehler entsteht, oder aber, dass Text und Erklärung aus verschiedener Quelle stammen. In beiden Fällen (also immer) sollte man bei der Collation von Handschriften nicht versäumen, mit der Lesart des Textes auch die bei ihm stehende Erklärung zu excerpiren: wer es nicht thut, kann im ersten Falle irre führen, im zweiten die werthvollere Ueberlieferung der Handschrift vorenthalten. Wenn z. B. Hermann Sieben vor Theben V. 472 aus Lips. σὺν τάχει citirt, so steht aber εὐτυχία darüber und das ist τύχη. Wenn er Pers. 703 aus G. ἀνθίσταμαι anführt, so hebt das darüber stehende ἐναντιοῦται diesen Schreibfehler wieder auf. Wenn er Prometh. V. 721 aus Vit. und Lips. ἀστιγείτονας beibringt, so steht aber in Vit. ὑψηλούς darüber und in Lips. τὰς μέχρι ἀστέρος διοικούσας l. τὰς μέχρι ἀστέρων διηκούσας (d. i. Schol. B.), beiderseits ist also ἀστρογείτονας wiedergegeben. In Vit. steht VII, 286 χροίας ἀπό (fehlt bei Hermann), aber mit ὑπὸ τοῦ πόνου d. i. χρείας darüber. Aus Lips. citirt Hermann VII, 173 πανδόκους χειροτόνους λιτάς, es wird dies aber wieder in πανδίκους verwandelt durch die am Rande in der Nähe stehende, diesem Codex, wie es scheint, eigenthümliche Bemerkung: παρόσον οἱ πολεμίους στρεψάμενοι καθαροί εἰσιν καὶ ἀναίτιοι· ἀμύνονται γὰρ ὑπὲρ σφῶν, τοῦτο δὲ νόμιμον, φησὶ γὰρ ὁ νόμος· ὁ τὸν ἐπιόντα φονεύσας, ἐν ᾧ περὶ τοῦ ζῆν ἐκινδύνευσεν, ἀνεύθυνός ἐστιν; auch die hier über χειροτόνους λιτάς geschriebenen Worte des Schol. B. ὑπὲρ τῆς πατρίδος αὐτῶν φερομένας gehören zu πανδίκους. Pers. V. 712 steht über βάρος in G. πέλαγος d. i. βάθος (Hermann schreibt hier: βάρος G. sed addita glossa βάθος ἀντὶ τοῦ πέλαγος, er hat nicht scharf genug gesehen, es steht sogar wieder βάρος ἀντὶ πέλαγος da). Pers. V. 313: Ἀρκτεύς, Ἀδεύης καὶ φερεσσεύης τρίτος Φαρνοῦχος, οἵδε ναὸς ἔπεσον ἐκ μιᾶς hat nur G. das richtige οἵδε mit der Glosse οὗτοι noch zusammen; da man beim Schreiben an dieser Stelle, auf die ἐπανάληψις des Subjects nicht gefasst, an ein Relativ dachte, änderte sich οἵδε in οἵτε und οἵ γε, was aus den übrigen Handschriften referirt wird; in dem Wiener Codex steht nun über dem schon unrichtigen οἵτε die noch richtige Glosse οὗτοι (wie V. 309). Ob Sieben vor Theben V. 561 πυκνοῦ κροτησμοῦ τυγχάνουσα verschrieben wurde in πικροῦ κροτησμοῦ, so steht in G. über diesem πικροῦ doch noch συνεχοῦς d. i. die Glosse von πυκνοῦ (Hesych. πυκινήν, συνεχῆ. πυκινόν, συνεχῆ u. s. w.). Ebendaselbst V. 731 steht über dem auseinander gefallenen διὰ πύλας in G. doch noch immer διακινήσας καὶ μερίσας καὶ τάξας, in Lips. λέγω διὰ κλήρου δούς, ἐπικληρώσας d. i. beiderseits διαπήλας (in Vit. steht δια πήλας mit übergeschriebenem ί, aber darüber doch wieder κινήσας, ἀπεπληρώσας l. ἐπικληρώσας). Sieben vor Theben V. 1002 ποῦ σφε θήσομεν χθονός hat G., wie Arund., das von der Erklärung herrührende ἐν χθονί im Text, aber darüber τῆς d. i. χθονός. Pers. V. 1056 steht auch in G. schon der allgemeine Fehler ὕπερθε im Text, darüber aber noch ἄρασσε d. i. πέρθε.

Wir sehen: nicht bloss bei augenblicklichen Schreibfehlern der betreffenden Handschrift, sondern auch bei ältern Fehlern, bei eigentlichen Varianten findet man über der éinen Lesart die Erklärung der andern. So sieht man denn ferner auch nicht selten über einem und demselben Worte die Erklärungen verschiedener Lesarten angemerkt, sei es, dass neben die aus älterer Quelle fortgepflanzte Erklärung nun auch die der neu entstandenen Lesart gestellt ward, sei es, dass die Interlinearbemerkungen aus den Scholien excerpirt wurden, in welchen die Erklärungen verschiedener Lesarten nebeneinander aufbewahrt zu werden pflegten. Wenn es z. B. zu Sieben vor Theben V. 774 in Schol. A. heisst: πολύβοτος αἰὼν βροτῶν ἤγουν ἡ ζωὴ καὶ ὁ βίος τῶν ἀνθρώπων ὁ πολύβοτος καὶ ὁ πολλοὺς τρέφων ἢ ὑπὸ τῶν πολλῶν ἐμβατευόμενος ἢ ὁ ἐπὶ πολὺ ἐκτεινόμενος, so sind damit die Erklärungen von πολύβοτος und πολύβατος zusammengestellt. Wenn ebendaselbst zu V. 114 als Schol. A. die Erklärungen δοχμολόφων δὲ τῶν ἐπινευόντων τοὺς λόφους ἤτοι τὰ κράνη αὐτῶν· ἐν γὰρ τῇ κινήσει συμβαίνει πλαγιάζεσθαι τοὺς λόφους. (bis hierhin auch in Vit. m.) ἄλλοι δὲ δοχμολόφων φασί, διότι οἱ πολεμοῦντες κόρυθας ὑπὲρ τῆς κεφαλῆς ἐπεφέροντο τρεῖς λόφους ἐχούσας νεύοντας τῇδε κἀκεῖσε mitgetheilt waren, und dazu nun bei Dind. aus Par. 2785 ferner die Bemerkung πλησίον κύκλῳ τῆς πόλεως ἐχόντων λόφους πλαγίους τείνοντας beigebracht ward, so soll es in dieser letztern Bemerkung statt λόφους λόχους heissen, sie betrifft die andere Lesart δοχμολόχων, welche in G. und Taur. im Text steht und in Schol. G. m. näher besprochen wird: γράφεται δὲ καὶ δοχμολόφων· καὶ δοχμολόχων μὲν ἤγουν τῶν λοχαγῶν τῶν καθιστάντων τοὺς ἑαυτῶν λόχους πλαγίως, ὡς βούλονται· δοχμολόφων δὲ ἤγ. τῶν λοχμίως καὶ πλαγίως κινούντων τοὺς λόφους οὓς ἐπάνω τῶν ἑαυτῶν περικεφαλαίων φέρουσιν. Wenn nun solche Scholien excerpirt und ihr Inhalt kurz zwischen die Zeilen geschrieben wird, so treten über das éine Wort des Textes die Erklärungen verschiedener Lesarten. Welches aber auch immer der Ursprung sei, die Thatsache findet sich überall. So stehen z. B. Pers. V. 976 in G. i. über ἀπαίρουσι die Erklärungen: ἀποδημοῦσι, ψυχορραγοῦσι nebeneinander, dieses die homerische Glosse von ἀσπαίρουσι (Schol. B.), jenes die Erklärung der Variante ἀπαίρουσι (Hesychius: ἀπαίρει, ἀποδημεῖ. ἀπαίρονται, ἀποδημοῦνται. Schol. A. ἀπαίρουσι καὶ ὑποχωροῦσι καὶ θνήσκουσιν). Sieben vor Theben V. 242 liest man in G. i. τραπέντας, τρωθέντας, dies zu τετρωμένους gehörend, jenes zu τετραμμένους (Schol. P. γρ. τετραμμένους. Schol. A. Vit. i. ἡττημένους). Ebendaselbst V. 355 heisst es λαβόντες (zu λελημμένοι), ἐπιθυμοῦντες (zu λελιμμένοι). Pers. V. 49 hat Lips. ὁρμῶνται, βεβαιοῦσιν, ὑπισχνοῦσιν neben einander, dies die Erklärungen zu στεῦνται (Hesychius: στεῦτο, διαβεβαιοῦτο. Eustath. p. 1701 στεῦται ἀντὶ τοῦ ὑπισχνοῦται, διαβεβαιοῦται. Cod. Vind. erklärt ὑπισχνοῦνται δίκην κίονος), bei ὁρμῶνται dachte der Schreiber, wie Blomfield, an σοῦνται, wie V. 25 σοῦνται, ὁρμῶνται. Prometh. V. 437 findet man ὑβριζόμενον und προσκεκαρφωμένον, jenes die Erklärung zu προσειλούμενον, dies die zu προσηλούμενον, friedlich nebeneinander, und in einer Wiener Handschrift heisst es: ὑβριζόμενον, ἀτιμαζόμενον ἢ καταπτυόμενον, θερμαινόμενον, letzteres ist die andere Auffassung von προσηλούμενον, wie zu V. 451 θερινοὺς und προσκεκαρφωμένους (προσείλους und προσήλους) bemerkt ist. Prometh. V. 191 liest man in G. i. und Lips. 1. ἕνωσιν, μέτρον, φιλίαν in éiner Reihe, wovon 1 und 3 die Glossen zu ἀρθμόν sind (Schol. B. ἕνωσιν. Schol. P. φιλίαν. Hesychius: ἀρθμός, φιλία), das dazwischen stehende μέτρον aber die Glosse zu der Variante ἀριθμόν (Hesychius: ἀριθμόν, μέτρον). Prom. V. 969 sind in einer Wiener Handschrift der Text wie die Glossen ein Gemisch: in jenem steht φυῆναι (φῦναι und φῆναι), darüber δειχθῆναι (zu φῆναι), ὑπάρξαι (zu φῦναι), καλεῖσθαι (wieder φῆναι, wie es in Vit. i. heisst: ἀναφανῆναι, κληθῆναι, τὸ θέμα φημί).

In den meisten Fällen (abgerechnet die zufälligen

Irthümer, wie δουλοσύνην zum Adjectiv δουλείαν, προσδραμών zu παρηγγείλας, ὁρμῶνται zu στεῦνται) wird die zum Texte nicht passende Erklärung eine aus älterer Quelle fliessende Glosse der frühern Lesart sein. Der Vollständigkeit wegen will ich nicht unerwähnt lassen, dass sich, je nach dem bei einer Handschrift benutzten Materiale, der Fall auch umkehren kann: dass sich über einer noch richtigen alten Lesart die Erklärung der bereits verdorbenen eingestellt hat. So steht Pers. V. 273 in Vit. u. Vind. über dem richtigen πρόσχωρος die Erklärung εὐρύχωρος d. i. πρόχωρος: Schol. O. P. (auch in Vit. m.) καὶ πᾶς τόπος πρόχωρος καὶ πλατὺς καὶ εὐρύχωρος. Sieben vor Theben V. 821 steht in G. über πέπωκεν die Glosse ἔρρευσε d. i. πέπτωκε (vom Fallen, Fliessen des Blutes auf die Erde, κέχυται ἐν τῇ γῇ, wie Schol. G. m. erklärt, woraus die Lesarten γᾷ und γᾶν hervorgegangen). Ein complicirtes Beispiel der Art ist Sieben vor Theben V. 1009, wo in G. im Text εἴργων steht d. i. eine Glosse des Originales στέγων (V. 216 πύργον στέγειν Schol. Med. στέγειν καὶ ἀπείργειν); über εἴργειν steht μισῶν d. i. die Glosse von στυγῶν, was auch nachträglich noch zwischen μισῶν und εἴργων geschrieben ist (des Schol. B. κωλύων ist wieder die Glosse von εἴργων, Hesychius: εἶργε, κώλυε).

So viel über die überall vorliegende Thatsache. Für die Kritik sind nun diejenigen Fälle wichtig, wo eine Glosse überliefert ist, welche zu keiner Textüberlieferung passt — die Exegese sagt, ob sie den zu der Stelle gehörigen Begriff enthält, in welchem Falle die Kritik sie in ihr Original zurückzuübersetzen hat.

Der Art war das Sieben vor Theben V. 981 σωθεὶς δὲ πνεῦμ' ἀπώλεσεν über σωθείς in G. (auch in einer Wiener Handschrift) erscheinende ἐλθών d. i. συθείς (auch in dem vorhergehenden Verse οὐδ' ἵκεθ', ὡς κατέκτανεν sprechen die metrische Form, so wie der unrichtige Sinn für:
ὅδ' ἵκεθ' ὥς, κατέκτανεν
wozu dann:
συθεὶς δὲ πνεῦμ' ἀπώλεσεν
die richtige Parallele bildet). Prometh. V. 378 ὀργῆς νοσούσης εἰσὶν ἰατροὶ λόγοι besietigten die Glossen ἀκμα-

ζοὐσης, ἀγριαινούσης, ἐπαιρομένης, νεαζούσης, αὐξανούσης u. s. w. das überlieferte νοσούσης. Auch in einer der Wiener Handschriften steht über νοσούσης die Glosse ἀκμαζούσης d. i. σφριγώσης; in einer andern steht μαινομένης, ἐξαπτομένης, ἀκμαζούσης, αὐξανούσης (die betreffende Bemerkung des Schol. A. mit ὀργὴν ἀγριαίνουσαν καὶ ἐπαιρομένην steht am Rande), und V. 380 steht über σφριγῶντα: ἀκμάζοντα, ζέοντα, αὐξανόμενον. Während an dieser zweiten Stelle nur noch im Med. das unalterirte σφυδῶντα steht, wofür in den meisten Handschriften σφριγῶντα eingesetzt ist, hat eine der Wiener Handschriften, wie Lips. 1, die Mischung beider: σφυγῶντα, mit der Bemerkung ἔτι ἀκμὴν ἀκμάζοντα, die auch in Lips. 1 darüber steht. Prometh. V. 1023 διαρταμήσει σώματος μέγα ῥάκος, Schol. B. μέρος, ἀπόκομμα, Schol A. τὸ δέρμα, was denn in einer Wiener Handschrift in einer Reihe nebeneinander steht: τὸ δέρμα, μέρος, ἀπόκομμα, ergab letztere Glosse die Lesart μελάνδρυον (σώματος μελάνδρυον, nach Aristarch's Erklärung des Körpers Rinde = die Haut; das an dieser Stelle von Hermann eingesetzte Διὸς δέ σοι hat in einer Wiener Handschrift der Grammatiker über Διὸς δέ τοι geschrieben). Sieben vor Theben V. 900, wo überliefert ist μενεῖ κτέανά τ' ἐπιγόνοις, was die Scholien mit κτήματα ἀπομενεῖ τοῖς ἐπιγόνοις erklären und mit ὀνείδη διήξει μέχρι τῶν ἐπιγόνων und τοῖς ὕστερον ἔσται λόγος, demgemäss es nun in Vind. i. heisst: κτήματα ἢ ὀνείδη, in Vit. i. κτήματα ἢ τὰ ὀνείδη ταῦτα — stellte sich aus den Erklärungen ὀνείδη und λόγος die Lesart φῆμις her. Ebenso verwandelte sich VII, 189 οὐχ ὁμίλητον θράσος in οὐχ ὁμόρροθον θράσος, Pers. V. 95 πηδήματος in θηρήματος, Choëph. V. 843 δεδηγμένῳ in δεδαιγμένῳ, V. 68 διαλγής in διαρκής, Prometh. V. 60 δυσεκλύτως in δυσεκβόλως (Hippocr. ἐμβάλλειν, ἐκβάλλειν τὸ ἄρθρον; in einer Wiener Handschrift steht die wohl noch mit dem Originale zusammenhängende Erklärung δυσαποσπάστως, und auch die Umschreibung von ἄραρεν mit ἀσφαλῶς ἡρμόσθη καὶ ἐνεπάγη, auch aus P. referirt, scheint, wie ἄραρεν selbst, chirurgisch gedacht). Prometh. V. 738, wo ich ἐπέσκηψεν statt ἐπέρριψεν vermuthete, scheint auch die Menge der hier in den Handschriften erscheinenden Glossen auf ein solches Wort hinzuweisen; in einer Wiener Handschrift findet sich ausser ἐπέφερε, was auch aus Schol. B., und γρ. ἐπέζευξε, was auch aus Schol. O. angemerkt ist, ἐπέθηκεν, ἐπέβαλεν beigeschrieben, d. i. die gewöhnliche Erklärung von ἐπέσκηψεν, vergl. Pers. V. 514 κακῶν, ἅ Πέρσαις ἐγκατέσκηψεν θεός, Schol. B. Lips. i. G. i. ἐπέθηκεν, ἐνέβαλεν. V. 740 ἐπέσκηψεν, G. i. Vit. i. ἐνέβαλεν. V. 104 ἐπέσκηψεν, Vit. i. ἐνέβαλεν u. s. w.

Sieben vor Theben V. 575 änderte ich das überlieferte ἐξυπτιάζων nach Anleitung der Glossen ἐξαπλῶν, ἀναπτύσσων, διαλύων, ἐτυμολογῶν in ἐξαμπετάζων (von den möglichen ἐξαμπτυχάζων und ἐξαμπετάζων wählte ich letzteres, weil grade die Glossirung von πετάζειν mit ἁπλοῦν mehrfach vorkommt). Diese Rückübersetzung bewährt sich durch fernere Glossen, welche sich in den Wiener Handschriften finden. Dort sind noch zur Erklärung angewandt: διαιρῶν und σαφηνίζων; in éinem Codex steht über ἐξυπτιάζων in éiner Reihe: διαιρῶν, ἐτυμολογῶν, σαφηνίζων, διαλύων, ἀναπτίων (letzteres, wie des Schol. O. ἐξευτελίζων, zu ἐξυπτιάζων), in einem andern: διαιρῶν, ἐτυμολογῶν, σαφηνίζων. Dieses σαφηνίζειν findet sich sonst mehrfach zur Erklärung von ἀναπτύσσειν angewandt; so steht Pers. V. 294 πᾶν δ' ἀναπτύξας πάθος in Schol. B. Vind. i. G. i. Lips. i. σαφηνίσας und Pers. V. 254 πᾶν ἀναπτύξαι πάθος in Schol. Lips. i. σαφηνίσαι. Schol. B. δηλῶσαι, σαφηνίσαι. G. i. σαφηνίσαι, ἀνακαλύψαι. Schol. A. ἀναπτύξαι καὶ ἀνακαλύψαι (vergl. Hesychius: ἀναπτύξαντα, ἀνακαλύψαντα und ἀμπέτασον, ἀνακάλυψον).

Wenn ich Sieben vor Theben V. 613 statt des überlieferten:

τείνουσι πομπὴν τὴν μακρὰν πάλιν μολεῖν
Διὸς θέλοντος ξυγκαθελκυσθήσεται

vermuthete:

τείνουσι καμπὴν τὴν μακρὰν πάλιν μολεῖν

so fand ich nun in einem Wiener Codex über πομπὴν τὴν μακρὰν die Erklärung: ἤγουν τὴν εἰς τὸν ᾅδην ἀποστροφήν, was wohl als eine ausdrückliche Ueberlieferung von καμπὴν betrachtet werden kann. Ξυγκαθελκυσθήσεται wird dort demgemäss erklärt mit σὺν αὐτῷ l. αὐτοῖς ἀφανισθήσεται καὶ εἰς ᾅδην ἥξει.

Ebendaselbst V. 768 τὰ δ' ἁλοὰ τελόμεν' οὐ παρέρχεται ist πελόμενα, wie durch die Glosse γινόμενα in Schol B., so auch durch die fernere in Lips. i. ὑπαρχόμενα überliefert, vergl. Hesychius: πέλει, ὑπάρχει. πέλεν, ὑπῆρχεν. πέλεται, ὑπάρχει. ἔπλετο, ὑπῆρχεν. Und über παρέρχεται steht auch in Vit. i. οὐ μάτην ἀφίενται d. i. οὐ μάψ ἔρχεται.

Zu dem vielbesprochenen δοριπληχθ' Sieben vor Theben V. 261 fand ich ausser den bereits bekannten, den Sinn von δοριληφθ' wiedergebenden Glossen in einem Wiener Codex auch die genau zutreffende: τῷ δορὶ συλληφθέντα.

Wenn ich mich ebendaselbst V. 256 für das vom Sinne gebotene Δίρκης τε πηγῆς τοῖς τ' ἀπ' Ἰσμηνοῦ λέγω auf das in G. i. über Δίρκης τε πηγαῖς beiderseitig eingetragene τῆς ... τῆς berief, so fand ich in einer der Wiener Handschriften diese Beischriften noch mit ihrem originalen Texte zusammen; in einer andern steht Δίρκης τε πηγᾶς mit übergeschriebenem η; und über οὐδ' ἀπ' Ἰσμηνοῦ ist dort τοὺς θεοὺς δηλ. τοῖς ἐν τῷ eingetragen. Ein τούς τ' (in Folge von λέγω entstanden und πηγάς nach sich ziehend) scheint den Uebergang zur Ueberlieferung gebildet zu haben.

Pers. V. 101, wo ich nach φιλόφρων γὰρ παρασαίνει βροτὸν εἰς ἄρκυας Ἄτα statt des überlieferten τόθεν οὐκ ἔστιν ὑπὲρ θνατὸν oder ὕπερθεν τὸν oder ὕπερθεν allein ohne θνατόν, das nach βροτόν gehörende ὕπερθέν νιν herstellte (θνατόν entstand um so leichter, da man τόθεν nicht relativ und im Bilde auffasste, sondern als διὰ τοῦτο, so Schol. B. G. i. Lips. i. διό Schol. O. P. Vit. m., nur Vit. i. hat ἀφ' οὗ, die Wiener Handschrift hat beide Erklärungen neben einander: ὑπόθεν, διό), findet sich in Lips. i. über dem in neuer Linie folgenden θεόθεν: αὐτόν geschrieben d. i., wie es scheint, die, da sie ihr Wort nicht mehr fand, dahin verschlagene Erklärung von νίν. In dem Wiener Codex steht über θνατόν (wie in Schol. O. P.) ἄνθρωπον δηλονότι (ἀνον δηλ.), dem man freilich nicht mehr ansehen kann, ob es zu θνατόν geschrieben ist oder, wie ich glaube (das δηλ. macht es wahrscheinlich), ursprünglich auch zu νίν. Andere scheinen dieses νίν auf die Ἄτα bezogen zu haben: in G. steht αὐτήν über der Zeile.

Wie Prometh. V. 430 statt νώτοις ὑποστεγάζει Robortelli ὑποβαστάζει hat, Vit. i. ὑποστενάζει mit übergeschriebenem βαστάζει, Schol. A. ὅστις διόλου βαστάζει, Schol. B. μετ' ὠδῖνος ὑπανέχει, Schol. Med. μετὰ στεναγμοῦ φέρει und die Verse in Schol. O. P., welche auch in Vit. m. stehen, νώτοις φέρειν und νώτοις φέρει κάτωθεν ἐκ γῆς ἀνέχων, so heisst es auch in Vind. i. μετ' ὀδύνης φέρει, κατέχει, βαστά(ζει), vergl. Hesychius: στέγει, συνέχει, βαστάζει. ἄστεκτος, ἀβάστακτος u. s. w. In μετ' ὀδύνης, μετα στεναγμοῦ φέρει, ὑπανέχει ist die vorgefundene Erklärung von ὑποστεγάζει und der vorgefundene Text ὑποστενάζει zusammengemischt.

Fernere Beispiele dieses Falles sind:

Sieben vor Theben in der ersten Botenrede V. 378 ist überliefert:

Τυδεὺς μὲν ἤδη πρὸς πύλαισι Προιτίσιν
βρέμει

Vielleicht ist hier schon Manchem, wie mir, beim Lesen das so allgemeine ἤδη βρέμει aufgefallen und wie es zu dem unmittelbar folgenden: πόρον δ' Ἰσμηνὸν οὐκ ἐᾷ περᾶν ὁ μάντις keinen exacten Gegensatz bildet. An eine Aenderung scheint noch Niemand gedacht zu haben und doch ist überliefert, dass der Dichter etwas ganz anderes schrieb. Aus Schol. B. ist notirt: μαίνεται, ὁρμᾷ (ich habe es so in Lips. i. und einem Wiener Codex gefunden), aus Schol. A. ἄρτι βρέμει καὶ ἠχεῖ, und in G. i. stehen beide Erklärungen nebeneinander: ὁρμᾷ, ἠχεῖ. Ἠχεῖ ist die bekannte Glosse von βρέμει, Hesychius: βρέμει, βρέμοντι, βρεμούσης, ἠχεῖ, ἠχοῦντι, ἠχούσης. βρέμεται, ἠχεῖ. βρόμος, ἦχος. Und so VII, 84 βρέμει, Schol. Med. ἠχεῖ. V. 350 βρέμονται, Schol. G. i. ἠχοῦσι. V. 213. 476 βρόμος, βρόμον, Schol. G. i. ἦχος, ἦχον u. s. w. Dies ist also die Glosse zu dem überlieferten Texte. Ebenso mochte ὁρμᾷ eine Erklärung zu βρέμει zu sein scheinen, da es Etym. magn. s. v. βρέμει heisst: βρέμει, ἠχεῖ κυρίως, οἷον μέγα βρέμεται χαλεπαίνων — σημαίνει δὲ καὶ τὸ ὁρμᾶν. Man muss sich fragen, wie das Wort zu dieser Anwendung komme? Der Artikel des Etym. magn., wie er uns geboten wird, ist der kleine Rest eines längern, in mehrfachen Auszügen uns vorliegenden Artikels, welcher vollständig in Cram. Anecd. Oxon. II p. 322 aufgezeichnet ist:

βρέμω· τὸ ρε ψιλόν· τὰ διὰ τοῦ εμω, εἴτε βαρύτονα εἴτε περισπώμενα, διὰ τοῦ ε ψιλοῦ γράφεται· οἷον δέμω, νέμω, βρέμω, δρέμω, τρέμω, ἠρεμῶ, ἀτρεμῶ, κρεμῶ, πλὴν τοῦ μαιμῶ, ὃ σημαίνει τὸ ὁρμῶ. ἐξ οὗ καὶ τὸ μαιμῶσα, ἡ τοῦ αἵματος γευστικῶς ἔχουσα.

Den zunächst vollständigen Auszug, in welchem nur die Beispiele der Wörter auf εμω weggelassen sind, liest man in Etym. Gud.:

βρέμεται, τὸ βρε ψιλὸν διὰ τί; τὰ διὰ τοῦ εμω ῥήματα διὰ τοῦ ε ψιλοῦ γράφεται πλὴν τοῦ μαιμῶ. σημαίνει δὲ τὸ ὁρμᾶν. ἢ οὕτως L καὶ οὕτως oder ἐξ οὗ καὶ τὸ μαιμῶσα τοῦ αἵματος γευστικῶς ἔχουσα, ὁρμῶσα.

vergl. Cram. Anecd. Oxon. II p. 351, wo s. v. βρέμει dasselbe steht. Vergleicht man damit nun den Artikel im Etym. magn., so sieht man, dass derselbe unrechtmässig verkürzt und das mit σημαίνει δὲ καί auf βρέμει bezogene ὁρμᾶν in der That zu dem dort ausgefallenen μαιμῶ gehört (wie das sich entsprechende κυρίως und σημαίνει δὲ καί zeigt, ist die Bemerkung, als oder nachdem sie um das Mittelstück verstümmelt ward, so zurechtinterpolirt worden). Dieselbe Grammatik nun, welche unter dem Artikel βρέμει das Wort μαιμῶ besprach, hat in unserer Stelle umgekehrt βρέμει statt μαιμᾷ in den Text gebracht; Aeschylus schrieb:

Τυδεὺς μὲν ἤδη πρὸς πύλαισι Προιτίσιν μαιμᾷ

und auf dieses μαιμᾷ (vergl. Hom. Il. 15,542 μαιμώωσα, Schol. πρόσσω ἱεμένη) folgte denn der Gegensatz: πόρον δ' Ἰσμηνὸν οὐκ ἐᾷ περᾶν ὁ μάντις κ. τ. λ. Dieses μαιμᾷ wurde erklärt mit ὁρμᾷ (vergl. ausser den vorher citirten Stellen Hesychius: μαιμώμενος, ὁρμῶν. μαιμᾷ, ἐνθουσιᾷ καὶ ὀξέως ὁρμᾷ. Schol. Hom. Il. V, 661 μαιμώωσα, ἐνθουσιῶσα καὶ ὀξέως ὁρμῶσα. ἢ τοῦ αἵματος γευστικῶς ἔχουσα, ebenso Etym. Gud. u. s. w.) und mit μαίνεται (was dem ἐνθουσιᾷ der vorhergehenden Artikel entspricht, vergl.

Eustath. p. 716 μαίνεσθαι δὲ καὶ ἐνταῦθα τὸ ἐνθουσιᾶν ἔφη πρὸς μάχην, ὅπερ ἐπίτασίς ἐστι τοῦ μαιμᾶν καὶ τοῦ ὁρμᾶν καὶ τῶν ὁμοίων. p. 792 μαίνεσθαι ἐκ τοῦ μῶ, ὃ δηλοῖ τὸ λίαν προθυμεῖσθαι, was wieder eine gewöhnliche Glosse auch zu μαιμᾶν ist: Hesychius: μαιμᾷ, προθυμεῖται. μαιμῶσα, προθυμουμένη. Etym. magn. s. v. αὐτομάτως . . . μεμῶ τὸ προθυμοῦμαι u. s. w.). Eigenthümlich sind die Glossen des Schol. A. (welche ich auch in einer Wiener Handschrift über dem Texte eingetragen fand): ἄρτι μὲν βρέμει καὶ ἠχεῖ καὶ ὀργίλον καὶ μανικὸν πνέει, wo nicht bloss, wie in G. i., die Erklärungen von βρέμει und μαιμᾷ vereinigt, sondern auch der Versuch gemacht zu sein scheint, sie unter éinen Hut zu bringen. Der Schein, als seien die in der That zu sehr verschiedenen Originalen gehörenden Glossen wirklich nicht verschieden, hat in solchen Fällen glücklicherweise die Fortpflanzung der ältern Erklärungen befördert.

Bei Aeschylus lesen wir heute das Wort μαιμᾶν nur noch Hiket. V. 895 μαιμᾷ πέλας δίπους ὄφις, Schol. Med. ἐνθουσιᾷ (vergl. Soph. Aias V. 50 καὶ πῶς ἐπέσχε χεῖρα μαιμῶσαν φόνου, wozu das obige τοῦ αἵματος γευστικῶς ἔχουσα passt). Aber gestanden hat es auch und ist wieder herzustellen Sieben vor Theben V. 498, wo es von Hippomedon heisst:

αὐτὸς δ' ἐπηλάλαξεν, ἔνθεος δ' Ἄρει
βακχᾷ πρὸς ἀλκὴν θυιάς ὣς φόβον βλέπων.

statt:
      ἔνθεος δ' Ἄρει
μαιμᾷ πρὸς ἀλκήν

Obschon hier die Begriffe so nahe beieinander zu liegen scheinen, so lässt sich doch noch leicht unterscheiden, dass βακχᾷ nur durch die Glosse zu θυιάς an diese Stelle gerathen ist (Schol. A. ὡς θυιάς ἤτοι βάκχη τις. V. 836 θυιάς, Schol. B. βάκχη. Schol. A. ὡς θυιάς καὶ ὡς βάκχη. Etym. magn. θυάδες, αἱ βάκχαι. Hesych. θυιάς, βακχίς u. s. w.). Denn, während auf der einen Seite in der schlechten (in Vit. m. übergangenen) Bemerkung des Schol. A.: γράφεται δὲ καὶ βάκχα καὶ συντάσσεται οὕτως, ἔνθεος δὲ καὶ ὁρμητικός ἐστιν ὁ Τυφώς (!) πρὸς τὸν Ἄρην, ὥσπερ τις βάκχα θυιὰς καὶ μαινομένη noch die Erinnerung an die ursprüngliche Beischrift erhalten ist, und daneben wieder die bekannten Glossen von μαιμᾷ überliefert sind: Schol. A. Vit. i. ἐνθουσιᾷ καὶ ὁρμᾷ, Schol. B. Lips. i. G. i μαίνεται, sagt auf der andern Seite die Stelle selbst, dass es nicht βακχᾷ πρὸς ἀλκήν geheissen hat, was kein Ausdruck ist, sondern μαιμᾷ πρὸς ἀλκήν. Wenn es bei Schol. A. heisst: βακχᾷ δὲ καὶ ἐνθουσιᾷ καὶ ὁρμᾷ πρὸς τὸν πόλεμον ἔνθεος καὶ ὁρμητικὸς καὶ πηδητικὸς πρὸς τὴν ἀλκὴν ὡς θυιὰς ἤτοι βάκχη τις, so ist dies die gewöhnliche, arglose Vermischung des überlieferten Textes und der überlieferten Erklärung; bei dem vermittelnden ὁρμᾷ und ὁρμητικός war der Anstoss der Construction verdeckt. Die Lesart θοᾶς in G. scheint unter Einfluss der Erklärung des Schol. B. (auch in Lips. i.): ἐκ μόνης τῆς θέας φόβον ἐμβάλλων entstanden zu sein. In Vit. steht über φόβον βλέπων: φοβερόν, φονικόν, wieder ein Beispiel der Erklärung zweier Lesarten über éiner derselben.

Pers. V. 428 bildet den Schluss der Beschreibung, wie die Perser von den Griechen vernichtet werden, der Vers:

ἕως κελαίνης νυκτὸς ὄμμ' ἀφείλετο.

Hier ist zunächst κελαίνης νυκτὸς ὄμμα kein passendes Bild oder Ausdruck. In dem Wiener Codex der Perser steht über ὄμμ' die Erklärung ἔφοδος. Das ist die Glosse von οἶμα, vergl. Hesychius: οἶμα, ὁρμή. Etym. magn. Gud. s. v. οἶμα, ἑτοιμιάσατε, ἕτοιμος u. s. w. und Eustath. p. 716: οἶμα, ὃ σημαίνει τὸ ὁρμημα, und, wenn man dasselbe ἔφοδος zu sehen wünscht, Schol. Hom. Il. 16, 752 zu οἶμα λέοντος ἔχει: δαιμονίως τῇ εἰκόνι χρῆται· μέλλοντα γὰρ αὐτὸν τελευτᾶν λέοντι εἰκάζει ὑπ' ἀλκῆς καὶ προθυμίας ἔν τινι ἐφόδῳ ἀνῃρημένῳ. Es wäre also dieselbe Dittographie, wie Hom. Il. 8, 349: Γοργοῦς ὄμματ' ἔχων, wo Aristarch οἴματ' ἔχων schrieb: Schol. Ἀρίσταρχος γράφει σὺν τῷ ῑ οἴματ' ἔχων· καί φασι (kann richtig sein: die Grammatiker, die mit Aristarch haltend über οἶμα sprechen) παρὰ τὴν οἶμον γεγενῆσθαι, τὰς ὁδοὺς καὶ τὰ ὁρμήματα. Wenn nun dort der Scholiast schliesslich bemerkt: χαλεπὸν τὸ σαφὲς εἰπεῖν, so ist bei Aeschylus die Nothwendigkeit von κελαίνης νυκτὸς οἶμ' augenscheinlich. Man kann diese ältere Lesart auch in dem Schol. A. wiederfinden, wenn er, aus seiner Vorlage, erklärt: ἤτοι αὐτὴ ἡ νὺξ ἐπιγενομένη ἔλυσεν αὐτοὺς τῆς μάχης. Ἐπιγενομένη = ἔφοδος; = οἶμα, vergl. V. 357 ὡς εἰ κελαινῆς νυκτὸς ἵξεται κνέφας, V. 357 καὶ νὺξ ἐπῄει. Es könnte nun jemand denken, dass auch auf dieses νυκτὸς οἶμα ein ἀφίκετο oder ἐφίκετο gefolgt sei; allein der Begriff ἀφείλετο sagt mehr, wenn er nur ein Object bei sich hätte; mit den Scholiasten τὴν μάχην (Schol. A., auch in Vit. m. u. i. λείπει τὴν μάχην), τὸν πόλεμον (Schol. B. G. i. Lips. i.) oder dergleichen zu ergänzen, geht nicht an. Es wird also (wie Sieben vor Theben V. 508) ein νίν hinzuzufügen und zu schreiben sein:

ἕως κελαινῆς νυκτὸς οἶμ' ἀφείλέ νιν.

In demselben Wiener Codex, welcher uns οἶμα zuführte, steht über der Zeile die Erklärung: ἐκόψετο οὕτως πάσχειν τοὺς Πέρσας — das Medium ist hier wieder erst unter Einfluss des Textes entstanden, es soll heissen: ἔκοψε τὸ οὕτως πάσχειν τοὺς Πέρσας, und nun vergleiche man Hesychius: ἀφεῖλεν, ἔκοψεν. Das νίν scheinen die Quellen des Schol. Vind. i. und Schol. A. noch vor sich gehabt und es, die eine mit οὕτως πάσχειν τοὺς Πέρσας auf die Perser, die andere mit ἔλυσεν αὐτοὺς τῆς μάχης auf die Kämpfenden überhaupt gedeutet zu haben.

In derselben Schlachtbeschreibung heisst es V. 418:

Ἑλληνικαί τε νῆες οὐκ ἀφραδμόνως
κύκλῳ πέριξ ἔθεινον, ὑπτιοῦτο δὲ
σκάφη νεῶν κ. τ. λ.

so viel ich sehe, ohne Sinn. Schol. B. (auch in Lips. i. G. i.) erklärt ἐχώρουν d. i. doch wohl das neutrale ἔτεινον. Nun begreift sich das οὐκ ἀφραδμόνως: die Griechen breiten sich rings im Kreise aus und schliessen die Perser ein, das war das entscheidende Manöver. Ἔθεινον ist ein alter, in alle Abschriften gerathener (zwischen all dem Schlagen und Hauen der Schlacht begreiflicher!) Schreibfehler, woneben sich doch aber noch die Erklärung des Originals fortpflanzte (so steht VII, 967 in Vit. ἐντὸς δὲ καρδία σθένει, Pers. V. 465 zu ἀνῴμωξεν in Lips. i. ἀνεστέναζεν).

In den Pers. V. 732 überlieferten Worten:

Βακτρίων δ' ἔρρει πανώλης δῆμος οὐδέ τις γέρων

berichtigte ich bereits οὐδέ τις γέρων in εἰ μή τις γέρων. Es ist ferner nothwendig, dass das zu dem vorhergehenden Σούσων hinzutretende Βακτρίων, während das von beiden Ausgesagte dasselbe bleibt, mit τέ angeknüpft werde statt mit δέ (δέ ist Folge von μέν). Einen dritten Fehler gibt die Ueberlieferung an die Hand. In Schol. A. heisst es: τῶν Βακτρίων δὲ ἔρρει καὶ ἐφθάρη πᾶς δῆμος ὁ πανώλης ἤτοι ὁ ἀνδρεῖος καὶ πολεμικός (auch in Vit. m. und Vind. m., in beiden mit πανώλης καὶ ἀνδρεῖος καὶ πολεμικός, das ist die andere gebräuchliche Form der Erklärung: die Gleichstellung des Erklärenden mit dem Erklärten durch καί) und in Vind. i. ist über πανώλης eingetragen: ἀντὶ ὁ γενναῖος καὶ ἀνδρεῖος. Das klingt wie Unsinn, ist es auch im Munde dieser Scholiasten, welche das eine dem andern gleichstellen; dieses ἤτοι ἀνδρεῖος καὶ πολεμικός hatte aber einmal Sinn, denn es ist die Erklärung von παναλκής, wofür πανώλης, was sich so leicht an ἔρρει anschliesst, nur verschrieben ist. Ἔρρει bedarf keines Zusatzes, aber παναλκὴς δῆμος sollte hervorgehoben werden (ὦ μέλεος, οἵαν ἄρ' ἥβην ξυμμάχων ἀπώλεσε, sagt Darius darauf). Dieses παναλκής denn wurde wiedergegeben mit ἀνδρεῖος, γενναῖος, πολεμικός (Hesychius: ἄλκιμος, ἀνδρεῖος. ἀλκιμώτατον, γενναῖον) und diese Erklärungen erhielten sich über und neben dem verschriebenen πανώλης. Mit παναλκής (das Volk überhaupt ist damit bezeichnet; εἰ μή τις γέρων tritt für sich als Exception neben den allgemeinen Ausspruch: Βακτρίων δῆμος ἔρρει) scheint auch noch die Bemerkung in Schol. A. zusammenzuhängen: τοὺς γὰρ νέους μόνους ὁ Ξέρξης ἐστρατολόγησε, τοὺς δὲ γέροντας, ὡς ἀσθενεῖς ὄντας (Gegensatz zu παναλκής: ἀναλκής, ἀσθενής) καὶ μὴ δυναμένους κινῆσαι ὅπλα κατέλειψε κ. τ. λ.

Pers. V. 630, wo der Chor zu den Göttern der Todten um die Seele des Darius ruft, heisst es in den Handschriften:

πέμψατ' ἔνερθε ψυχὴν ἐς φῶς·
εἰ γάρ τι κακῶν ἄκος οἶδε πλέον,
μόνος ἂν θνητῶν πέρας εἴποι.

und Hermann hat dies eifrig gegen Pauw's Vorschlag ἄχος vertheidigt. In der That passt, wie die übrigen Worte lauten, weder das eine noch das andere zu dem Nachsatze: μόνος ἂν θνητῶν πέρας εἴποι. Dass mit ἄχος nichts anzufangen sei, zeigt Hermann's Erklärung: hoc dicit, si quod praeterea (praeter institutam supplicationem) remedium habet Darius, hic solus finem malorum poterit indicare. Der Sinn müsste sein: denn wenn es irgend ein Mittel gegen das Unglück gibt, könnte er es allein von den Sterblichen angeben. Πλέον ist Schreibfehler für παρόν (wie Sieben vor Theben V. 804 in Med. u. a. Hdschr.; die Wiederholung des Fehlers macht darauf aufmerksam, dass ein abkürzender Schreiberzug der Ursprung). Der ganze Satz muss heissen:

εἰ γάρ τι κακῶν ἄχος οἶδε παρόν,
μόνος ἂν θνητῶν πέρας εἴποι.

Darius soll das Geschehene erfahren, um Rath ertheilen zu können. Erscheine, ruft der Chor V. 665 zu Darius selbst, ὅπως καινά τε κλύῃς νέα τ' ἄχη. Sendet ihn empor an's Licht, ruft er hier zu den Göttern, denn, wenn er weiss, dass Unglück vorhanden, so kann er allein der Sterblichen wohl Abhülfe angeben. Dieses ἄχος denn, statt dessen in allen Handschriften ἄκος steht, was auch Schol. A. erklärt (εἰ γάρ τι ἄκος τῶν ἡμετέρων κακῶν πλέον καὶ ἐπίκεινα οἶδεν, ἤγουν νικῆσαν τὰ ἡμῶν κακά — in der Wiener Handschrift ist es mit θεράπευμα glossirt), ist auch noch überliefert, denn in Lips. i. steht über ἄκος die Glosse λύπην d. i. ἄχος, vergl. Hesychius: ἄχος, λύπη. Pers. V. 665 ἄχη, Lips. i. λύπαι. Pers. V. 259 τόδ' ἄχος κλύοντες, Schol. A. ταύτην τὴν λύπην u. s. w. Zu κακῶν ἄχος vergl. Eurip. Phöniss. V. 354 πρὸς ἐμὲ γὰρ κακῶν ἔμολε τῶνδ' ἄχη.

Λύπη ist auch eine Glosse zu ὄχλος, denn ὄχλον παρέχειν τινί z. B. oder δι' ὄχλου εἶναί τινι kann man auch wiedergeben mit λύπην παρέχειν τινί u. s. w., vergl. Hesychius: ὀχλεῖ, λυπεῖ. Man hätte daher in der erst so spät verbesserten Stelle des Prometheus V. 313, wo alle Handschriften: ὥστε σοι τὸν νῦν χόλον παρόντα μόχθων παιδιὰν εἶναι δοκεῖν darbieten (Hermann hat dies noch im Text), auch aus der Ueberlieferung die Berichtigung entnehmen können, denn Schol. B. schreibt: τὴν λύπην τῶν νῦν δυστυχιῶν d. i. ὄχλον.

Sieben vor Theben V. 29 heisst es von Amphiaraos:
λέγει μεγίστην προσβολὴν Ἀχαΐδα
νυκτηγορεῖσθαι κἀπιβουλεύειν πόλει

Die Scholiasten haben zweierlei Erklärungen (in welche sich auch die Handschriften theilen; einzelne, wie Vit. i., haben beide nebeneinander): Schol. Med. u. P. ἐν νυκτὶ ἀγορεύεσθαι, ἐν νυκτὶ βουλεύεσθαι; Schol. B. Lips. i. G. i. Vind. i. ἐν νυκτὶ ἀγείρεσθαι, Schol. O. Vit. i. κατὰ τὴν νύκτα συναθροίζεσθαι. Letztere Erklärungen sind (wenn auch ungenau) entstanden durch die richtige Lesart νυκτηγερτεῖσθαι, vergl. Hesychius: ἀγερθῆ, συναθροισθῆ. ἀγέρθη, συνηθροίσθη. ἠγερέθοντο, συνηθροίζοντο u. s. w. (Prof. Halm erwähnt dieses Falles brieflich, hat ihn also vielleicht schon lange vor mir bemerkt.)

In der ergreifendsten Scene der Sieben vor Theben, wo es den Eteocles unwiderstehlich zum Bruderkampfe fortreisst, ruft er dem ihn zurückhaltenden Chore zu (V. 695):
φίλου γὰρ ἐχθρά μοι πατρὸς μέλαιν' ἀρὰ
ξηροῖς ἀκλαύστοις ὄμμασιν προσιζάνει.

Aber wenn ἀκλαύστοις in Schol. B. durch ἀκαμπέσι erklärt wird, so liegt dem nicht ἀκλαύστοις zu Grunde, sondern ἀκλάστοις (vergl. Hesychius: ἄκαμπτος, ἀκατάκλαστος, ἀκαμπής). Auch die übrigen hier (neben ἀδακρύτοις und πολυκλαύτοις) überlieferten Erklärungen: ἀσυμπαθέσιν, ἀναλγήτοις (so Schol. Med. u. Lips. i., ἀναλγήτοις auch in Schol. O. P. Vind. i.), welche, mehr allgemein, auch zu ἀκλαύστοις zu passen scheinen mochten (Schol. P. stellt ἀδακρύτοις, ἀναλγήτοις wieder wie gleichbedeutend nebeneinander), stammen von ἀκλάστοις her. Vergl. des Sophokles: ἀρραγὲς ὄμμα bei Hesychius: ἀρραγὲς ὄμμα, οὐ δακρῦον (auch Plat. Phäd. p. 117 gerieth κατέκλαυσε statt κατέκλασε in die Texte). Aus ἄκλαστος ist auch gezogen, was Schol. B. weiter schreibt: καὶ οὐδαμῶς ὑφίεται τῶν κακῶν. Statt einer blossen Wiederholung (ξηροῖς, ἀκλαύστοις) hätten wir nun einen steigernden, des Eteocles, dessen innerer

Zustand eigentlich damit geschildert wird, Ungebeugtheit gegen alle Bedenken bezeichnenden Ausdruck. — Zu dem folgenden, verschrieben überlieferten und vergebens auf die manchfaltigste Weise erklärten V. 697: λέγουσα κέρδος πρότερον ὑστέρου μόρον (statt λέγουσα κέρδος πρότερον, ὕστερον μόρον) lautet die Erklärung des Schol. A. in Vit. m. richtig: κέρδος μοι ὑποτιθεμένη τὸ προτερῆσαι ἀποκτείναντα, ἢ ὑστερῆσαι· ὅτι κρεῖττον τὸ φθάσαι καὶ ἀναιρῆσαι τὸν πολέμιον ἢ ὕστερον ἀναιρεθῆναι ὑπ' ἐκείνου. Wenn bei Dind. das zweite Glied lautet: ἢ καὶ ἐᾶσαι ἐκεῖνον ὕστερον ἀναιρεθῆναι ὑπ' ἐκείνου, so scheint ἢ καὶ ἐᾶσαι ἐκεῖνον der Anfang einer andern Wendung desselben Gedankens zu sein (ἢ ἐᾶσαι ἐκεῖνον ἀποκτεῖναι); wenn es mit dem Folgenden verbunden werden soll, so müsste es wenigstens ἑαυτόν heissen statt ἐκεῖνον.

Pers. V. 372, wo es von Xerxes heisst:
τοσαῦτ' ἔλεξε κἄρθ' ὑπερθύμου φρενός·
οὐ γὰρ τὸ μέλλον ἐκ θεῶν ἠπίστατο.

steht in dem Wiener Codex über ὑπερθύμου φρενός, was mit ihm fast alle Handschriften haben, die Erklärung: ὑπὸ εὐφραινομένης διανοίας d. i. ὑπ' εὐθύμου φρενός, was in des Med. ὑπευθύμου noch erhalten ist. Und dies gehört hier in die Erzählung, nicht ὑπ' ἐκθύμου φρενός: Xerxes ist sehr guter Dinge über die Nachricht, dass die Griechen heimlich fliehen wollen; aus dieser Stimmung gehen die übermüthigen Befehle hervor, die er, gewonnen Spiel annehmend, austheilt (daher τοσαῦτ' ἔλεξεν ὑπό ..., vergl. ὑπὸ δ' εὐνοίας Choëph. V. 857). Κάρτα ist zur Schärfung aus seiner logischen Verbindung herausgezogen, wie πολὺ ἐν πλείονι ἀπορίᾳ, πολὺ ἐπὶ δεινοτέρῳ ὀλέθρῳ, ἢ πολύ μοι διὰ βραχυτέρων u. s. w. bei Plato. Es muss also mit Victorius heissen:
τοσαῦτ' ἔλεξε κἄρθ' ὑπ' εὐθύμου φρενός·
οὐ γὰρ τὸ μέλλον ἐκ θεῶν ἠπίστατο.

Auch Schol. A. überliefert diese Lesart durch seine Erklärung ὑπὸ —τερπομένης διανοίας; sie ist wieder neben die Erklärung von ὑπερθύμου gestellt, in der Meinung beide fielen zusammen: τοσαῦτα, φησίν, εἶπεν ὁ Ξέρξης ὑπὸ ἀλαζόνος (ὑπερθύμου) καὶ τερπομένης (εὐθύμου) διανοίας λίαν. In G. steht über der Zeile (von Hermann nicht berührt) γρ. ὑπερθύμου, ὀργίλου, obschon dies auch schon im Texte steht; der Grammatiker setzte also wohl ὑπ' εὐθύμου im Text voraus (s. S. 19 f. m. Schr., wo ich diesen Fall besprach).

Prometh. V. 677, wo Jo erzählt:
κέραστις δ', ὡς ὁρᾶτ', ὀξυστόμῳ
μύωπι χρισθεῖσ' ἐμμανεῖ σκιρτήματι
ᾖσσον πρὸς εὔποτόν τε Κερχνείας ῥέος·
Λέρνης ἄκρην τε

wofür Reisig und Hermann Λέρνης τ' ἐς ἀκτήν, Blomfield ἀκτήν τε Λέρνης schrieben, führt Schol. A. mit seiner Glosse καὶ πρὸς τὴν Λέρνην τὴν πηγήν einfach zu dem schon von Canter vorgeschlagenen:

Λέρνης τε κρήνην

(Hesychius: κρήνη, πηγή), woraus das überlieferte Λέρνης ἄκρην τε nur in Folge Schreibfehlers entstanden zu sein scheint. Es fällt mir dabei eine andere Stelle der Perser ein, wo dasselbe ἀκτή irrthümlich im Texte steht, V. 962 ff.:

ὀλόους ἀπέλειπον
Τυρίας ἐκ ναὸς
ἔρροντας ἐπ' ἀκταῖς
Σαλαμινιάσι στυφελοῦ
θείνοντας ἐπ' ἀκτᾶς·

Hermann bemerkt: neque hic quidem est quod in repetito vocabulo offendas. Ich sehe davon keinen Grund. Pauw schrieb im ersten Falle, Blomfield im zweiten ἄκραις resp. στυφελοὺς ἄκρας; keins von beiden gibt richtigen Sinn. Es wird herzustellen sein: (ἀπέλειπον)

ἐν ἀκταῖς
Σαλαμινιάσι στυφελοῦ
θείνοντας ἐπ' αἴας.

man vergleiche den Dichter in demselben Falle V. 310: οἳδ' ἀμφὶ νῆσον τὴν πελειοθρέμμονα κυκώμενοι 'κύρισσον ἰσχυρὰν χθόνα und V. 319 Ἀρτάμης τε Βάκτριος σκληρᾶς μέτοικος γῆς ἐκεῖ κατέφθιτο. Auch Pers. V. 133, wo überliefert ist: λέκτρα δ' ἀνδρῶν πόθῳ πίμπλαται δακρύμασιν· Περσίδες δ' ἀκροπενθεῖς ἑκάστα πόθῳ φιλάνορι τὸν αἰχμάεντα θοῦρον εὐνατῆρα προπεμψαμένα λείπεται μονόζυξ kann ich nicht glauben an die Wiederholung von ἀνδρῶν πόθῳ und πόθῳ φιλάνορι. Die Scholiasten haben im ersten Falle einen andern Begriff, wenn sie schreiben: Schol. A. τὰ λέκτρα δὲ τῶν ἀνδρῶν τῇ αὑτῶν ἀποδημίᾳ καὶ ἀπουσίᾳ πίμπλανται καὶ πληροῦνται τοῖς δακρύμασιν, Schol. Med. τῇ ἀπουσίᾳ αὐτῶν, und so Schol. Vit. i. ἀποδημίᾳ — was, wenn es auch eine allgemeine Erklärung sein mag, doch πόθῳ nicht wiederzugeben scheint. Wie die Dichter sagen: οὐ σπανίζοντες φίλων, ἐσπανίσμεθ᾽ ἀρωγῆς, ὁρᾷς δὲ δή, φίλων ὡς ἐσπανίσμεθα, οὕτω δ᾽ ἀπόντες ἐσπανίζομεν φίλων u. s. w., so dürfte hier Aeschylus geschrieben haben: λέκτρα δ᾽ ἀνδρῶν σπάνει πίμπλαται δακρύμασιν (Rhes. V. 245 ἡ σπάνις τῶν ἀγαθῶν; Orest. V. 942 τόλμης σπάνις, Androm. V. 771 ἀλκᾶς σπάνις, Schol. ἔνδεια, στέρησις). Eurip. Cycl. V. 400 f., wo sich πυρί zweimal nacheinander wiederholt:

καὶ χάλκεον λέβητ᾽ ἐπέστησεν πυρί
ὀβελούς τ᾽ ἄκρους μὲν ἐγκεκαυμένους πυρί
ξεστοὺς δὲ δρεπάνῳ τἄλλα

(getrennt dürfen diese Verse nicht von einander werden, wie Hermann that: der Kessel und die Bratspiesse gehören so zusammen) schreibe ich im zweiten Falle τὸ πρίν.

Sieben vor Theben V. 707, wo überliefert ist, θαλερωτέρῳ πνεύματι und Hermann χαλαρωτέρῳ schrieb, hatte ich mir ursprünglich notirt: entweder μαλακωτέρῳ oder καθαρωτέρῳ, wie λαμπρὸς ἄνεμος; das ρ des Med. zog mich zu letzterem. Allein die Gleichmässigkeit des Bildes (κλύδων — νῦν δ᾽ ἔτι ζεῖ) und die Ueberlieferungen sprechen dafür, dass das in Schol. B. notirte μαλακωτέρῳ das Original sei; es ist auch in einer Wiener Handschrift von der Hand des Grammatikers, der die Interlinearscholien eintrug, als Verbesserung übergeschrieben, so:

μαλακ
θαλερωτέρῳ

Dazu gehören die Glossen: in Lips. i. μαλθακωτέρῳ (Hesychius: μαλακύς, μαλθακός; ich möchte glauben, dass diese mit Sparung der gemeinschaftlichen Buchstaben übergeschriebene Glosse die Veranlassung zur Verwirrung wurde, in Med. steht noch θαλλωτέρῳ), in Schol. A. Vind. i.

ἀσθενεστέρῳ (Hesychius: μαλακόν, ἀσθενές· μαλακίζεσθαι, ἀσθενῶς διακεῖσθαι), in Schol. O. auch Vind. i. ἡμερωτέρῳ (Prom. V. 188 μαλακογνώμων, Schol. Vind. i. ἥμερος), χαριεστέρῳ καὶ ἀναπεπτωκότι, in Vit. i. χαυνοτέρῳ (χαῦνον καὶ μαλακόν Schol. A. VII, 535); vergl. Eustath. p. 834 καὶ ἀὴρ μαλακὸς κατὰ τὸν εἰπόντα τὸ περὶ Αἴγυπτον ὅπου μαλακώτερος ὁ ἀήρ. — In der Bemerkung des Schol. B. λέγει δὲ ὡς εἰ μὲν νῦν ἐθελήσεις αὐτὸν ῥῖψαι πρὸς κίνδυνον, τάχα ἂν ἡ τύχη εὐμενέσιν ὑμᾶς προσβλέψει τοῖς ὀφθαλμοῖς, εἰ καὶ τὰ μέγιστα νῦν χαλεπαίνει wird es heissen müssen: ὡς εἰ μὴ νῦν ἐθελήσεις σαυτὸν ῥῖψαι πρὸς κίνδυνον κ. τ. λ.

Wenn es Sieben vor Theben V. 788 von Oedipus heisst: ἐφῆκεν δ' ἀράς —

πικρογλώσσους ἀρὰς
καί σφε σιδαρονόμῳ
διὰ χερί ποτε λαχεῖν
κτήματα

so ist ein καί da, wo der Inhalt der ἀραί angegeben werden soll, unrichtig; an seiner Stelle stand die Betheurungspartikel des Fluches:

ἦ σφε σιδαρονόμῳ κ. τ. λ.

und dies ist zwiefach überliefert: einmal im Original, welches in Lips. und Ven. B. noch über καί angemerkt steht (ἤ = ἦ), das anderemal durch seine Erklärung δή, welche in Cod. Taur. in den Text gerieth: σφε δή d. i. die Glosse von ἦ, da die Grammatiker (vergl. Hesychius, Etym. magn. Gud.) sagten: ἦ ψιλούμενον καὶ περισπώμενον σύνδεσμον δηλοῖ παραπληρωματικὸν ἴσον τῷ δή. So steht auch Pind. Pyth. 6, 1, wo Dissen und Schweidewin den glänzenden Aufruf: ἀκούσατ', ἦ γὰρ ἑλικώπιδος Ἀφροδίτας ἄρουραν ἢ Χαρίτων ἀναπολίζομεν zu einer prosaischen Breittretung der Distinction (ἢ Ἀφροδίτας ἢ Χαρίτων) herunterziehen, im Scholiasten: ὁ δὲ ἢ (l. ἦ) σύνδεσμος ἀντὶ τοῦ δή κεῖται, was denn auch in der Paraphrase wiederholt angewandt wird: ἑλικώπιδος γὰρ δή κ. τ. λ. und καὶ γὰρ δὴ τῆς εὐοφθάλμου Ἀφροδίτης κ. τ. λ. In der Stelle des Aeschylus entstand das unrichtige καί, wie man dies noch deutlich wahrnehmen kann, in Folge der verkehrt geschriebenen und verstandenen vorhergehenden

Worte. Beim Dichter war das Object von ἐφῆκεν: ἀράς, wie dies auch noch in Vit. über der Zeile beigeschrieben, in einem Wiener Codex durch die Ueberschrift κατάρας bezeichnet und in Vind. m. deutlich wiedergegeben ist durch: τοῖς τέκνοις δὲ ἐπαιφῆκε κατάρας ὀργίλους; κατάρα ist die stets angewandte Glosse von ἀρά: Hesych. ἀρά, κατάρα, über dem zweiten ἀράς unsrer Stelle steht es in G. i. (λέγω κατάρας) und Vind. i.; ebenso wird ἀραῖον mit κατάρατον oder καταμύσιμον glossirt, Hesych. ἀραῖον, κατάρατον, in Vit. i. steht neben ἀράς (zu dem ἀραίας des Textes) auch καταρασίμους, und wenn man in Schol. O. P. ἀφῆκε καὶ ἔπεμψε τοῖς τέκνοις ἀραίας καὶ κατάρας liest, so war dies ursprünglich ἀράς καὶ κατάρας und ist erst nachträglich in Folge des Textes zu ἀραίας verschrieben. Das jetzt in allen Handschriften im Texte stehende ἀραίας entstand, als der Genitiv τροφᾶς (er steht noch in Par. B. im Text und ist in Schol. P. Q. angemerkt und erklärt: γρ. ἀφῆκεν ἐπικότους τροφᾶς. στικτέον δὲ εἰς τὸ τροφᾶς. ἡ δὲ σύνταξις τοιαύτη· ἕνεκα δὲ τῆς τροφῆς κ. τ. λ. Dieses ἕνεκεν ist auch in Vit. i. beigeschrieben, und in G. i. steht διὰ) zum Accusativ geworden war. Als man nun τέκνοισιν δ' ἐφῆκεν ἀραίας ἐπικότους τροφάς (in G. m. erklärt mit καὶ τοῖς τέκνοις αὐτοῦ ἔπεμψεν ἀραίας ἤτοι καταρασίμους τροφάς ὀργίλους) vor sich hatte, knüpfte sich daran an: καὶ . . . λαχεῖν, wie dies die Erklärung in Schol. B. deutlich zeigt: ἠράσατο γὰρ αὐτοῖς πάντα τὸν αὐτῶν αἰῶνα ἐκ παιδὸς μάχαις διαγαγεῖν (d. i. die Erklärung von ἐπικότους τροφάς als Aufwachsen in Streit, daher erklärte man auch ἀνατροφάς, wie in Lips. i. u. a. steht), ἔπειθ' ὕστερον καὶ σιδήρῳ τὴν βασιλείαν διαλαχεῖν, vergl. Schol. O. P. u. Vit. m. καὶ κατηράσατο, Schol. Med. καὶ τοῦτο κατηράσατο, auch in Vind. ist κατηράσατο über καὶ angemerkt.

Pers. V. 344 schliesst der Bote seinen auf die Frage der Atossa gegebenen genauen Bericht über die Stärke der persischen und griechischen Flotte in den Handschriften mit den Worten:

μή σοι δοκοῦμεν τῇδε λειφθῆναι μάχῃ

Ich hatte mir dies berichtigt in:

ἦ σοι δοκοῦμεν τῇδε λειφθῆναι μάχῃ;

und fand dies denn auch in Lips. i. überliefert durch das übergeschriebene ἄρα d. i. die andere Glosse von ἤ, vergl. Hesychius und Etym. magn. ἤ . . . καὶ ἀντὶ τοῦ ἀπορηματικοῦ τοῦ ἄρα (Pers. V. 633 ἦ ῥ' ἀΐει μου über ἦ in G. i. Lips. i. ἄρα. V. 260 ἦ μακρόβιότος G. i. ἄρα u. s. w.). Das μή stammt von der Erklärung (Schol. A.): μὴ δόκει ἡμᾶς ἡττηθῆναι κ. τ. λ., womit das folgende ἀλλά regelrecht eingeführt werden sollte. So heisst der V. 1046 Sieben vor Theben:

ἀλλ' ὃν πόλις στυγεῖ, σὺ τιμήσεις τάφῳ;

in einer Wiener Handschrift:

        ση
ἀλλ' ὃν πόλις στυγεῖ, μὴ σὺ τιμήσεις τάφῳ;

auch hier hat sich, wie man sieht, der von der Erklärung angegebene Sinn der Frage (μὴ σὺ τιμήσῃς) in den Text gemischt. Die ganze noch nicht geordnete Stelle der Perser muss heissen:

ἦ σοι δοκοῦμεν τῇδε λειφθῆναι μάχῃ;
ἀλλ' ὧδε δαίμων τις κατέφθειρεν στρατόν,
τάλαντα βρίσας οὐκ ἰσορρόπῳ τύχῃ·
θεοὶ γὰρ πόλιν σῴζουσι Παλλάδος θεᾶς.
Ατ. ἔτ' ἄρ' Ἀθηνῶν ἔστ' ἀπόρθητος πόλις;
Αγγ. ἀνδρῶν γὰρ ὄντων ἕρκος ἐστὶν ἀσφαλές.
Ατ. ἀρχὴ δὲ ναυσὶ ξυμβολῆς τίς ἦν; φράσον.

Ein solches, dem νοούμενον des Vorhergehenden entsprechendes ἀλλά, welches bei den Dichtern nicht selten ist, pflegt den Grammatikern unbequem zu sein, weshalb gewöhnlich an dem vorhergehenden Satze zu ändern versucht ward, vergl. Pind. Pyth. X, 4 τί κομπέω παρὰ καιρόν; ἀλλά με Πυθώ τε καὶ τὸ Πελινναῖον ἀπύει κ. τ. λ., wo das ἀλλά dem im vorhergehenden Satze zugegebenen: 'was ich da sage, gehört nicht hierher' entgegengesetzt ist. In V. 345 scheint es nach Schol. A. ἀλλ' οὕτω τις δαίμων κατέφθειρε τὸν λαὸν ἤτοι τὸν στρατὸν τῶν Περσῶν λεών statt στρατόν geheissen zu haben. In V. 347 stiess das zweisilbig gedachte θεοί das γάρ aus (in Lips. i. steht noch darüber: οἱ γὰρ θεοὶ Ἀθηναίους σῴζουσιν). Zu ἔτι im Anfange des V. 348 stimmen die Erklärungen μέχρι τοῦ νῦν, τίς τὸ ἑξῆς (eine häufige Erklärung zu ἔτι) in Vit. i.

Lips. i. G. i. Vind. i. Zu der schönen schnellen, die Bejahung oder Verneinung voraussetzenden Weise der Antwort mit γάρ in V. 349 vergl. Choëph. V. 912 f. 926 f. Eumen. V. 424 f. 896 f. 898 f. Soph. Antig. V. 737. 745. 1055. Oed. Tyr. V. 117. 324. 328. 339. 341 u. s. w.

Sieben vor Theben V. 489 sagt in allen Handschriften und Ausgaben der Bote von Hippomedon:

ἄλω δὲ πολλήν, ἀσπίδος κύκλον λέγω,
ἔφριξα δινήσαντος· οὐκ ἄλλως ἐρῶ.

Was soll hier πολλήν bedeuten? Wenn Schol. A. Med. Vit. m., nachdem sie angegeben, dass ἅλως eigentlich den Hof um die Sonne bedeute, hinzufügen: νῦν δὲ λέγει τὸν ῥοῖζον καὶ τὴν συνεχῆ κίνησιν τῆς ἀσπίδος, so ist diese Erklärung eben aus πολλήν gezogen (ἄλω πολλήν = συνεχῆ κίνησιν), was aber hier nicht stehen kann, da sowohl ἀσπίδος κύκλον λέγω als δινήσαντος in ἄλω eine Bezeichnung des Schildes selbst voraussetzen (Schol. A. muss es sich selbst eingestehen, wenn er fortfährt: φησὶν οὖν, δινήσαντος ταύτην κ. τ. λ. Schol. Med. vermeidet klug diesen Accusativ!). Πολλήν ist verschrieben für λευκήν:

ἄλω δὲ λευκήν, ἀσπίδος κύκλον λέγω,
ἔφριξα δινήσαντος

und das findet sich wieder in dem ältern Bestandtheile der Scholien, in der von den Scholiasten vorgefundenen und benutzten Bemerkung: ἅλως ἐστίν, ὅταν νέφη περὶ τὸν ἥλιον ἐκταθέντα λευκὰ φάνηται καὶ ἐν κύκλῳ τοῦ ἡλίου γένηται (λευκά mit Bezug auf ἄλω λευκήν und ἐν κύκλῳ τοῦ ἡλίου mit Bezug auf ἀσπίδος κύκλον). Vergl. Aristot. περὶ κόσμου c. 4 ἅλως δ' ἐστὶν ἔμφασις λαμπρότητος ἄστρου περίαυγος. In einer Wiener Handschrift steht hier am Rande ein längeres Excerpt τοῦ Ψέλλου εἰς τὴν ἄλω, worin es auch heisst καὶ ὁμόχροος ἤτοι λευκή.

Einen besondern Fall bietet Pers. V. 388 dar. Hier heisst es in der Erzählung von der Schlacht bei Salamis:

καὶ νὺξ ἐχώρει κοὐ μάλ' Ἑλλήνων στρατὸς
κρυφαῖον ἔκπλουν οὐδαμῇ καθίστατο.
ἐπεί γε μέντοι λευκόπωλος ἡμέρα
πᾶσαν κατέσχε γαῖαν εὐφεγγὴς ἰδεῖν,

πρῶτον μὲν ἠχοῖ κέλαδος Ἑλλήνων πάρα
μολπηδὸν εὐφήμησεν, ὄρθιον δ' ἅμα
ἀντηλάλαξε νησιώτιδος πέτρας
ἠχώ

Was bedeutet hier ἠχοῖ oder ἠχεῖ oder ἠχῆ? Weder dem Sinne noch der Diction nach gehört es in den Satz. Ebensowenig kann neben κέλαδος Ἑλλήνων πάρα und ευφήμησεν noch ein ἠχήν treten oder ein ἠχῆς. Unter diesen Umständen fällt es auf, dass in der Wiener Handschrift über μολπηδόν das Wort ἐξαίφνης geschrieben steht. Mit μολπηδόν selbst scheint dies doch keinerlei Zusammenhang zu haben; dass aber, in benutzten Handschriften oder Commentaren vorgefundene Bemerkungen, auch wenn das Wort, worauf sie sich beziehen, nicht mehr im Texte vorhanden war, weiter fortgepflanzt wurden, haben wir schon einigemal beobachtet (z. B. VII, 353 ἀντίμαχος zu dem fehlenden ἀντηρέτης, V. 560 οὖσα zu ἐκείνη, Pers. V. 100 αὐτόν, VII, 508 αὐτούς, 991 αὐτήν zum fehlenden νῦν. Nun ist ἐξαίφνης eine der Glossen von ἁρμοῖ (Hesychius: ἁρμοῖ ... ἐξαίφνης), ἁρμοῖ aber bedeutet ἀρτίως oder ἁρμοδίως, ἡρμοσμένως (Etym. magn. s. v. ἁρμῷ ... Ἀρτεμίδωρος προστίθησι, ὅτι τὸ ἁρμοῖ ψιλούμενον μὲν σημαίνει τὸ ἀρτίως, δασυνόμενον δὲ τὸ ἁρμοδίως: dasselbe bei Schol. Theocrit. 4, 51 mit ἡρμοσμένως). Ist denn hier vielleicht dem angemerkten ἐξαίφνης jenes ἁρμοῖ zu entnehmen und dasselbe an die Stelle von ἠχοῖ zu setzen, welches selbst nur eine Glosse von κέλαδος (Hesychius: κέλαδος, ἠχος, κελαδῶν, ἠχῶν, κελάδησεν, ἤχησεν) war und sich statt ἁρμοῖ, von dessen οἱ es auch noch afficirt wurde, in die Reihe der Worte stellte?:

πρῶτον μὲν ἁρμοῖ κέλαδος Ἑλλήνων πάρα
μολπηδὸν εὐφήμησε κ. τ. λ.

was nun aber nicht mit dem griechischen Grammatiker als ἐξαίφνης zu verstehen ist, sondern von dem harmonisch vereinten Kriegsgesange der Hellenen.

In den bisherigen Beispielen beschränkte sich der Fehler des Textes und die Quelle seiner Berichtigung jedesmal auf bestimmte einzelne Wörter. Wir wollen wei-

ter betrachten, wie überhaupt der in einer, noch zu dem frühern richtigen Texte geschriebenen Bemerkung aufbewahrte Sinn uns anleitet, den uns überlieferten unrichtigen Text zu verbessern. Während dieser unter der Hand der Copisten und Grammatiker nach und nach verschrieben und interpolirt wird, pflanzt sich in den selbstständig vorliegenden und für sich abgeschriebenen Scholien die Erklärung früherer Lesarten fort. Ob auch diese Scholien selbst wieder vielfach verschrieben werden, so kommt es bei ihnen nicht so wie bei dem Texte auf das einzelne Wort an, wenn nur noch der Sinn der Bemerkung erkennbar bleibt. Da die Scholienmasse, welche von früherer Zeit vorlag (über das Sachverhältniss im Allgemeinen spreche ich später besonders) von keinem Verfertiger von Handschriften ganz erschöpft, sondern immer nur ein mehr oder weniger excerpirt wurde, so gilt es auch hier wieder, der Ueberlieferung überall nachzuspüren, und zwar auch wieder nicht bloss in den Scholien am Rande, sondern auch in den Interlinearscholien, in welchen ausser einzelnen Wortglossen auch kurze Sinnerklärungen niedergelegt zu werden pflegten.

Pers. V. 114 ff. heisst es:

ταῦτά μοι μελαγχίτων
φρὴν ἀμύσσεται φόβῳ,
ὀᾶ, Περσικοῦ στρατεύματος
τοῦδε, μὴ πόλις πύθη-
ται κένανδρον μέγ᾽ ἄστυ Σουσίδος,
καὶ τὸ Κισσίων πόλισμ᾽
ἀντίδουπον ἔσσεται,
ὀᾶ, τοῦτ᾽ ἔπος γυναικοπληθὴς ὅμιλος ἀπύων,
βυσσίνοις δ᾽ ἐν πέπλοις πέσῃ λακίς.

Wie hier καὶ τὸ Κισσίων πόλισμ᾽ ἀντίδουπον ἔσσεται zwischen μὴ — πύθηται und μὴ πέσῃ begreiflich sei, hat Niemand angegeben. Parenthesen mit ᾔσεται und dergl. machen die Sache nur noch schlimmer. Aeschylus schrieb:

καὶ τὸ Κίσσινον πόλισμ᾽
ἀντίδουπον ᾖ γόοις

Das geben die Scholien noch wieder, obschon sie die

πρῶτον μὲν ἠχοῖ κέλαδος Ἑλλήνων πάρα
μολπηδὸν εὐφήμησεν. ὄρθιον δ' ἅμα
ἀντηλάλαξε νησιώτιδος πέτρας
ἠχώ

Was bedeutet hier ἠχοῖ oder ἠχεῖ oder ἠχῖ? Weder dem Sinne noch der Diction nach gehört es in den Satz. Ebensowenig kann neben κέλαδος Ἑλλήνων πάρα und zu εὐφήμησεν noch ein ἠχήν treten oder ein ἠχῆς. Unter diesen Umständen fällt es auf, dass in der Wiener Handschrift über μολπηδόν das Wort ἐξαίφνης geschrieben steht. Mit μολπηδόν selbst scheint dies doch keinerlei Zusammenhang zu haben; dass aber, in benutzten Handschriften oder Commentaren vorgefundene Bemerkungen, auch wenn das Wort, worauf sie sich beziehen, nicht mehr im Texte vorhanden war, weiter fortgepflanzt wurden, haben wir schon einigemal beobachtet (z. B. VII, 553 ἀντίμαχος zu dem fehlenden ἀπηρέτης, V. 580 οἴσω zu ἐκείνη, Pers. V. 109 αὐτόν, VII, 508 αὐτούς, 901 αὐτήν zum fehlenden νιν). Nun ist ἐξαίφνης eine der Glossen von ἁρμοῖ (Hesychius: ἁρμοῖ ... ἐξαίφνης), ἁρμοῖ aber bedeutet ἀρτίως oder ἁρμοδίως, ἡρμοσμένως (Etym. magn. s. v. ἁρμῷ ... Ἀρτεμίδωρος προστίθησι, ὅτι τὸ ἁρμοῖ ψιλούμενον μὲν σημαίνει τὸ ἀρτίως, δασυνόμενον δὲ τὸ ἁρμοδίως: dasselbe bei Schol. Theocrit. 4, 51 mit ἡρμοσμένως). Ist denn hier vielleicht dem angemerkten ἐξαίφνης jenes ἁρμοῖ zu entnehmen und dasselbe an die Stelle von ἠχοῖ zu setzen, welches selbst nur eine Glosse von κέλαδος (Hesychius: κέλαδος, ἠχος· κελαδῶν, ἠχῶν. κελάδησεν, ἤχησεν) war und sich statt ἁρμοῖ, von dessen οῖ es auch noch afficirt wurde, in die Reihe der Worte stellte? :

πρῶτον μὲν ἁρμοῖ κέλαδος Ἑλλήνων πάρα
μολπηδὸν εὐφήμησε κ. τ. λ.

was nun aber nicht mit dem griechischen Grammatiker als ἐξαίφνης zu verstehen ist, sondern von dem harmonisch vereinten Kriegsgesange der Hellenen.

In den bisherigen Beispielen beschränkte sich der Fehler des Textes und die Quelle seiner Berichtigung jedesmal auf bestimmte einzelne Wörter. Wir wollen wei-

ter betrachten, wie überhaupt der in einer, noch zu dem frühern richtigen Texte geschriebenen Bemerkung aufbewahrte Sinn uns anleitet, den uns überlieferten unrichtigen Text zu verbessern. Während dieser unter der Hand der Copisten und Grammatiker nach und nach verschrieben und interpolirt wird, pflanzt sich in den selbstständig vorliegenden und für sich abgeschriebenen Scholien die Erklärung früherer Lesarten fort. Ob auch diese Scholien selbst wieder vielfach verschrieben werden, so kommt es bei ihnen nicht so wie bei dem Texte auf das einzelne Wort an, wenn nur noch der Sinn der Bemerkung erkennbar bleibt. Da die Scholienmasse, welche von früherer Zeit vorlag (über das Sachverhältniss im Allgemeinen spreche ich später besonders) von keinem Verfertiger von Handschriften ganz erschöpft, sondern immer nur ein mehr oder weniger excerpirt wurde, so gilt es auch hier wieder, der Ueberlieferung überall nachzuspüren, und zwar auch wieder nicht bloss in den Scholien am Rande, sondern auch in den Interlinearscholien, in welchen ausser einzelnen Wortglossen auch kurze Sinnerklärungen niedergelegt zu werden pflegten.

Pers. V. 114 ff. heisst es:

ταῦτά μοι μελαγχίτων
φρὴν ἀμύσσεται φόβῳ,
οἆ, Περσικοῦ στρατεύματος
τοῦδε, μὴ πόλις πύθη-
ται κένανδρον μέγ᾽ ἄστυ Σουσίδος,
καὶ τὸ Κισσίων πόλισμ᾽
ἀντίδουπον ἔσσεται,
οἆ, τοῦτ᾽ ἔπος γυναικοπληθὴς ὅμιλος ἀπύων,
βυσσίνοις δ᾽ ἐν πέπλοις πέσῃ λακίς.

Wie hier καὶ τὸ Κισσίων πόλισμ᾽ ἀντίδουπον ἔσσεται zwischen μὴ — πύθηται und μὴ πέσῃ begreiflich sei, hat Niemand angegeben. Parenthesen mit ἤσεται und dergl. machen die Sache nur noch schlimmer. Aeschylus schrieb:

καὶ τὸ Κίσσινον πόλισμ᾽
ἀντίδουπον ἦ γόοις

Das geben die Scholien noch wieder, obschon sie die

πρῶτον μὲν ἠχοῖ κέλαδος Ἑλλήνων πάρα
μολπηδὸν εὐφήμησεν, ὄρθιον δ᾽ ἅμα
ἀντηλάλαξε νησιώτιδος πέτρας
ἠχώ

Was bedeutet hier ἠχοῖ oder ἠχεῖ oder ἠχῇ? Weder dem Sinne noch der Diction nach gehört es in den Satz. Ebensowenig kann neben κέλαδος Ἑλλήνων πάρα und zu εὐφήμησεν noch ein ἠχήν treten oder ein ἠχῆς. Unter diesen Umständen fällt es auf, dass in der Wiener Handschrift über μολπηδόν das Wort ἐξαίφνης geschrieben steht. Mit μολπηδόν selbst scheint dies doch keinerlei Zusammenhang zu haben; dass aber, in benutzten Handschriften oder Commentaren vorgefundene Bemerkungen, auch wenn das Wort, worauf sie sich beziehen, nicht mehr im Texte vorhanden war, weiter fortgepflanzt wurden, haben wir schon einigemal beobachtet (z. B. VII, 353 ἀντίμαχος zu dem fehlenden ἀντηρέτης, V. 560 οὖσα zu ἐκείνῃ, Pers. V. 100 αὐτόν, VII, 508 αὐτούς, 991 αὐτήν zum fehlenden νιν). Nun ist ἐξαίφνης eine der Glossen von ἁρμοῖ (Hesychius: ἁρμοῖ... ἐξαίφνης), ἁρμοῖ aber bedeutet ἀρτίως oder ἁρμοδίως, ἡρμοσμένως (Etym. magn. s. v. ἁρμῷ... Ἀρτεμίδωρος προστίθησι, ὅτι τὸ ἁρμοῖ ψιλούμενον μὲν σημαίνει τὸ ἀρτίως, δασυνόμενον δὲ τὸ ἁρμοδίως: dasselbe bei Schol. Theocrit. 4, 51 mit ἡρμοσμένως). Ist denn hier vielleicht dem angemerkten ἐξαίφνης jenes ἁρμοῖ zu entnehmen und dasselbe an die Stelle von ἠχοῖ zu setzen, welches selbst nur eine Glosse von κέλαδος (Hesychius: κέλαδος, ἦχος. κελαδῶν, ἠχῶν. κελάδησεν, ἤχησεν) war und sich statt ἁρμοῖ, von dessen οῖ es auch noch afficirt wurde, in die Reihe der Worte stellte?:

πρῶτον μὲν ἁρμοῖ κέλαδος Ἑλλήνων πάρα
μολπηδὸν εὐφήμησε κ. τ. λ.

was nun aber nicht mit dem griechischen Grammatiker als ἐξαίφνης zu verstehen ist, sondern von dem harmonisch vereinten Kriegsgesange der Hellenen.

In den bisherigen Beispielen beschränkte sich der Fehler des Textes und die Quelle seiner Berichtigung jedesmal auf bestimmte einzelne Wörter. Wir wollen wei-

ter betrachten, wie überhaupt der in einer, noch zu dem
frühern richtigen Texte geschriebenen Bemerkung aufbewahrte Sinn uns anleitet, den uns überlieferten unrichtigen Text zu verbessern. Während dieser unter der Hand
der Copisten und Grammatiker nach und nach verschrieben und interpolirt wird, pflanzt sich in den selbstständig
vorliegenden und für sich abgeschriebenen Scholien die
Erklärung früherer Lesarten fort. Ob auch diese Scholien
selbst wieder vielfach verschrieben werden, so kommt es
bei ihnen nicht so wie bei dem Texte auf das einzelne
Wort an, wenn nur noch der Sinn der Bemerkung erkennbar bleibt. Da die Scholienmasse, welche von früherer Zeit vorlag (über das Sachverhältniss im Allgemeinen spreche ich später besonders) von keinem Verfertiger
von Handschriften ganz erschöpft, sondern immer nur ein
mehr oder weniger excerpirt wurde, so gilt es auch hier
wieder, der Ueberlieferung überall nachzuspüren, und zwar
auch wieder nicht bloss in den Scholien am Rande, sondern auch in den Interlinearscholien, in welchen ausser
einzelnen Wortglossen auch kurze Sinnerklärungen niedergelegt zu werden pflegten.

Pers. V. 114 ff. heisst es:

ταῦτά μοι μελαγχίτων
φρὴν ἀμύσσεται φόβῳ,
ὀᾶ, Περσικοῦ στρατεύματος
τοῦδε, μὴ πόλις πύθη-
ται κένανδρον μέγ' ἄστυ Σουσίδος,
καὶ τὸ Κισσίων πόλισμ'
ἀντίδουπον ἔσσεται,
ὀᾶ, τοῦτ' ἔπος γυναικοπληθὴς ὅμιλος ἀπύων,
βυσσίνοις δ' ἐν πέπλοις πέσῃ λακίς.

Wie hier καὶ τὸ Κισσίων πόλισμ' ἀντίδουπον ἔσσεται zwischen μὴ — πύθηταί und μὴ πέσῃ begreiflich sei, hat Niemand angegeben. Parenthesen mit ᾄσεται und dergl.
machen die Sache nur noch schlimmer. Aeschylus schrieb:

καὶ τὸ Κίσσινον πόλισμ'
ἀντίδουπον ᾖ γόοις

Das geben die Scholien noch wieder, obschon sie die

falsche Lesart der Handschriften schon vor sich haben und ihren Bemerkungen beimischen. Schol. A. schreibt: οὕτω γὰρ ἂν τὸ Κισσίων πόλισμα ἀντίδουπον ἔσεται ἤτοι ἀντηχήσει τοῖς θρήνοις (d. i. γόοις, Hesychius: γόος, θρῆνος) ἐκ τοῦ ἑκατέρου μέρους. Schol. B. εἰ γὰρ ἔσται τοῦτο, τὸ Κισσίνων πόλισμα ἐξ ἐναντίου θρῆνον ἐγείρει und ἀντηχὲς ἐν τῷ θρήνῳ (auch in Lips. i. u. G. i., wo θρόνῳ verschrieben ist). Das ἔσεται, welches hier an die Stelle von ἢ γόοις getreten ist, ist die ursprünglich zu dem Participium ἀπύων geschriebene Erklärung, vergl. Schol. B. ἔσται βοῶν, Schol. A. ἔσται ἀπίων καὶ φωνῶν, ἔξωθεν λαμβανομένου τοῦ ἔσται, Schol. Vit. i. λείπει τὸ ἔσται, Schol. Lips. i. ἔσται δηλ., G. i. ἔσται. In dem Wiener Codex ist dieses ἔσται (wie bei Rob.) in die Zeile gerückt: es steht da ὀδ. τοῦτ' ἔπος γυναικοπληθὴς ἔσται (mit γενήσεται darüber) ὅμιλος ἀπύων und nach ἀντίδουπον steht in dieser Handschrift gar nichts. Während nun das ausgefallene γόοις bei den Scholiasten durch θρήνοις wiedergegeben wird, gibt Schol. A. auch die Construction an, wenn es noch besonders bei ihm heisst: μὴ ἀντηχήσῃ, φησὶν, θρῆνον αὐτῶν τελευτησάντων d. i. μὴ ἀντίδουπον ἢ γόοις. Das οὕτω γὰρ ἂν oder εἰ γὰρ ἔσται τοῦτο der Scholiasten ist eine sachliche Erklärung über das Eintreten des im zweiten Satze Gesagten. In der Bemerkung des Schol. B., welche bei Dind. heisst: ἢ πρὸς τὸ ἔσσεται ὑπόστιξον, ἵν' ἢ ὁ γυναικοπληθὴς ὅμιλος μόνα, αἱ ἐν Κισσίνοις γυναῖκες hat Lips. m. richtig μόναι αἱ ἐν Κισσίνοις γυναῖκες.

Pers. V. 763 ist überliefert:
ἕν' ἄνδρ' ἁπάσης Ἀσίδος μηλοτρόφου
ταγεῖν

und γρ. μιτρολόφου (so Schol. B., in G. i. μρολόφου, was auch in Vit. stand, ehe μηλοτρόφου darüber geschrieben ward, in Lips. γρ. μητρολόφου). Das Original war:
ἕν' ἄνδρ' ἁπάσης Ἀσίδος μιτρηφόρου
ταγεῖν

μιτρολόφου, dann μητρολόφου, die verschriebenen Mittelglieder, μηλοτρόφου die darauf gefolgte Interpolation (vergl. Theocrit. 17,19 Πέρσαισιν αἰολομίτραις. Diog. trag. bei Athen. XIV p. 636). Wenn es in Schol. B. (auch in G. i.)

heisst: γράφεται καὶ μιτρολόφου, ἤτοι πολεμικωτάτης, ἀπὸ μέρους τὸ πᾶν, so ist in dem Worte selbst, wie in der Erklärung die Erinnerung an die originale μίτρα noch erhalten; es ist dabei aber an die homerische μίτρη gedacht, die zur Rüstung gehört (μίτρης, ἣν ἐφόρει ἔρυμα χροός, ἕρκος ἀκόντων); indem der Scholiast nun an einen gerüsteten Krieger denkt und einen Theil der Rüstung bezeichnet glaubt, sagt er: ἀπὸ μέρους τὸ πᾶν und πολεμικωτάτης, während auf der andern Seite die am Kopf getragene μίτρα wieder den λόφος im zweiten Gliede des Wortes auf dem Gewissen haben mag. Ja, wie das Wort, so wurde vielleicht auch der Commentar verdreht, in dem es ursprünglich geheissen haben möchte, dass Aeschylus, indem er Ἀσίδος μιτρηφόρου sagte, ἀπὸ μέρους τὸ πᾶν genannt habe, da das μιτρηφόρος von den Persern selbst nur theilweise gilt (Herod. VII, 62 Κίσσιοι δὲ στρατευόμενοι τὰ μὲν ἄλλα, καθάπερ Πέρσαι, ἐσκευάδατο, ἀντὶ δὲ τῶν πίλων μιτρηφόροι ἦσαν). Ob nun die Geschichte des Commentars so scherzhaft gewesen ist oder nicht, die Lesart scheint nicht zweifelhaft. Das in den Texten stehende μηλοτρόφου (Schol. Vind. i. καλὰ θρέμματα ἐχούσης) wäre eine nach Buchstabenverwirrung eingetretene Interpolation, wie Prometh. V. 1023 μέγα ῥάκος für μελάνδρυον, Sieben vor Theben V. 225 γυνὴ σωτῆρος für ὀνησίδωρος, worüber ich später noch besonders sprechen werde. Eine noch grössere Buchstabenverwirrung vermuthe ich Pers. V. 795, wo überliefert ist:

ἀλλ' εὐσταλῆ τοι λεκτὸν ἀροῖμεν στόλον

und εὐστελῆ τοι, εὐσταλῆ τε u. s. w. und γρ. εὖτε. Darius hat eben seinen Rath dahin abgegeben, den Krieg gegen die Hellenen ganz fahren zu lassen:

αὐτὴ γὰρ ἡ γῆ ξύμμαχος κείνοις πέλει.
Χορ. πῶς τοῦτ' ἔλεξας, τίνι τρόπῳ δὲ συμμαχεῖ;
Δα. κτείνουσα λιμῷ τοὺς ὑπερπόλλους ἄγαν.

Da folgt unser Vers. Sein Anfang muss wegen des Zusammenhangs ἀλλ' εἰ oder ἀλλ' εὖτε geheissen haben, und ἀροῖμεν wird nur das von der Erklärung nach ihrer Weise (vergl. VII, 156 τί πόλις ἄμμι πάσχει, Schol. Vit. i. πασχήσει, V. 157 ποῖ δ' ἔτι τέλος ἐπάγει θεός, Schol. Vit. i. ἐπάξει) in's Futurum gesetzte Präsens des Dichters sein, was auch in der Wiener Handschrift wirklich über ἀροῖμεν angemerkt steht:

ἀλλ' εὖτ' . . . . αἴρομεν στόλον —

Dazwischen scheint mir denn ein zusammengesetztes Wort gestanden zu haben, wovon λεκτον, was selbstständig schon nicht in den äschylischen Stil passen will, der letzte Theil war und die übrigen Buchstaben und Silben auseinandergefallene und mit dem apostrophirten εὖτε verfangene Bruchstücke; ich vermuthe:

ἀλλ' εὖτ' ἀριστόλεκτον αἴρομεν στόλον —

wodurch mit éinem (wenn auch sonst grade nicht mehr vorkommenden) Worte gesagt war, was VII, 57 ἀρίστους ἄνδρας ἐκκρίτους πόλεως heisst (vergl. Hesychius: ἀριστίνδην, ὁ ἐκ τῶν ἀριστῶν ἐκλελεγμένος. λεκτοί, ἀριστεῖς). Der Gegensatz zu ὑπερπόλλους, das εὔμετρον (Vit. i. ἔμμετρον), εὐσύνοπτον καὶ ἐκλελεγμένον der Scholiasten liegt nun indirect in dem Worte.

Pers. V. 941 ruft Xerxes:

ἵετ' αἰανῆ πάνδυρτον
δύσθροον αὐδάν· δαίμων γὰρ ὅδ' αὖ
μετάτροπος ἐπ' ἐμοί.

Aber ὅδε, αὖ und μετάτροπος passen nicht zu einander. Hermann stellt die Unbequemlichkeit des Ausdrucks heraus, ohne sie wegzuschaffen, wenn er schreibt: duplex in scholiis explicatio prostat, una, qua δαίμων de secunda fortuna accipitur: *immutata mihi est pristina felicitas*: in qua explicatione ὅδε von apte dictum est: altera, qua δαίμων intelligitur de adversa fortuna. Idque verum videtur, hoc sensu, *nam haec calamitas ad me redit*, ut scilicet ad auctorem — wie mir scheint, eine unverständliche Spitzfindigkeit. Ὅδε und μετάτροπος widersprechen sich; der δαίμων, der μετάτροπος geworden ist, muss das frühere Glück gewesen sein. Wenn denn Schol. B. schreibt:

ἐναντίος· πρόσθεν γὰρ ηὐτύχουν, νῦν δὲ καταβέβλημαι, so gehört das zu:

δαίμων γὰρ, ὃς ἦν,
μετάτροπος ἐπ' ἐμοί.

Der überlieferte Text ist, wie es scheint, ein Versehen

gewesen an den in den Handschriften so ähnlichen Zügen von
αὖ, ἦν, ἄν, μήν, μίν, μέν, νῦν, οὖν, σύν u. s. w.; man sieht sie
alle mit einem schnellen, wie aus lauter ν zusammenge-
setzten Zuge geschrieben, daher beständige Varianten
(Pers. 905 αὖ und ἦν, Prom. 67 αὖ und οὖν, VII, 809 μήν
und νῦν, 810 μήν und μέν und οὖν, 669 νῦν und νίν und
σύν u. s. w.). — Uebrigens stimmt die ganze Stelle nicht
mit ihrer Strophe:

ὅδ' ἐγώ, οἰοῖ, αἰακτός
μέλεος γέννᾳ γᾷ τε πατρῴᾳ
κακὸν ἄρ' ἐγενόμαν.

An eine allgemeinere, bloss ungefähre Art von Responsion,
welche man anzunehmen scheint, ist in dem ganzen Kommos
nicht zu denken. In der Strophe ist der Sinn nicht in
Ordnung: μέλεος γέννᾳ γᾷ τε πατρῴᾳ κακὸν ἄρ' ἐγενόμαν
ist ein auseinandergefallener Satz, worin μέλεος γέννᾳ für
sich ein Glied bildet und wieder καὶ γᾷ πατρῴᾳ κακόν
ἐγενόμαν, während auch das ἄρα zeigt, dass hier ein zu-
sammenhängender, das Vaterland und Geschlecht verbin-
dender Ausdruck stand. Wenn man denn die von der
Erklärung (vergl. Schol. B. ἤγουν ἀφορμὴ θρήνου πᾶσι
γέγονα διὰ τὴν συμβᾶσαν ἐμοὶ συμφορὰν καὶ τῇ πατρῴᾳ γῇ
κακῶν αἴτιος γέγονα, δι' ὧν τοσοῦτον πλῆθος ἀπώλεσα ἐν
Ἑλλάδι) in's Persönliche gewandten Begriffe wieder zu
des Dichters κακόν stellt und das Vaterland, wie es sich
auch für Xerxes ziemt, voran, so hat man in:

γᾷ τε πατρῴᾳ γέννᾳ τε μέλεον
κακὸν ἄρ' ἐγενόμαν

zugleich mit der Berichtigung des Sinnes und der Diction
auch die genaue Strophe zu:

δύσθροον αὐδάν · δαίμων γὰρ, ὃς ἦν,
μετάτροπος ἐπ' ἐμοί.

Μέλεον ist zweisilbig gebraucht und das mag die Veranlassung geworden sein zur interpolirenden Umstellung.
So nahm ich Pers. V. 13 das zweisilbige κενεόν an als
Erklärung, wie das überlieferte: πᾶσα γὰρ ἰσχὺς Ἀσιατο-
γενὴς ᾤχωκε, νέον δ' ἄνδρα βαΰζει entstanden sei aus:
ᾤχωκε· κενεὸν δ' ἄνδρα βαΰζειν (in Med. ᾤχωκε,ν ἐόν, in

Vit. ᾠχωκενέον). Zu dieser Stelle zieht der Scholiast der Wiener Handschrift die Aufmerksamkeit auf sich. In ihm heisst es: νέον δ' ἄνδρα βαΰζει ἤγ. τὴν νεότητα πᾶσαν. ἡ πληθὺς δὲ τῶν Περσῶν ἀκεσσαία πρότερον ἐκαλεῖτο ἀπὸ ἀκεσσαίου· τανῦν δὲ ἐκβάτανα καλουμένη. γρ. δὲ καὶ ἐὸν ἤτοι τὸν ἴδιον ἄνδρα. Man sieht: die Bemerkung zu V. 16 Ἀγβατάνων Schol. Med. u. O. ὅτι Ἀκεσσαία πρότερον ἐκαλεῖτο ἀπὸ Ἀκεσσαίου (Schol. G. m. ἀπὸ τοῦ ἀκέσαι) τα νῦν Ἐκβάτανα καλούμενα hat sich hier mitten in das Scholion zu V. 13 hineingeschoben und ist mit ihm zusammengekoppelt worden. Löst man die beiden Bemerkungen von einander ab, so bleibt für die erstere noch ἡ πληθὺς τῶν Περσῶν übrig. Diese Erklärung, so wie ἤγουν τὴν μετὰ τοῦ Ξέρξου στρατιάν (ἢ τὸν Ξέρξην μόνον) in G. i. und Lips. i. und die Wiedergabe von βαΰζειν mit ἀνακαλεῖσθαι scheinen mir noch Reste der Erklärung der von mir vorgeschlagenen Lesart zu sein (κενεὸν δ' ἐστὶ τὴν πληθὺν τῶν Περσῶν ἀνακαλεῖσθαι).

Pers. V. 743 war überliefert:
ἀλλ' ὅταν σπεύδῃ τις αὐτός, χὠ θεὸς ξυνάπτεται.
νῦν κακῶν ἔοικε πηγὴ πᾶσιν εὑρῆσθαι φίλοις·
παῖς δ' ἐμὸς τάδ' οὐ κατειδὼς ἤνυσεν νέῳ θράσει·
ὅστις Ἑλλήσποντον ἱρὸν κ. τ. λ.

Ich schrieb dafür:
ἀλλ' ὅταν σπεύδῃ τις αὐτός, χὠ θεὸς ξυνάπτεται.
παῖς δ' ἐμὸς τάδ' οὐ κατειδὼς νήπιος νέῳ θράσει
νῦν κακῶν ἔοικε πηγὴν πᾶσιν εὑρέσθαι φίλοις

Damals konnte ich dabei nur erst auf die Folge der Bemerkungen in Schol. B. und das in Colb. 1. erhaltene Object der activen Construction: πηγήν verweisen. Inzwischen fand sich im Wiener Codex auch das Subject dazu: dort steht nach εὑρῆσθαι übergeschrieben: ὁ υἱὸς ὁ ἐμός, und in dem Wittenberger Codex ist auch das active Verbum εὑρέσθαι nach νῦν κακῶν ἔοικε über der Linie angemerkt. Nimmt man nun diese Commentarexcerpte: ὁ υἱὸς ὁ ἐμός — εὑρέσθαι δοκεῖ — und πηγήν in Colb. 1. zusammen, so hat man den activen Satz, den der Sinn verlangt, auch noch von der Ueberlieferung vor Augen gelegt. Eine solche Umstellung der Verse, wie sie hier ohne

Zweifel auf Veranlassung und zu Gunsten des folgenden ὅστις vor sich gegangen, findet sich mehrfach. Auch die Verse 314 ff.:

Χρυσεὺς Μάταλλος μυριόνταρχος θανών,
ἵππου μελαίνης ἡγεμὼν τρισμυρίας,
πυρσὴν ζαπληθῆ δάσκιον γενειάδα
ἔτεγγ' ἀμείβων χρῶτα πορφυρέᾳ βαφῇ

stehen nicht richtig, da nicht schon mit θανών angefangen sein kann, wenn noch erst die Apposition dazwischen treten soll. Es stand also, wie vorher bei πηγαῖς τε Νείλου γειτονῶν Αἰγυπτίου Ἀρκτεύς κ. τ. λ., das Epitheton voran:

ἵππου μελαίνης ἡγεμὼν τρισμυρίας
Χρυσεὺς Μάταλλος μυριόνταρχος θανών
πυρσὴν ζαπληθῆ δάσκιον γενειάδα
ἔτεγγε κ. τ. λ.

Diese Stellung beruht darauf, dass durch das Epitheton die Herkunft bezeichnet ist und in der Aufzählung der gefallenen Anführer dem ebengenannten Aegypten nun das Land der schwarzen Rosse folgt. Zum Behuf der Erklärung kann man das Subject an die Spitze stellen und dann die Beschreibung desselben folgen lassen, wie z. B. Schol. A. hier thut: καὶ ὁ Μάταλλος ὁ ἡγεμὼν καὶ ἄρχων τῆς μελαίνης ἵππου τῆς τρισμυρίας θανὼν ἔτεγγε καὶ ἔβρεχε κ. τ. λ., aber man setzt dann auch das θανών mit dem Folgenden, wozu es gehört, in Verbindung; bei der Umstellung der ganzen Verse blieb es freilich an dem Subjecte hängen. So heisst es auch in der anfänglichen Aufzählung der gegen Griechenland gezogenen Völkerstämme z. B. V. 49:

στεῦται δ' ἱεροῦ Τμώλου πελάται
ζυγὸν ἀμφιβαλεῖν δούλιον Ἑλλάδι
Μάρδων, Θάρυβις κ. τ. λ.

und auch hier sind Unordnungen in den Handschriften. — Auf ähnliche Veranlassung ist in der Beschreibung der Schlacht ein Vers umgestellt. Denn, wenn es V. 392 heisst:

οὐ γὰρ ὡς φυγῇ
παιᾶν' ἐφύμνουν σεμνὸν Ἕλληνες τότε,
ἀλλ' ἐς μάχην ὁρμῶντες εὐψύχῳ θράσει.

so ist hier das Verbum unrechtmässig vorgeschoben. Die Ausführung der Wirklichkeit (παιᾶν᾽ ἐφύμνουν) gehört nicht zu dem supponirten negativen Gliede, welches sich mit einem dazu gedachten, ganz allgemeinen Klangbegriffe begnügt, sondern zu dem positiven:

οὐ γὰρ ὡς φυγῇ,
ἀλλ᾽ ἐς μάχην ὁρμῶντες εὐψύχῳ θράσει
παιᾶν᾽ ἐφύμνουν σεμνὸν Ἕλληνες τότε.

Was die Versumstellung betrifft, welche Hermann u. And. Pers. V. 765 und 776 haben eintreten lassen, so bewährt sich dieselbe, wie sich keine Veranlassung dazu zeigt, auch dem Sinne nach nicht. Denn, wenn man aus:

Μῆδος γὰρ ἦν ὁ πρῶτος ἡγεμὼν στρατοῦ·
ἄλλος δ᾽, ἐκείνου παῖς, τόδ᾽ ἔργον ἤνυσεν·
φρένες γὰρ αὐτοῦ θυμὸν ᾠακοστρόφουν.
τρίτος δ᾽ ἀπ᾽ αὐτοῦ Κῦρος, εὐδαίμων ἀνήρ κ. τ. λ.

den dritten Vers herausgehoben und nach V. 776 gestellt hat:

τὸν δὲ σὺν δόλῳ
Ἀρταφρένης ἔκτεινεν ἐσθλὸς ἐν δόμοις,
φρένες γὰρ αὐτοῦ θυμὸν ᾠακοστρόφουν,
ξὺν ἀνδράσιν φίλοισιν, οἷς τόδ᾽ ἦν χρέος.

so ist er hier mit seinem allgemeinen Inhalte dem Sinne fremd und der Diction lästig, da er die Theile der Beschreibung der Pallast-Verschwörung (ἐν δόμοις ξὺν ἀνδράσιν φίλοις κ. τ. λ.) von einander trennt. Ich kann nicht zweifeln, dass die Herrscherreihe des Aeschylus Μῆδος, Ἀρταφέρνης, Κῦρος u. s. w. gelautet und dass der Dichter, da er zweimal einen Artaphernes aufzuführen hatte, um nicht zweimal denselben Namen auszusprechen, im ersten Falle die indirecte Bezeichnung durch jenen Vers (τρόπος ἐτυμολογικός steht in Vind. darüber, wie in Schol. A. Med. ὁ Ἀρταφέρνης ἐξ ἐτυμολογίας) hat eintreten lassen. Augenscheinlich hat der Vers nur den Zweck, den Namen zu bezeichnen und zu ersetzen.

In den Worten des Darius Pers. V. 785:

εὖ γὰρ σαφῶς τόδ᾽ ἴστ᾽, ἐμοὶ ξυνήλικες,
ἅπαντες ἡμεῖς, οἳ κράτη τάδ᾽ ἔσχομεν,
οὐκ ἂν φανεῖμεν πήματ᾽ ἔρξαντες τόσα.

vermuthete ich, an dem Ausdruck κράτη τάδε zweifelnd, statt τάδε das so oft verschriebene τότε: οἳ κράτη τότ' ἔσχομεν. Darauf scheinen die Beischriften zu beruhen: οἱ πρὸ τοῦ βασιλεύσαντες ἡμεῖς in Med., ἤγ. οἱ πρὸ τοῦ Ξέρξου βασιλεύσαντες in Vind. i. und ὅσα νῦν ἔπραξεν ὁ Ξέρξης im zweiten Satze in G. i., Excerpte aus der in Schol. A. im Zusammenhange vorliegenden Paraphrase: ἅπαντες ἡμεῖς οἱ κράτη κατέσχομεν (hier ist τάδε nicht berührt) ἤγουν οἱ πρὸ τοῦ βασιλεύσαντες, οὐκ ἂν ἐφάνημεν βλάψαντες τοσαύτην βλάβην τῶν Περσῶν, ὅσην νῦν (Vind. m. fügt μόνος hinzu) ὁ Ξέρξης ἐποίησεν. — Ausserdem ist in dem ersten Verse εὖ γὰρ σαφῶς τόδ' ἴστε kein richtiger Ausdruck; εὖ ἴστε und σαφῶς ἴστε stehen sich gleich, das eine Wort ordnet sich dem andern nicht unter; σαφῶς τόδ' ἴστε muss διὰ μέσου stehen, εὖ ist verschrieben für οὐ:

οὐ γάρ, σαφῶς τόδ' ἴστ', ἐμοὶ ξυνήλικες,
ἅπαντες ἡμεῖς, οἳ κράτη τότ' ἔσχομεν,
οὐκ ἂν φανεῖμεν πήματ' ἔρξαντες τόσα.

mit wiederholtem οὐ, da der Satz, nachdem mit οὐ γάρ angefangen war, noch einmal von Neuem mit Betonung von ἅπαντες ἡμεῖς eingesetzt wird. In solchem Falle, aber auch nur in solchem: wenn nämlich ein Satz zwei solcher Begriffe enthält, die sich die Betonung streitig machen können, so dass man sie nun beide nacheinander geltend machen und den Satz von den zwei verschiedenen Seiten her aussprechen kann, ist eine solche Wiederholung der Verhältnissbegriffe οὐ, ἄν u. dergl. möglich.

In dem grossen Kommos der Perser ist V. 1001 ff. überliefert:

βεβᾶσι γὰρ οἵπερ ἀγρόται στρατοῦ,
βεβᾶσιν, οἵ, νώνυμοι
ἰὴ ἰὴ ἰὼ ἰὼ
ἰὼ ἰὼ δαίμονες
ἔθετ' ἄελπτον κακὸν
διαπρέπον οἷον δέδορκεν ἄτα.

πεπλήγμεθ', οἷαι δι' αἰῶνος τύχαι·
πεπλήγμεθ', εὔδηλα γάρ·
νέαι νέαι δύαι δύαι.

Ἰαόνων ναυβατᾶν
κύρσαντες οὐκ εὐτυχῶς.
δυσπόλεμον δὴ γένος τὸ Περσᾶν.

Hermann schreibt statt dessen:
Ξέρξ. βεβᾶσι γὰρ τοίπερ ἀκρῶται στρατοῦ
Χορ. βεβᾶσιν, οἰ, νώνυμοι.
Ξέρξ. ἰή, ἰή, ἰώ, ἰώ.
Χορ. ἰὼ ἰὼ, δαίμονες δ'
 ἔθεντ' ἄελπτον κακόν,
 πάγκακον οἷον δέδρακεν ἄτα.
Ξέρξ. πεπλήγμεθ', οἴαι δι' αἰῶνος τύχαι.
Χορ. πεπλήγμεθ'· εὔδηλα γάρ,
Ξέρξ. νέαι νέαι δύαι δύαι.
Χορ. Ἰαόνων ναυβατᾶν
 κύρσαντες οὐκ εὐτυχῶς.
 δυσπόλεμον δὴ γένος τὸ Περσᾶν.

Dies genügt nicht: abgesehen davon, dass sich βεβᾶσι γὰρ an die vorhergehende Frage (von welcher ich später besonders sprechen werde) nicht richtig anknüpft, ist dem Dichter erstlich nicht wohl zuzumuthen, dass er im vierten Verse der Strophe auch noch wieder den neuen Satz und Rhythmus mit den vorhergehenden Interjectionen ausgefüllt habe; das δέ nach δαίμονες, was freilich das Versmaass wünscht, ist nicht natürlich; δαίμονες ἔθεντο und ἄτα δέδρακεν nebeneinander geht nicht an; die Nominative οἶαι τύχαι und νέαι δύαι sind ebenso unbegreiflich, wie die alleinstehenden Verba πεπλήγμεθα, von denen auch das zweite so für sich gesagt zu wenig Inhalt hat: εὔδηλα γάρ muss in der Mitte stehen zwischen πεπλήγμεθα und einem dazu gehörenden Accusativ, es kann daher auch der nach εὔδηλα γάρ angenommene Personenwechsel nicht richtig sein; κύρσαντες endlich schwebt nach dazwischen getretenem νέαι δύαι dem Sinne nach in der Luft und ist der Form nach unmetrisch.

Was die Strophe betrifft, so habe ich den ersten Vers derselben S. 6 nach Anleitung der Wiener Handschrift hergestellt zu:

Ξέρξ. βεβᾶσιν οὐχ, ἅπερ ἀκρῶται στρατοῦ

und der Chor fällt ein:

Χορ. βεβᾶσιν, οἵ, νώνυμοι.

In derselben Handschrift stehen nun über V. 1006 die Worte τουτέστι μεγάλην βλάβην εἴδομεν ἡμεῖς. Diese, aus einem Commentare ausgezogene Erklärung ist von dem entsprechenden Worte δέδορκεν angezogen worden, gehört aber nicht zu ihm, sondern zum Hauptverbum des Satzes, ich entnehme ihr daher:

δέδορκ' ἄελπτον κακόν

(vergl. V. 1028 κατεῖδον δὲ πῆμ' ἄελπτον) und glaube, dass durch dieses δέδορκα das folgende οἷον δέδρακεν Ἄτα alterirt worden ist (mit δέδορκα mag auch noch die Variante οἵαν ἄταν zusammenhängen). Ueber διαπρέπον steht in Lips. i. μέγα, in G. ἔξοχον τῶν ἄλλων κακῶν, in Vind. ὕψηλον; dies erinnert an das παμπρέποις ἐν ἕδραισιν der Handschriften Agam. V. 115, glossirt mit εὐπρεπέσιν; ich vermuthe daher: παμπρέπον, οἷον δέδρακεν Ἄτα. Statt δαίμονες ist Variante δυσδαίμονες, ich vermuthe daher statt ἰὼ ἰὼ δαίμονες im Zusammenhange mit dem Vorhergehenden: βεβᾶσι δυσδαιμόνως oder δυσδαίμονες; βεβᾶσι wäre durch die Interjectionen ausgestossen oder vielmehr herabgedrückt worden; denn das an der Stelle von δέδορκα in vielen Handschriften stehende ἔθετ' (G. i. Lips. i. ἐποιήσατε), was an und für sich von ἐθεασάμην, der gewöhnlichen Glosse von δέδορκα (ἐθεάσατο steht noch über δέδορκεν in G. Lips.), herzurühren scheinen könnte, heisst aber in Vit. u. a. ἔλθετ', in Vind. ἦλθετ'; so könnte es herstammen von der Glosse ἀπῆλθον, womit noch in G. i. und Lips. i. die vorhergehenden βεβᾶσιν erklärt sind. Demnach schreibe ich die Strophe:

Ξέρξ. βεβᾶσιν οὐχ, ἅπερ ἀκρῶται στρατοῦ
Χορ. βεβᾶσιν, οἵ, νώνυμοι,
ἰὴ ἰὴ ἰὼ ἰώ,
βεβᾶσι δυσδαίμονες.
δέδορκ' ἄελπτον κακόν,
παμπρέπον οἷον δέδρακεν Ἄτα.

und die Gegenstrophe:

Ξέρξ. πεπλήγμεθ' οἵας δι' αἰῶνος τύχας·
Χορ. πεπλήγμεθ', εὔδηλα γάρ,
νέας νέας δύας δύας.

Ἰαόνων ναυβατᾶν
ἔκυρσεν οὐκ εὐτυχῶς
δυσπόλεμον δὴ γένος τὸ Περσᾶν.

Das an das hervorgehobene einzelne Wort angeknüpfte δή (Pers. V. 236 καὶ στρατὸς τοιοῦτος ἔρξας πολλὰ δὴ Μήδους κακά. Plat. Legg. p. 813. b. τοὺς γὰρ παῖδάς τε καὶ τὰς παῖδας ὀρχεῖσθαι δὴ δεῖ καὶ γυμνάζεσθαι μανθάνειν) hat getäuscht und den Satz in zwei Theile zerfallen lassen (in Vit. u. Vind. wechselt bei ihm die Person), worauf das von seinem Subjecte abgetrennte Verbum sich mit πεπλήγμεθα, als dies noch seine Accusative hatte, verband (wie es hier δυσπόλεμον heisst, so stand in der Lücke des vorhergehenden Chorgesanges V. 862 εὖ ‿ ‿ − πράσσοντας vielleicht εὐπολέμως πράσσοντας, vergl. Νίκης εὐπολέμοιο πάτερ hymn. Mart. 4; in Vind. steht ἤγουν πορθοῦντας darüber). Die Nominative sind wohl dadurch entstanden, dass man erklärte: πεπλήγμεθα τοιαύτας τύχας οἷαί εἰσιν αἱ δι' αἰῶνος τύχαι. So lautet ein noch nicht edirtes Scholion in G. m.: ὁποῖαί εἰσιν (so in G., das Folgende auch in Lips. i.) ἤγουν οἷα δυστυχοῦσιν οἱ ἐξ ἀρχῆς ἄνθρωποι ἢ τοιαύτην πληγὴν καὶ δυστυχίαν πεπόνθαμεν ὥστε ἀείμνηστον εἶναι, καθάπερ αἱ δι' αἰῶνος ἀδόμεναι συμφοραί — eine Hand, wie die, welche zu Choëph. V. 65 ἀντὶ τοῦ αἰώνιος θάνατος schrieb (auch hier hätte sie besser an εἰς αἰῶνας αἰώνων gedacht) und zu διαλγὴς ἄτα in V. 69 ἡ διαιωνίζουσα ἄτη, wovon ich vermuthete, dass es zu διαρκὴς geschrieben sei, was sich denn in das Adjectiv zu νόσου (παναρκέτας statt παναθλίας) geflüchtet; auch die jetzt zu diesem gehörende Erklärung τῆς εἰς πάντα τὸν χρόνον ἀρκούσης αὐτῷ wird von διαρκὴς ἄτα herstammen. — Strophe und Gegenstrophe stimmen nun, wie sie müssen, auf die Silbe. Von dem in V. 1014 folgenden πῶς δ' οὐ statt τί δ' οὐ sprach ich schon S. 37. In den folgenden Strophen stimmt, wenn man V. 1032 Χορ. παπαῖ παπαῖ. Ξέρξ. πλεῖον ἢ παπαῖ μὲν οὖν schreibt (das καί ist von der Erklärung hinzugefügt, die Verbindung liegt in μὲν οὖν), Alles bis auf: ἴυζε μέλος ὁμοῦ τιθείς in V. 1042, was dem ἐπορθίαζε νῦν γόοις in V. 1050 entsprechen soll, aber nicht entspricht. Schon das in V. 1040 vorhergehende βόα νυν ἀντίδουπά μοι ist unglaublich, nicht bloss wegen der Wiederholung dieses einzelnen Verses in der Gegenstrophe V. 1048, sondern auch, weil er das folgende δόσιν κακὰν κακῶν κακοῖς nicht einführt. Man betrachte diese Verse:

> Ξέρξ. βόα νυν ἀντίδουπά μοι.
> Χορ. δόσιν κακὰν κακῶν κακοῖς.

Dem δόσιν muss ein δός vorhergehen, statt ἀντίδουπα wird es daher ἀντίδος geheissen haben:

> Ξέρξ. βοᾷ νυν ἀντίδος βοάν.
> Χορ. δόσιν κακὰν κακῶν κακοῖς.

Der Vers der Gegenstrophe gleichen Sinnes wird nach der Weise der Grammatiker dazu bemerkt worden sein und die Oberhand behalten haben. Dieses ἀντίδος geben Schol. A. u. Med. noch wieder durch ihr δίδου δόσιν κακήν (man übersah den Personenwechsel), in Vit. ist dieses δίδου über der Zeile beigeschrieben. Ein nicht mitgetheiltes Scholion in G. m. und Lips. m. lautet: τὸ γὰρ ἀντιθρηνεῖν δόσις ἐστὶ κακῶν ἤγ. θρήνων τοῖς κακοῖς ἤτοι θρήνοις πρὸς ὃν ἡ ἀντιθρήνησις γίνεται. So wird nun auch in dem Vers ἴυζε μέλος ὁμοῦ τιθείς erstlich μέλος, was Schol. B. G. m. Lips. m. auch bei V. 944 anwenden: ἤσω σοι πάγκλαυτον μέλος (vergl. Schol. A. zu ἀντίδουπα in V. 1048: φώνει μοι φωνὰς ἀντηχούσας ταῖς ἐμαῖς φωναῖς), von der Erklärung herrühren. Aus der Bemerkung des Schol. A.: ἤτοι συνηρμοσμένον καὶ ἁρμόζον τῇ ἐμῇ συμφορᾷ ἴυζε καὶ θρήνει, welcher weder μέλος, noch ὁμοῦ τιθείς zu Grunde zu liegen scheint, sondern ein adverbialer adjectivischer Accusativ, wie er bei Klangverben gebräuchlich ist, entnehme ich:

> ἴυζε νῦν ὁμόρροθον

wodurch die Strophe der Gegenstrophe nun völlig gleich wird (ὁμόρροθον schon in dem den Griechen so nahe liegenden Bilde, welches V. 1046 durch ἔρεσσ' ἔρεσσε fortgesetzt wird; vergl. Theocr. Epigr. 3, 5 Πὰν καὶ Πρίηπος — ἄντρον ἔσω στείχοντες ὁμόρροθοι). Um nun den Sinn dieses bildlichen Ausdruckes wieder zu geben, erklärte man: μέλος ὁμοῦ τιθείς oder wie es in Vind. m. u. Med. heisst μέλος ὁμοῦ συντιθείς (vergl. Hesychius: ὁμορροθεῖν, ὁμοῦ ἕλκειν, καὶ συμφωνεῖν). Wenn es in Schol. Med. heisst: ἀντὶ τοῦ εὐρύθμως, so scheint dies auch noch mit ὁμόρροθον zusammen zu hängen. — Auch an die dritte Wiederholung von βόα νυν ἀντίδουπά μοι in V. 1066 glaube ich nicht, wenn es auch gewagt sein mag, an einen solchen Interjectionsschluss feste kritische Hand anlegen zu wollen. Aber vielleicht bildete ein in der Wiener Handschrift hier am Rande erscheinendes διατόρως Strophe mit ἀβροβάται: es steht dort am Rande ἤγ. διατόρως ὡς ἐγώ, ursprünglich wohl eine Erklärung zu βόα διατόρως oder διάτορον, was wieder von dem dazu angemerkten βόα νυν ἀντίδουπά μοι ausgestochen wurde, so dass sich als erster Vers der letzten Strophe und Gegenstrophe die steigernden Zurüfe entsprachen: βόα διάτορον und γοᾶσθ' ἀβροβάται (βοᾶθ' ἀβρύγοοι?), worauf beiderseits der Interjectionsruf des Chores folgte. Vielleicht entsprach ferner dem V. 1008 αἰακτὸς ἐς δόμους κίε an gleicher Stelle der Gegenstrophe: πέμψασθε δυσθρόοις γόοις (wie προπέμπεσθαι, überliefert ist πέμψω δυσθρόοις γόοις, πέμψω τόνδε, τοί σε, τοῖσδε u. s. w.) und folgte nach dem beiderseits gleichen Refrain zum Schluss als Ablativ zu dem vorhergehenden Adjectiv δύσβατος (in Vind. steht dabei ἤγ. εἰς ἣν νῦν δυστυχίαν βαδίζομεν):

ἰὴ τρισκάλμοις
ἰὴ ἰὴ βάρισιν ὀλομέναισιν

denn so ist in Lips. überliefert, wo das οι zwar übergeschrieben ist, wie Hermann bemerkt: ὀλόμεναι, suprascripto o ad u, et οι ad finem vocis, aber nicht zusätzlich, sondern gleich, kalligraphisch, wie die Endsilben so geschrieben zu werden pflegen; das o über αισι gehört zu der dort über βάρισιν gesetzten Glosse πλοίοις, und über ὀλομέναισιν steht noch besonders, dem πλοίοις entsprechend, die Glosse φθαροῖσιν (sic). Ich möchte glauben, dass dieser thetisch ausgehende Dochmius das bedeutsame Schlusswort der Tragödie über die Schlacht bei Salamis gebildet habe.

In den bisherigen Beispielen standen die Erklärungen noch getrennt für sich am Rande oder über der Zeile.

Da dieselben, zwischen die Zeilen geschrieben, ab und zu in den Text eindrangen und sich mit diesem mischten, so darf man sie denn auch in den Varianten der Handschriften, oder auch in der einen überlieferten Lesart des Textes, wieder zu erkennen suchen und von ihnen auf den Originaltext zurückschliessen. Prometh. V. 264 war das in den meisten Handschriften stehende παραινεῖν νουθετεῖν τε τοὺς κακῶς πράσσοντας kenntlich als der von der Erklärung eingesetzte Plural, und die Mischung von Original und Erklärung: τοὺς κακῶς πράσσοντα findet sich noch in einzelnen Handschriften (wie in Lips. 1., so auch in einer Wiener Handschrift. Dasselbe ist Eumen. V. 313 geschehen: τοὺς μὲν καθαρὰς χεῖρας προνέμοντας statt τὸν μὲν καθαρὰς χεῖρας προνέμοντ'. Wenn man dort mit τοὺς μὲν καθαρὰς καθαρῶς χεῖρας προνέμοντας helfen wollte, so müsste ein solches καθαρὰς καθαρῶς wenigstens im selben rhythmischen Gliede stehen).

Perser V. 337, wo Atossa gefragt hat, wie gross die Zahl der griechischen Schiffe gewesen, dass sie den Kampf mit der Perserflotte gewagt, antwortet der Bote:

πλήθους μὲν ἂν σάφ' ἴσθ' ἕκατι βαρβάρων
ναυσὶν κρατῆσαι

was die Scholiasten denn mit ἦν zu erklären suchen (Schol. O. P. Med. λείπει τὸ ἦν), was man auch über dem Text eingetragen sieht z. B. in Vit. am Schluss des ersten Verses, in Vind. am Anfang des zweiten, während es in andern Handschriften in die Stelle von ἂν eingerückt ist, welches selbst wieder in andern Handschriften ganz fehlt. Der überlieferte Text sieht aus wie eine Mischung der beiden möglichen Ausdrücke: βαρβάρων ναῦς ἂν κρατῆσαι und βαρβάρους ναυσὶν ἂν κρατῆσαι. Man hat allgemein nach dem letztern gegriffen. Der ganze Zusammenhang führte mich auf das erstere und dazu stimmen die Beischriften in Vind. nach κρατῆσαι: καὶ περιγενέσθαι τῶν νεῶν τῶν Ἑλλήνων δηλ. und in Vit. nach ναυσὶν: ἤτοι τῶν Περσῶν, wobei beiderseits noch der Subjectsaccusativ ναῦς vorausgesetzt scheint. Ich schreibe daher:

πλήθους μὲν οὖν σάφ' ἴσθ' ἕκατι βαρβάρων
ναῦς ἂν κρατῆσαι

woraus denn freilich auch direct durch Schreibfehler die Ueberlieferung entstehen konnte.

Sieben vor Theben V. 735 ist überliefert: ἐπειδὰν αὐτοκτόνωσιν (αὐτοκτάνωσιν, αὐτοὶ κτάνωσιν, αὐτοκτόνως) αὐτοδάϊκτοι θάνωσι. Es muss heissen:
ἐπειδὰν αὐτοκτόνοι
καὐτοδάϊκτοι θάνωσι

Diese beiden mit καί verbundenen Adjective, von welchen das erste activ, das andere passiv, wurden nun durch die Verba erklärt: Schol. G. m. ὅταν δὲ αὐτοὶ κτάνωσιν ἀλλήλους καὶ ἀποθάνωσιν ὑπ' ἀλλήλων φονευθέντες (demgemäss ist in G. i. über dem ersten Verse φονεύσωσιν ἀλλήλους eingetragen, über dem zweiten ἀφ' ἑαυτῶν φθαρέντες ἀποθάνωσι). Auch Schol. Vind. m. und Vit. m. haben die Verbindung noch: ὅταν μὲν οὖν αὐτοὶ ἑαυτοὺς φονεύσωσι καὶ θάνωσιν αὐτοὶ ἑαυτοὺς διακόψαντες, wo nur die active Auffassung von αὐτοδάϊκτοι unrichtig ist. Die Erklärung drang nun auch in den Text, es entstand αὐτοκτόνωσιν, αὐτοκτάνωσιν, αὐτοὶ κτάνωσιν, dies wurde wieder zurückgeschnitten zu αὐτοκτόνως, dem man auch αὐτοδαΐκτως gleich machte, und das κ von καί fiel aus, so dass nun nur éin Glied mehr übrig blieb. — In dem in V. 739 folgenden: τίς ἂν καθαρμὸν πόροι stammt die Variante καθαρμός von der passivischen Paraphrase, welche sich an τίς anschloss: Schol. Voss. τίς ἂν αὐτοῖς κάθαρσις παράσχοιτο, Schol. Med. τίς ἂν εὑρεθείη sc. καθαρμός. G. m. und Vind. m. haben die genauere Wiedergabe des Originals: τίς ἂν δώσοι αὐτοῖς καθαρμόν, τίς ἂν αὐτοῖς κάθαρσιν παράσχοι, wofür auch κάθαρμα und der Plural καθαρμοὺς glossirt wurde. So wird Pind. Olymp. XI, 13 νέμει γὰρ Ἀτρέκεια πόλιν Λοκρῶν Ζεφυρίων die alte Variante πόλις, an welcher T. Mommsen gute Lust hatte festzuhalten, zuerst durch die passive Paraphrase entstanden sein (Schol. vet. ἀντὶ τοῦ εὐνομεῖται, ἀντὶ τοῦ ἐπαληθεύει ἡ τῶν Λοκρῶν πόλις), worauf dann über das missverstandene ἀτρέκεια und das mehrdeutige νέμει herüber μεθ' ἑαυτῆς ἔχει τὴν ἀλήθειαν ἡ τῶν Λοκρῶν πόλις u. dergl. erklärt, auch ἁ τραχεῖα geschrieben wurde u. s. w.

Wenn Sieben vor Theben V. 851 überliefert ist:

τι δ' ἄλλο γ' ἢ πόνοι πόνων δόμων ἐφέστιοι;
so hat Hermann den schönen Ausdruck πόνοι πόνων ἐφέστιοι zerstört und das von der Erklärung herstammende δόμων dem πόνων vorgezogen, nach Rob., wo δωμάτων das πόνων ganz ausgestossen hatte. Schol. A. in Vind. m. und Vit. m. (die Dindorfschen Handschriften haben hier versagt) erklären das Original und zeigen die Entstehung von δόμων, wenn sie schreiben: τί δ' ἄλλο εἴπω ἢ ὅτι πόνοι ἀπὸ πόνων κατὰ διαδοχὴν ἐφέστιοι καὶ ἐγκάτοικοι τούτων τῶν οἴκων ἀντὶ τὰ κακὰ ἀπὸ τῶν κακῶν οἰκεῖ ἐν τῇδε τῇ ἑστίᾳ καὶ ἐν τοῖς οἴκοις τούτοις. Letztere Erklärung hat auch Schol. Med., und in Schol. Vind. i. steht über ἐφέστιοι die Erklärung διάδοχοι, welche auch auf πόνοι πόνων ἐφέστιοι zurückgeht (Eurip. Cycl. V. 372, wo überliefert ist: — ὅστις δωμάτων ἐφεστίους ξενικοὺς ἱκτῆρας ἐκθύει δόμων, schreibe ich: ὅστε δωμάτων ἐφεστίους ἱκτῆρας ἐκθύεις ξένους; δόμων fällt mit δωμάτων zusammen, und ἱκτῆρας ξένους wurde, ἱκτῆρας als das Substantiv genommen, in ξενικοὺς ἱκτῆρας umgeschrieben, vergl. Herakl. V. 764 κακὸν δ', ὦ πόλις, εἰ ξένους ἱκτῆρας παριδώσομεν). Unbegreiflich ist mir ferner, wie Hermann, nachdem er in der ganzen Stelle V. 846—860 Strophe und Gegenstrophe angenommen, einen so eclatanten Mangel an Uebereinstimmung hat auf sich beruhen lassen, nach welchem zu:

τάδ' αὐτόδηλα· πρόυπτος ἀγγέλου λόγος·
διπλαῖ μέριμναι, δίδυμ' ἀγανόρεα κακά,
αὐτοφόνα, δίμορα, τέλεα τάδε πάθη· τί φῶ;
τί δ' ἄλλο γ' ἢ πόνοι δόμων ἐφέστιοι;
ἀλλὰ γόων, φιλίαι, κατ' οὖρον

folgende Verse die Gegenstrophe bilden sollen:

ἐρέσσει' ἀμφὶ κρατὶ πόμπιμον χεροῖν
πίτυλον, ὃς αἰεὶ δι' Ἀχέροντ' ἀμείβεται
τὰν νηίστολον μελάγκροκον θεωρίδα,
τὰν ἀστιβῆ 'πόλλωνι, τὰν ἀνάλιον
πάνδοχον εἰς ἀφανῆ τε χέρσον.

Es scheint, die Form des Senars hat über die Differenzen beruhigt; allein dies sind ja keine gewöhnliche, sondern lyrische, individuell ausgearbeitete Senare. Ich vermuthe (vorläufig vielleicht finden sich noch spezielle Fingerzeige in der Ueberlieferung):

τάδ' αὐτόδηλα· προῦπτος ἀγγέλου λόγος·
διπλασιμέριμνα, διδυμαγανόρει' ἄχη,
αὐτοσφαγῆ, δίμορα, τέλεια καὶ τί φῶ;
οὐκ ἄλλο γ' ἢ πόνοι πόνων ἐφέστιοι κ. τ. λ.

Der zweite Vers enthielt zwei, durch die Erklärung auseinandergerissene Adjective (in Med. glaubt man noch das allmähliche Entstehen des schliesslichen διπλαῖ μέριμναι zu sehen). Κακά nehme ich für Glosse von ἄχη, αὐτοφόνα für Glosse von αὐτοσφαγῆ, was in Schol. B. angemerkt ist, τὰ πάθη für Beischrift der Erklärung (vergl. Schol. G. m. δίδυμα καλὰ l. κακὰ ἤτοι διπλᾶ αὐτοφόνα δίμοιρα καὶ τέλεια πάθη ἐποίησαν ἤγ. διπλοῖς φόνους), wodurch καί überdeckt wurde; nicht τί φῶ;, sondern καὶ τί φῶ; ist hier der natürliche Ausdruck (καὶ τί δεῖ λέγειν κ. τ. λ. Eum. V. 826) und die natürlice Antwort darauf: οὐκ ἄλλο γ' ἢ (οὐκ ἄλλο γ' οὐδὲν κ. τ. λ. Prom. V. 258). In der Gegenstrophe ist statt μελάγχροκον zu schreiben μελανόχροκον; ναύστολον ist in den Handschriften selbst noch als Berichtigung der missglückten τὰν ἄστολον und τὰ νῦν ἄστολον aufbewahrt.

Ein ganz ungefügiger Satz steht Pers. V. 922:

γᾶ δ' αἰάζει τὰν ἐγγαίαν
ἥβαν Ξέρξᾳ κταμέναν Ἄιδου
σάκτορι Περσᾶν· ᾀδοβάται γὰρ κ. τ. λ.

Hermann construirt (neque vero dubitandum est, quin constructio haec sit:) κταμέναν Ξέρξᾳ, Ἄιδου σάκτορι Περσᾶν i. e. τὸν Ἄιδην σάττοντι Περσῶν, vel Πέρσαις, occisam a Xerxe, Orcum Persis implente; aber wer wird sich so ungemächlich ausdrücken? Αἴαντα, λαῶν ἐν πόνοις ἔκπαγλον Ἐνυαλίου Pind. Isthm. 5, 54; d. i. ἐν πόνοις πολεμικοῖς λαῶν (in dem Scholiast zu dieser Stelle: γενναῖον ὄντα πᾶσι τοῖς ἥρωσι τοῦ πολέμου καὶ ἔξαρχον τῶν ἄλλων ὄχλων haben sich ἥρωσι und ὄχλων umgestellt: γενναῖον ὄντα ἐν πᾶσι τοῖς ὄχλοις τοῦ πολέμου καὶ ἔξαρχον τῶν ἄλλων ἡρώων) oder ἥ τε Σουνίου δίας Ἀθάνας ὑπάργυρος πέτρα Eurip. Cycl. 295 d. i. ἥ τε Σουνίου πέτρα δίας Ἀθάνας versteht man leicht, aber zwei so verschieden gedachte Genitive stellt man nicht nebeneinander. Man sagt σάττειν τί τινος und σάττεσθαί τινος, so könnte man, soll der obige Sinn durchaus in drei Worte gestellt werden, etwa: Ἄιδαν σάκτορι Περσᾶν oder Ἄιδου σάκτορι Πέρσαις verbinden, aber nicht Ἄιδου σάκτορι Περσᾶν. Ueberhaupt aber kann der Chor so nicht zu Xerxes sprechen und es hilft nicht, das Schlimmste der γᾶ auf Rechnung zu schreiben (Hermann: non ipse chorus hoc opprobrio Xerxem excipit, sed quod cives dicant exponit). Aeschylus schrieb nichts weiter, als:

γᾶ δ' αἰάζει τὰν ἐγγαίαν
ἥβαν κταμέναν σάκτορι νεκρῶν

dafür ist die Erklärung des Schol. B. der Spiegel: Ἄρει, δι' οὗ πληροῦται ὁ Ἅιδης νεκρῶν. ἢ σάκτορι ἀντὶ τοῦ φθορεῖ leg. φορεῖ, Etym. m. σάσσω, φορτῶ. Alles Uebrige stammt von der Erklärung: den anonymen Ausdruck σάκτορι νεκρῶν erklärte man mit Ἄρει und mit Ξέρξᾳ (δι' αὐτὸν γὰρ ἀπέθανον οἱ Πέρσαι) und dies kam in den Text; als es darin stand, versuchte man es auch als Vocativ, wie das vorhergehende βασιλεῦ, zu erklären, Schol. B. ὦ (Ξέρξα). Wieder Andere hätten unter σάκτορι νεκρῶν lieber den Hades selbst verstanden, dies wurde wahrscheinlich zuerst mit Ἄιδᾳ angemerkt, wozu die Erklärung des Schol. A. und Med. gehört: τὴν ἔξω τῆς γῆς leg. ἔσω τῆς γῆς ἤδην σεσαγμένην ὑπὸ τοῦ Ἅιδου; daher auch Ἄιδου σάκτορος versucht ward. Dass Ἄιδου hinzugeschrieben wurde, zeigt das unmittelbar folgende ᾀδοβάται γάρ und die Erklärung ἢ σάκτορι ἀντὶ τοῦ φορεῖ. Περσᾶν endlich ist die über νεκρῶν geschriebene Erklärung, wodurch das Original ausfiel; wie Schol. A. ἡ γῆ τῶν Περσῶν schreibt und τὴν ἡλικίαν τῶν Περσῶν, so schrieb man auch zu νεκρῶν: τῶν Περσῶν. Mir fällt dabei die Stelle aus dem Cyclops des Euripides ein, wo es V. 368 heisst: χαιρέτω δὲ θυμάτων ἀποβώμιος ἂν ἔχει θυσίαν

- Κύκλωψ Αἰτναῖος ξενικῶν
κρεῶν κεχαρμένος βορᾷ

wo doch Κύκλωψ Αἰτναῖος gar zu wenig Inhalt hat, als dass man es irgend Jemanden zutrauen könnte. Κύκλωψ ist auch hier Erklärung zu einer andern anonymen, aber mehrsagenden Bezeichnung, wie:

Αἰτναῖος σφαγεὺς ξενικῶν
κρεῶν κεχαρμένος βορᾷ.

Auch das vorhergehende ἔχει ist zu mager als Ausdruck und stört den anapästischen Fluss der Rhythmen; ich vermuthe: ἀπόθωμιος ἂν ἐφέπει θυσίαν κ. τ. λ.

Als ich Sieben vor Theben V. 626 ff. das in den meisten Handschriften überlieferte κλύοντες θεοὶ δικαίως λιτὰς ἡμετέρας τελεῖθ᾽, ὡς πόλις εὐτυχῇ in das von der Strophe vorgeschriebene Original zurückübersetzte (statt ἐκτελεῖτε πόλιν εὐτυχῇ hätte ich εὐτυχεῖν schreiben sollen), entging mir zufällig, dass dies bei Rob. auch wirklich überliefert sei; bei ihm heisst es:

κλύοντες θεοὶ δικαίους λόγους
ἐμοῖς εὐτελεῖτε πόλιν εὐτυχεῖν

Hier ist nur εὐτελεῖτε verschrieben für ἐκτελεῖτε, was ich aus des Schol. Med. ἐπιτελεῖτε nach Hesych. ἐκτελέουσιν, ἐπιτελέουσιν herstellte, vergl. Schol. G. m. ποιεῖτε πάντα τετελεσμένα, Schol. O. P. εἰς τέλος ταύτας ἄγετε, so auch Vit. m. und Vit. i., vollständiger in Vind. m. εἰς τέλος ἄγετε ταύτας τὰς ἡμῶν εὐχάς. Es hat sich nun ferner auch in das Folgende die Erklärung vielfach eingemischt. Ueberliefert ist:

δορίπονα κἄκ᾽ ἐκτρέποντες γᾶς (πρὸς)
ἐπιμόλους

wofür Hermann schrieb:

δορίπονα κἄκ᾽ ἐκτρέποντες ἐς γᾶς
ἐπιμόλους

ohne Rhythmus. Ἐκτρέποντες statt τρέποντες stammt von der Paraphrase, vergl. Schol. O. P. τρέποντες καὶ ἀποδιώκοντες. Schol. Vind. m. τρέποντες καὶ κινοῦντες καὶ ἄγοντες. Wie ἐκ, stammt auch γῆς von der Erklärung: während Schol. Med. ἀπὸ τῆς γῆς τρέποντες, Schol. G. m. ἐκ τῆς γῆς ἡμῶν τρέποντες schreiben, heisst es in Schol. O. P. ἐκ τῆς ἡμετέρας πόλεως τρέποντες. Das in G. und andern Handschriften stehende πρός ist die Erklärung von εἰς, wofür in Schol. Med. ἐπί gebraucht ist: Schol. G. m.

πρὸς τοὺς ἐπιμόλους ἤτοι τοὺς καθ' ἡμῶν ἐλθόντας, Schol. Med. ἀπὸ τῆς γῆς ἐπὶ τοὺς ἐπελθόντας τρέποντες. In Med. u. a. haben γᾶς und εἰς sich gemischt, wodurch letzteres ganz verschwand. Die Stelle lautet nun mit richtigem Sinn und natürlichem Rhythmus (lebhaft aufgelöste Jamben, welche sich bei den „Feinden" wieder zu Dochmien erheben, wie gradeso in der Strophe):

δορίπονα κακὰ τρέποντες εἰς
ἐπιμόλους κ. τ. λ.

(vergl. V. 255 ὦ παγκρατὲς Ζεῦ, τρέψον εἰς ἐχθροὺς βέλος), worin denn das einfache τρέποντες die Grammatiker intriguirte und die erklärenden Zusätze (ἐκτρέποντες ἀπὸ τῆς γῆς ἡμῶν κ. τ. λ.) veranlasste, die sich mit dem Texte mischten. Für die Strophe (V. 565), welche ebenso unrhythmisch überliefert ist mit:

μεγάλα μεγαληγύρων κλύων
ἀνοσίων ἀνδρῶν

scheint daraus nun hervorzugehen:

μεγάλα μεγαλολάλων κλύουσ'
ἀνοσίων ἀνδρῶν

(Cyrill. μεγαλόλαλος, magniloquax), wofür μεγαληγύρων die unmetrische Glosse. Zu diesem μεγάλα schrieb man: Schol. Med. μεγάλα πράγματα, Schol. G. m. μεγάλα κομπάσματα, Schol. O. P. nimmt das Verbum dazu μεγάλα μεγαληγορούντων, andere erklärten es mit μεγάλως: Schol. O. μεγαληγορούντων μεγάλως, daher des Schol. P. γρ. μεγάλως. Das κλύων der Handschriften ist Folge des elidirten κλύουσα, was in Colb. 1. u. Par. N. noch im Texte steht und in Schol. G. m. berührt wird, wo es heisst: κλύουσα μεγάλα κομπάσματα τῶν ἀνδρῶν τούτων τῶν ἀνοσίων τῶν μεγαλαύχων. Der Dichter hatte κλύουσα construirt zu dem in den vorhergehenden Versen ausgedrückten Begriff des Schreckens; das ist noch von Schol. B. (auch in Lips i.) zu V. 563 angemerkt durch: ἀκούουσα τὸν Παρθενοπαῖον τοιαῦτα καθ' ἡμῶν φρονοῦντα τρέμω καί μοι δέος εἰσέρχεται, und Schol. G. m. schreibt, diese Construction wörtlich wiedergebend: ὁ δὲ πλόκαμος τῆς ἐμῆς τριχὸς ἵσταται ὀρθίας γεγενημένης (ursprünglich gewiss ὄρθιος γεγενημένος) κλύουσι μεγάλα κομπάσματα κ. τ. λ. Darauf, auf die Construction mit dem Nominativ κλύουσα, bezog sich auch ursprünglich die Bemerkung in Schol. O. P. πλαγίως ἐνταῦθα τὸν λόγον (add. ἀπέδωκεν), ὤφειλεν ἀποδοῦναι οὕτως· κλυούσης καὶ ἀκουούσης ἐμοῦ μεγαληγόρων ἀνδρῶν ἀνοσίων ἤτοι τῶν μεγάλα καὶ ἐπηρμένα μεγαληγορούντων, ὅμως δὲ κατ' εὐθείας ἀπέδωκε τοῦτο (so weit das Original: statt κλυούσης sei der Nominativ κλύουσα gesetzt, nun wird das aber auf das inzwischen entstandene maskuline κλύων angewandt): πρὸς τὸν πόλεμον, sic!, auch aus Schol. P. und O. wird so referirt: μεγαληγορούντων μεγάλως, ὅμως δὲ διὰ μετοχῆς — er weiss schon gar nicht mehr, worauf es ankommt — ἀπέδωκε τοῦτο πρὸς πόλεμον leg. πλόκιμον. Dergleichen Schreibfehler finden sich allenthalben in den Scholien, in jeder Handschrift andere, manchmal die allertollsten — so ist mir begegnet (für den Kritiker ist es nicht ganz gleichgültig, wirklich vorgefallene Fehler zu kennen, da sie häufig mit der aus der Gestalt der Buchstaben, den Schreiberzügen und Abkürzungen hervorgehenden Täuschung zusammenhängen, und selbst das Maass der Flüchtigkeit und Gedankenlosigkeit jener Schreiber, aus deren Hand auch die Abschriften der Texte hervorgingen, ist kennenswerth) τὸ στάδιον statt τὸ στάσιμον, πάσχοι für παράσχοι, μυθικοῦ statt θυτικοῖ, ὀξιτάτης βλάβης für ὀξυλαβίας, νυμφάδος νυμφομένης statt νιφάδος νιφομένης, ἑπταπηχεῖς statt ἑπτατειχεῖς, ἵππων statt οἴκων, κατανοήσει statt καταντήσει, σοφάς statt ταφάς, ὁμότοκοι statt ὁμόκοιτοι, ἀρωγή statt ἀκμή, ἐντιμότεροι statt ἑτοιμότεροι, πραγματευσαμένου statt προμαντευσαμένου, λόγῳ statt λώρῳ, ὅλην statt ὀλίγην und Vieles dergl. mehr. Die von Dind. VII, 915 zu ἦχον aus P. notirte Variante νόσον ist Schreibfehler von γόον. Zu Prometh. V. 1060 hat auch Vit. m. ἐν ἐμοῦ statt Ἑρμοῦ, Pers. V. 918 φεῖ, ὦ βασιλεῦ, τῆς ἀγαθῆς δεξιᾶς statt στρατιᾶς, Sieben vor Theben V. 164 ἱστορεῖσθαι statt ἵστασθαι. Ὀφθαλμός statt ὀμφαλός, die häufige Verwechslung, hat Schol. Med. Eumen. 167 ὥστε τὸν ὀφθαλμὸν ἔχειν αἱμάτων ἄγος (auch in G. m.), und in Lips. i. steht VII, 389 über ἐν μέσῳ σώζει: ἐν τῷ ὀφθαλμῷ statt ἐν τῷ ὀμφαλῷ, vergl. Eurip. Cycl. V. 237 κᾆτα τὸν ὀφθαλμὸν μέσον statt κατὰ τὸν ὀμφαλὸν μέσον (ebendaselbst

V. 516 lese ich statt δροσερῶν ἔσωθεν ἄντρων: δνοφερῶν ἔσωθεν ἄντρων und V. 490 statt σκαιὸς ἀπῳδὸς καὶ κλαυσόμενος: σκαιὸς, ἀπῳδὸς τάχα κλαυσόμενος, V. 496 φέρε νυν κώμοις παιδεύσωμεν τὸν ἀπαίδευτον, V. 503 μαστόν (vgl. μασθύν u. μαζόν) statt ξανθόν, V. 583 καὶ Διός τε κ. τ. λ., V. 595 ἔνθ' ὕπνῳ παρείμενος). Auch der Scholiast Med. hat nicht wenige Fehler geschrieben, deren noch manche nicht berichtigt sind (man sieht daraus, wie sehr diese Quelle noch links liegen gelassen wird). So steht z. B. in den Scholien zu den Sieben vor Theben auch noch bei Ritschl V. 961 καταχθεὶς ἐπάταξας statt παταχθεὶς ἐπάταξας (wie παισθεὶς ἔπαισας, τυφθεὶς ἔτυψας u. s. w.). V. 963 ἴτω γόος, ἴτω δάκρυα: ποτὲ πρὸς τοῦτον, ποτὲ πρὸς ἕτερον. ἴτω, κοιμάσθω καὶ ὁ ἀνελὼν τὸν ἕτερον καὶ αὐτὸς προκείσεται, τοῦτ' ἔστι τέθνηκεν; hier ist erstlich ποτὲ πρὸς τοῦτον, ποτὲ πρὸς ἕτερον mit ἴτω zu verbinden; dann hiess es zu dem folgenden Verse (προκείσεται) κοιμηθήσεται (Schol. Hom. u. Hesych. κείοντες, κοιμηθησόμενοι. κατεκείαθεν, κατεκοιμήθη u. s. w. κοιμάσθω ist erst in Folge der falschen Verbindung mit ἴτω entstanden) und τεθνήξεται, wie Schol. A. folgerichtig noch hat. V. 978 τοῦτο ὡς πρὸς Πολυνείκη, ἐκ τῆς φυγῆς ἐπανήκοντες ἐμοὶ τῇ ἐνταῦθα μεινάσῃ ἐδείξατε ὀδύνας muss man sich das καὶ τοὺς μετ' αὐτοῦ des Schol. A. hinzudenken, womit man (so wie Schol. B. mit τοῦτο πρὸς μόνον τὸν Πολυνείκη φυγόντα καὶ κατὰ τῆς πατρίδος ἐπενεγκόντα στρατόν) den vermeintlichen Plural ἐδείξατε (Weil ἐδέξατ') erklären wollte, worüber auch das originale ἐκ φυγᾶς μολών, wovon ἐκ τῆς φυγῆς ἐπανήκοντες die Uebersetzung, verloren gegangen sein wird (δυσθέατα πήματα — ἐδέξατ' ἐκ φυγᾶς μολών). V. 986 ταῦτα δὲ λέγει ὡς βαρέως φέρων gehörte wohl zu βαρυδότειρα und hiess: ταῦτα δὲ λέγει ὡς βαρέα παρέχουσα. V. 890 οἷον διὰ τῶν πλευρῶν αὐτῶν καθήκασιν οἱ ὁμόσπλαγχνοι, obwohl διὰ τῶν πλευρῶν καθείκασιν ein möglicher Ausdruck, sicher für (τετυμμένοι) τεθνήκασιν, vergl. Schol. A., womit Med. zu 889 u. 890 wörtlich stimmt. V. 871 ὦ δυσαδελφότατοι πασῶν παρθένων, αἳ μίτρας κατὰ τὴν φθορὰν λύονται wird wohl geheissen haben αἳ μίτρας καὶ στρόφους ἐνδύονται. V. 857 liest man: οὐ τὴν τοῦ Χάρωνος ναῦν θεωρίδα εἶπεν. κυρίως δὲ τοῦ Ἀπόλλωνος ἡ εἰς Δῆλον ἀπερχομένη. λέγει δὲ ὅτι ταύτην ὁδὸν θεωρητικὴν ὥσπερ οἶδεν ὁ στόνος τὴν ἐπὶ τὸν Ἀχέροντα, τὴν ἀνήλιον, ἣν μηδὲ ἥλιος ὁρᾷ, ἢ τὴν ἀναπνοήν· ἁγνὴ γὰρ ἐκείνη ἡ εἰς Δῆλον ἀπιοῦσα statt (σημείωσαι) ὅτι τὴν τοῦ Χάρωνος ναῦν θεωρίδα εἶπεν (vergl. Schol. A. — καταχρηστικῶς τὴν τοῦ Χάρωνος νῆα θεωρίδα ἐκάλεσεν)... θεωρικὴν (schon Dind.) διαπεραιοῦται (= διέρχεται = ἀμείβεται)... ἄναγνον (schon Pauw, ἀνάγνην und ἄναγνον ergab das οην in ἀναπνοήν). V. 843 heisst es καὶ τὰ θεσπίσματα παρὰ τοῦ θεοῦ καὶ τῆς πόλεως οὐχ ἡσύχασεν statt περὶ τῆς πόλεως. V. 692 muss es statt ἡ ἄλογος ἄγαν ἐπιθυμία παρορμᾷ ἡ πικρὸν καρπὸν καὶ κέρδος ἔχουσα· εἰς ταυτὸν οὖν τοὺς ἄνδρας ἀδίκου ἕνεκεν αἵματος, ἵν' ᾗ ὅτι μέλλουσιν οἱ ἀδελφοὶ ἀλλήλους ἀναιρεῖν heissen : παρορμᾷ ... εἰς τὸ ἑαυτοὺς κτανεῖν τοὺς ἄνδρας. V. 626 steht ὁ Ζεὺς ἔξω τῶν τειχῶν διαφθερεῖ αὐτούς statt διαφθείροι (derselbe Fehler in Schol. O. P., wo Vit. m. das Richtige hat, und es ausserdem ἀποβαλὼν αὐτούς statt αὐτόν heissen muss). V. 640 steht τούτων οὖν αὐτῶν βοηθοὺς γενέσθαι τοὺς θεοὺς ἐπεύχεται statt τούτων οὖν λιτῶν (ἐπακούσαντας). V. 574 ist ταύτην οὖν τὴν Ἐρινὺν ἐπιστένει nur verschrieben für ἐπικαλεῖ unter Einwirkung der substantiven Paraphrase mit (ταύτης τῆς Ἐρινύος) κλήτωρ (γέγονεν) bei Schol. A. V. 493 αἰόλην δὲ τὴν ἀκίνητον καὶ ταχεῖαν statt εὐκίνητον (in Schol. A. zu 491 richtig, Hesychius: αἰόλος, εὐκίνητος). V. 216 lässt man stehen : τοῦτο εὔχεσθε, διαμένειν ἡμῶν τὰ τείχη ἁπλῶς ὥστε τὸ δόρυ στέγειν καὶ ἀπείργειν τοὺς πολεμίους statt διαμένειν ἡμῶν τὰ τείχη ἀσφαλῶς. V. 81 αἰθερία δὲ κόνις ἡ αὐτὴ αἰρομένη εἰς τὸν αἰθέρα statt ἡ ἄνω αἰρομένη. V. 55 κλήρους γὰρ ποιησάμενοι πρὸς μίαν πύλην ἐδέξαντο οἱ ἑπτὰ λοχαγέται, statt (πρὸς μίαν πύλην ἕκαστος) ἐτάξαντο οἱ ἑπτὰ λοχαγέται. Am Schluss des Excerptes über die Poësie des Aeschylus : λογιζέσθω δ' ὅτι πολλῷ χαλεπώτερον ἦν ἐπὶ Θέσπιδι, Φρυνίχῳ καὶ Χοιρίλῳ εἰς τοσόνδε μέγεθος τὴν τραγῳδίαν προαγαγεῖν ἢ ἐπὶ Αἰσχύλῳ εἰπόντα εἰς τὴν Σοφοκλέους ἐλθεῖν τελειότητα steht auch bei Ritschl wieder der alte Schreibfehler εἰπόντα statt ἐπὶ Αἰσχύλῳ ἑπόμενον. In Schol. A. zu V. 199 heisst es : τὸν ἐκ δημοῦ συστῆναι μόρον statt λευστῆρα, zu

V. 197 τινὲς δὲ λέγουσιν εἶναι τὸ μεταίχμιον τὸν ἀληθῶς ὀργιζόμενον statt τῶν ἀληθῶς ὀργιζομένων (wie des Schol. P. γρ. hat und Schol. Med. diese Erklärung ausführt). Im Schol. B. heisst es zu ἁρπαγὴν κυσίν in V. 1014 τροπὴν statt τροφήν, zu V. 976 ὦ Οἰδίπου διὰ τὸ γέρας σεβάσμιε statt διὰ τὸ γῆρας (Schol. Med. ὁ ἀσθενὴς Οἰδίπους). V. 702 δεήθητι τῶν θεῶν καὶ ἱκέτευσον τὴν τοῦ πατρὸς ἀπελάσαι fehlt ἀράν oder ἐρινύν. In Schol. O. zu V. 572 φονεὺς ἀπελθὼν εἰς τὸ Ἄργος τοῦ καθαρθῆναι γέγονεν Ἀδράστου γαμβρός fehlt ἕνεκεν. Im Schol. A. zu Promеth. V. 318 τοιαῦτα, ὦ Προμηθεῦ, τῆς μεγαλορρημονούσης τὰ ἐπιτίμιά ἐστιν οἷα πάσχεις νῦν fehlt γλώσσης, und V. 765 ὁ δὲ Προμηθεὺς ἀξυμφανῶς φησιν, ἥτις τέξεται παῖδα κρείττονα αὐτοῦ ἤγουν τοῦ Διός fehlt τοῦ πατρός (κρείττονα τοῦ πατρὸς ἑαυτοῦ), wie diese beiden Zusätze in Rob. u. Vit. m. richtig stehen. Ich will bei dieser Gelegenheit einige fernere Berichtigungen aufzeichnen, welche die Wittenberger Handschrift zu den Scholien (Schol. A.) darbietet. Sie ist selbst zwar auch voller Fehler, aber in folgenden Stellen, welche bisher unrichtig gedruckt sind, enthält sie das Richtige. In dem eben citirten Scholion zu Promеth. 318 heisst es ferner statt ὁρῶν ὅτι κυριεύει πάντων χαλεπὸς καὶ ὀργίλος θεὸς ὁ Ζεύς, ὅτι μόνος ἄρχει κ. τ. λ. in Vit. m. ὅστις μόνος ἄρχει. V. 393 εἴθε δὲ ἄσμενος καὶ χαρίεις ἐν τοῖς τοιούτοις τόποις σταθήσεται, Vit. ἐν τοῖς οἰκείοις. In der bei Dind. nur aus Med. beigebrachten Bemerkung zu V. 436 σιωπῶσι γὰρ παρὰ ποιηταῖς τὰ πρόσωπα ἢ δι' αὐθαδίαν — ἢ διὰ συμφοράν — ἢ διὰ περίσκεψιν hat Vit. δι' ὑπεροψίαν. V. 782 ἀκούσας ὁ χορὸς τοῦ Προμηθέως εἰπόντος πρὸς τὴν Ἰὰ ὅτι ἑλοῦ δυεῖν θάτερον ἢ τὰ ἐπίλοιπα τῶν σῶν πόνων εἰπὲ ἢ τὸν λύσοντά με, Vit. εἴπω. V. 813 σχηματογραφοῦντες αὐτάς (οἱ Αἰγύπτιοι τὰς αὐτῶν γᾶς) ἐνεχάρασσον, τὴν μὲν τρίγωνον, ἑτέραν δὲ τετράγωνον σχηματίζοντες, ἀφ' ὧν καὶ τοῖς φιλοσόφοις τὰ γραμμικὰ σχήματα ἐφευρέθησαν, O. P. γραμματικά, Vit. γεωμετρικά. V. 992 πρὸς ταῦτα καταφερέσθω μὲν ἄνωθεν ἀστραπὴ καὶ κεραυνός, ἐν νιφάδι δὲ καὶ χιόνι λευκοπτέρῳ καὶ λεπτῇ κατερχομένῃ ἀπὸ τοῦ οὐρανοῦ, Vit. καὶ λευκῇ. V. 1080 τοιαύτη ἐπ' ἐμοὶ ἐπέρχεται καὶ κινεῖται ῥιπῇ καὶ κίνησις καὶ ζάλη καὶ τρίχωμα ἀπὸ τοῦ Διὸς κατασκευάζουσά μοι φόβον hat Vit. das von Arnaldus vermuthete τρικυμία. Sieben vor Theben V. 501 ἡ Ἀθηνᾶ ἥτις ἀγχίπτολις πύλαισι τούτων, Vit. γείτων. V. 788 καὶ κατηράσατο αὐτοὺς ποτὲ λαχεῖν καὶ διαμερίσαι τὴν περιουσίαν ἅπασαν ἐν διαχρήσει τῇ ἀπὸ τοῦ σιδήρου γενομένῃ, Vit. ἐν διαχειρίσει. V. 843 ἡ μέριμνα δὲ ἤτοι ἡ φροντὶς ἣν ἔσχεν ὁ Λάϊος περὶ τὴν μίξιν καὶ τὰ θεσπίσματα τοῦ Ἀπόλλωνος, οὐκ ἀμβλύνεται καὶ παρέρχεται καὶ εἰς ἀνεκπραξίαν ἔρχεται, Vit. ἀνυπαρξίαν. Pers. V. 192 εἶχε δὲ στόμα εὔαρκτον καὶ ὑπήκοον καὶ πειθήνιον ἐν τῷ χαλινῷ, Vit. εὐήκοον. V. 203 ἀποτροπιαστὴν δὲ τῶν ὀνείρων φασὶν εἶναι τὸν ἥλιον. τούτου γὰρ ἐπιλάμψαντος οἱ ὄνειροι διασκευάζονται, Vit. διασκεδάζονται. V. 321 ὁ Θάρυβίς τε ὁ ταγὸς καὶ ἡγεμὼν τῶν πεντήκοντα πεντάκις, Vit. νεῶν πεντήκοντα πεντάκις. V. 614 ἀγρίας δὲ (μητρὸς ἄπο ποτόν) τῆς ἀγριωποῦ διὰ τὴν μέθην, Vit. ἀγριοποιοῦ. V. 624 ἡμεῖς δὲ αἰτησόμεθα ἐν ὕμνοις τοὺς πομποὺς τῶν φθιμένων, ἤγουν τοὺς θεοὺς τοὺς κάτω πέμποντας τοὺς νεκρούς, Vit. τοὺς θεοὺς τοὺς κάτω τοὺς πέμποντας ἄνω τοὺς νεκρούς. V. 742 ἡ Ἐρινὺς ἡ τιμωρητικὴ καὶ ἡ ἔφυρος τῶν κακῶν θεός, Vit. ἡ τιμωρητικὴ δύναμις. Promet h. V. 379 hat auch Vit. m. ἐάν τις . . . λόγοις παρακλητικοῖς χρῆται πρὸς αὐτόν, ἀναγκαίως πείθει αὐτόν, aber hier hat der Wolfenbüttler Codex richtig: χρῆται πρὸς αὐτὸν ἐγκαίρως, πείθει αὐτόν. Dieselbe Handschrift hat Pers. 547 οὐ περὶ τοὺς ἀποθανόντας ἀμελῶς διάκειμαι, ἀλλὰ τὸν τούτων θάνατον βαστάζω λαμπρῶς ὡς πολυδάκρυτον, ἀντὶ τοῦ θρήνου πολλοῦ ἄξιῶ, und Promet h. V. 18 ὁ κλινοποιὸς πρῶτον ἔννοιαν λαμβάνει τῆς ἀνθρώπων ἀναπαύσεως, εἶτα ἐπιχειρεῖ καὶ κλίνην ποιῆσαι richtig statt ποιεῖ (was ποιεῖν sein müsste). An derselben Stelle haben Schol. O. und P. eine unbegreifliche Bemerkung, wenn es bei ihnen heisst: τῆς ὀρθὰ καὶ δίκαια βουλευομένης Δικαιοσύνης ἢ ὑψηλὰ βουλευομένης ἢ χαλεπὰ καὶ στρεβλά und ἢ ἀντὶ τοῦ χαλεπὰ καὶ στρεβλὰ καὶ δόλια. Es haben sich hier die Erklärungen von ὀρθοβούλου und αἰπυμῆτα mit einander gemischt d. h. die zu αἰπυμῆτα gegebenen Erklärungen wurden auf ὀρθοβούλου bezogen; eine Wiener Handschrift hat zwar auch schon diese Mischung, aber an der Spitze der Bemerkung noch das richtige Lemma αἰπυμῆτα, vergl. Hesychius: αἰπύς, ὑψηλός. αἰπύ, τὸ ὑψηλὸν καὶ χαλεπόν u. s. w. Dieselbe Wiener Handschrift hat VII, 103 ὁ μέντοι ὀκτάσημος ῥυθμὸς οὗτος πολύς ἐστιν ἐν τραγῳδίᾳ καὶ ἐπιτήδειος πρὸς θρήνους καὶ στεναγμούς statt des θρηνῳδίᾳ des Med. Pers. V. 28, wo es bei Dind. aus Schol. B. heisst: δέον δὲ εἰπεῖν εὐτλήμονος καὶ καρτερικῆς ψυχῆς πρὸς τὸ δόξῃ ἐπήνεγκε, εὐτλήμονι δόξῃ, ψυχῆς εἰπὼν, ὥσπερ καὶ ἐν ἄλλοις τισὶ πολλαχοῦ καὶ Εὐριπίδῃ εὕρηται καὶ ἐν τῷ παρόντι Αἰσχύλῳ λέγοντι εἰς τὸ ὄπισθεν δρᾶμα 'ψαλίοις τετραβάμοσι μωνύχων πώλων'· οὐ γὰρ ἦσαν οἱ χαλινοὶ τετραβάμονες, ἀλλ' οἱ ἵπποι hat G. m. noch nicht diese, durch das an verkehrter Stelle eingeschobene καὶ ἐν τῷ παρόντι Αἰσχύλῳ entstandene Verwirrung, sondern: ὥσπερ καὶ ἐν ἄλλοις τισὶ πολλαχοῦ καὶ Εὐριπίδῃ εὕρηται λέγοντι und nun die Stelle aus den Phönissen. Man kann es zurechtstellen zu: ὥσπερ καὶ ἐν ἄλλοις τισὶ πολλαχοῦ καὶ ἐν τῷ παρόντι Αἰσχύλῳ καὶ ἐν Εὐριπίδῃ εἴρηται λέγοντι κ. τ. λ. Εἰς τὸ ὄπισθεν δρᾶμα passt auf Handschriften, wie Ven. A. Was das Beispiel betrifft, so ist Schol. B. der Grammatiker, welcher zu Prometh. 853 schreibt: γεγράφαμεν δὲ τὴν ἱστορίαν ἐν τῇ Εὐριπίδου Ἑκάβῃ. Schol. B. Prom. 567 οἰστροῦμαι (so war das in den Handschriften beigeschriebene φοβοῦμαι gemeint, Hesych. οἶστρος, φόβος) καὶ ἀναβακχεύομαι, φαντάζομαι τὴν τοῦ Ἄργου εἰκόνα lies οἰστροῦμαι ... φανταζομένη (ὁρῶσα). V. 924 heisst es zu θαλασσίαν τε γῆς τινάκτειραν νόσον τρίαιναν in Schol. B. räthselhaft: δυναμένην ἁπλοῦν ἢ διδόναι; da es sich um die Erklärung von τινάκτειραν zu handeln scheint (Schol. G. i. schreibt: ἤγ. τὴν σείειν δυναμένην τὴν θάλασσαν καὶ τὴν γῆν), so vermuthe ich δυναμένην σαλεύειν ἢ δονεῖν (Schol. A. ἡ τὴν γῆν σαλεύουσα τρίαινα. Hesych. δονεῖ, κινεῖ, ταράσσει, σαλεύει). Pers. V. 275 steht πλησιαζομένοις ὑπὸ τῶν κυμάτων für πλαζομένοις. Prom. V. 900, wo die meisten Handschriften δυσπλάγχνοις Ἥρας ἀλατείαις πόνων haben, ist dies entstanden durch die zu δυσπλάνοις geschriebene Glosse δυσπλάγκτοις, wie Choëph. V. 425 in Med. πολυπάλαγκτα steht d. i. die Glosse πολύπλαγκτα (so G.) zu dem Original πολυπλάνητα. Zu dem Worte θρασυσπλάγχνως Prometh. V. 730 bemerkt Schol.

G. m. ἀντὶ εὐσπλάγχνως καὶ εὐψύχως καὶ εὐτόλμως· εὐσπλαγχνον γὰρ οὐ μόνον ἐλεήμων, ἀλλὰ καὶ ὁ εὔψυχος καὶ γενναῖος, ἐπεὶ καὶ ἡ ψυχὴ σπλάγχνον λέγεται, καὶ ὥσπλαγχνος ὁ δειλός (so auch Hesychius und Schol. Soph. Ai. 472) καὶ Εὐριπίδης ἐν Ἠλέκτρᾳ φησί — die Stelle ist nicht angegeben; da das Wort in der Electra nicht mehr vorkommt, so scheint es durch eine Glosse verdeckt zu sein, vielleicht hiess V. 524: οὐκ ἄξι' ἀνδρός, ὦ γέρον, σοφοῦ λέγεις, εἰ κρυπτὸν εἰς γῆν τήνδ' ἂν Αἰγίσθου φόβῳ δοκεῖς ἀδελφὸν τὸν ἐμὸν εὐθαρσῆ μολεῖν ursprünglich ἀδελφὸν τὸν ἐμὸν εὐσπλαγχνον.

Ich kehre zum Dichter zurück. In Bezug auf die in den Text gemischten Erklärungen möchte ich noch ein hervorstechendes Beispiel denunciren. Pers. V. 1000 heisst es in den, der früher (S. 6) besprochenen Stelle des Kommos vorhergehenden Fragen:

ἔταφον, ἔταφον οὐκ ἀμφὶ σκηναῖς
τροχηλάτοισιν ὄπισθεν δ' ἑπόμενοι

und V. 985:

ἔλιπες, ἔλιπες ὦ ὦ δαΐων
Πέρσαις ἀγανοῖς κακὰ πρόκακα λέγεις.

Was sind das für Zusätze hinter ἔλιπες, ἔλιπες und ἔταφον, ἔταφον, welche alle noch von der Frage mit getragen werden wollen? Weder steht uns hier das Mittel der Handschriften, den Stoff unter verschiedene Personen zu vertheilen, zu Gebote, noch reichen Herrmann's Versuche aus, denselben in der Frage oder sonst unterzubringen:

ἔλιπες, ἔλιπες, οἲ' ἰὼ ἰὼ δᾴων
Πέρσαις ἀγανοῖς κακὰ πρόκακα λέγεις;

'an etiam Aspistum et Parthum et Oebarem reliquisti, prout, hei hei, ex illis colligo, quae strenuis Persis ingentia accidisse mala narras?' Und in der Gegenstrophe:

ἔταφον, ἔταφον· οὐκ ἀμφὶ σκηναῖς
τροχηλάτοισιν, ὄπιθεν ἑπόμενοι.

'miror, miror: non circa carpentum tuum sunt, pone sequentes', mit folgendem βεβᾶσι γὰρ τοίπερ ἀκρῶται στρατοῦ. Hier war ἔταφον κ. τ. λ. Frage, wie in der Strophe ἔλιπες. Das in den Handschriften stehende ἔταφον wird zu ἔταφεν rectificirt durch die Erklärung ἐτάφησαν (Schol.

A. auch in Vit. m. Lips. i. G. i. Vind. i. ἀντὶ ἐτάφησαν)
Dies gibt auch hier im Allgemeinen die Richtung des
Gedankens, wie sie in der Strophe durch ἔλιπες gegeben
ist. Dort ist erstlich κακὰ πρόκακα λέγεις nachträglich gemäss V. 990 πρόκακα λέγων hinzugeschrieben ('adscrip-
tum in Par. A.' nach Hermann; daher steht auch das
κακά dabei), um den entstandenen, frei dastehenden Dativ
Πέρσαις ἀγανοῖς zu stützen und zu erklären. Ist es wieder abgestreift, so entnehme ich dem δαΐων, wie V. 282
(s. S. 371. 376 m. Schr.), δαμότας, wovon Πέρσας die Erklärung war (in Vit. steht diese allein), woraus denn die
Frage hervorgeht:
    ἔλιπες, ἔλιπες, ὤ, δαμότας ἀγανούς;
δαμότας ἀγανούς als bedeutsame, durch ein schmerzliches
ὤ (so nur einmal in Ven. B.) eingeleitete Apposition zu
den vorher aufgeführten Namen; nur ein solcher Zusatz
konnte noch in die Frage aufgenommen werden. Was
die Gegenstrophe betrifft, in welcher σκηναῖς τροχηλάτοισιν mit Πέρσαις ἀγανοῖς in keiner Weise in strophisches
Verhältniss treten kann, so ging der früher in V. 1002
gefundenen Antwort: βεβᾶσιν οὐχ ἅπερ ἀκρῶται στρατοῦ
die Frage vorher, ob die ferner Genannten begraben worden, wie es sich gebührt:
    ἔταφεν, ἔταφεν εὐναῖς τροχηλάτοισιν;
d. i. εὐσχημόνως; ἔθος γὰρ ἦν τοῖς Πέρσαις (Schol. A.)
σκηνὰς (=εὐνάς?) τῶν ἁμαξῶν ἄνωθεν ποιουμένοις ἐπιφέρειν
ἐκεῖσε τοὺς νεκρούς, καὶ οὕτως αὐτοὺς προπέμποντες ἔθαπτον.
Die Erklärung führte nun, um den Sinn der Frage her-
auszustellen, selbst antwortend (wodurch das οὐκ entstanden,
was bei Rob. fehlt) aus: (Schol. A.) ἐτάφησαν οὐχὶ ἑπόμενοι (passivisch gemeint gleich προπεμπόμενοι) ὄπισθεν ἐν σκηναῖς τροχηλάτοις, οἷον ἔθανον, οὐκ εὐσχημόνως δὲ ἐτάφησαν.
Diese Erklärung wurde Text. So gestellt, wie sie in den
Handschriften steht: ἐτάφησαν οὐκ ἐν σκηναῖς τροχηλάτοις
ὄπισθεν ἑπόμενοι veranlasste das οὐ seinerseits wieder ein
δέ: ὄπισθεν δ' ἑπόμενοι, wonach nun οὐκ ἐν σκηναῖς τροχηλάτοις auf das Wagenzelt des vermeintlich sprechenden
Xerxes gedeutet wurde (Lips. i. οὐκ ὄντες ἐν ταῖς σκηναῖς
ἦγ. μετ' ἐμοῦ εὑρισκόμενοι. G. i. ὄντες ἦγ. οὐ μετ' ἐμοῦ εὑ-

ρισκόμενοι), aus welcher Erklärung nun noch das ἀμφί hervorgegangen zu sein scheint, und dazu im Gegensatze verstand man nun: ὄπισθεν δ' ἑπόμενοι als (Lips. i. G. i.) ἐν τῇ ὀπισθίῳ τεταγμένοι φάλαγγι (vergl. Vit. οὐκ ἀμφὶ σκηναῖς δ' ἦν = ἦσαν τροχηλάτοισιν ὄπισθεν δ' ἑπόμενοι). Der Schol. Med. hat eine fernere Bemerkung, welche in Vit. m. noch als Theil des Schol. A. dem bei Dind. aus Schol. A. Referirten vorhergeht, worauf denn die edirte Bemerkung mit ἄλλως folgt; sie lautet: ἀπέθανον, ἀπέθανον (dies stammt, wie sich gleich zeigen wird, von βεβᾶσιν), οὐκ ἐπὶ ὀχημάτων ὄντες, ἀλλὰ γυμνοὶ καθεστηκότες. Dies ist die älteste Bemerkung zur Stelle, sie hat aber selbst schon wieder durch das οὐκ des Textes eine Alteration erlitten, in ihrem Originallaute steht sie noch in der Wiener Handschrift: ἀπέθανον, εἰ καὶ ἐπὶ ὀχήματος ὄντες, ἀλλὰ γυμνοὶ καθεστηκότες. Damit wären wir bei dem Originaltexte der Frage und der Antwort angelangt, ehe sie von der Erklärung alterirt wurden. Denn, da hier ἔταφεν εὐναῖς τροχηλάτοισιν und βεβᾶσιν οὐχ ἅπερ ἀκρῶται στρατοῦ aufeinander folgte, so glaubte man dies erklären zu müssen mit ἀπέθανον, εἰ καὶ ἐπὶ ὀχήματος ὄντες, ἀλλὰ γυμνοὶ καθεστηκότες. Das ἔταφον εὐναῖς τροχηλάτοισιν schien zugegeben, durch οὐχ ἅπερ ἀκρῶται στρατοῦ aber ἀλλὰ γυμνοὶ καθεστηκότες ausgedrückt zu werden. — Ich sehe hier also ganze Stücke der Erklärung in den Text gerathen resp. nach und nach in denselben hineininterpolirt; die Stellen gehören zu den in m. Schr. S. 264 ff. zusammengestellten, vergl. das Sieben vor Theben V. 995 in den meisten Handschriften stehende ἰὼ πόνος ὁ ἐφ' ἡμῖν ἐξημμένος. Sehr begreiflich werden uns solche Einmischungen durch Handschriften wie z. B. die Leipziger, wo Text und Interlinear-Commentar mit einer und derselben Dinte und manchmal auch mit so sehr sich nähernder Grösse der Schrift geschrieben sind, dass, wer den Verlauf des Textes nicht genau kennt, nicht im Stande ist, Text und Commentar immer sicher von einander zu unterscheiden. Aus der römischen Litteratur fällt mir eine Stelle der Art aus Tacitus ein, wo eine zum folgenden Capitel gehörende Randbemerkung in den Text geflossen ist: Germania c. 27 fin., wo man liest:

> Haec in commune de omnium Germanorum origine ac moribus accepimus. nunc singularum gentium instituta ritusque, quatenus differant, quae nationes e Germania in Gallias commigraverint, expediam.

Tacitus schrieb nur:

> nunc singularum gentium instituta ritusque, quatenus differant, expediam.

und die Worte: quae nationes e Germania in Gallias commigraverint kommen vom Rande, wo sie zu den im folgenden Capitel aufgeführten Treveri, Nervii, Vangiones u. s. w. gehörten.

Aber auch innerhalb der Strophen, wozu die eben besprochenen Stellen den Schluss bildeten, liegt Alles in Unordnung. Glaubt man wirklich, dass hier vom Dichter Alles nur so in Bausch und Bogen einander entgegengestellt war, wie die Handschriften überliefern und die Ausgaben es fortpflanzen? Ich denke dem Dichter gerechter zu werden, wenn ich annehme, dass auch hier Alles auf's Haar gestimmt habe, dass die Personennamen die Responsion nicht bloss nicht gelockert, sondern dass sie grade zu recht schlagendem Reime benutzt worden sind, und sehe davon noch überall die deutlichen Spuren. Um den Zweifler zu überzeugen, will ich die hervorstechendsten Unegalitäten kurz berühren, zunächst den von Hermann bezeichneten anapästischen Monometer in V. 997 ἱππιάνακτας, dem in der Strophe nichts entspricht. Da muss es denn auffallen, dass in der Wiener Handschrift über dem Namen Ἄλπιστον die Worte καί ἀνεπίστροφον stehen. Es ist dies die Form der Erklärung mit καί, mit Ἄλπιστον selbst aber, worüber sie steht, hat diese Beischrift keine Verbindung, sie schloss sich an an ein Wort dieser Bedeutung, welches die Lücke ausfüllte. Uebersetzt man sie also z. B. in οὐκ ἀπόνοστον (wie ἄνοστος, πολύνοστος, εὔνοστος; ἀνεπίστροφος ist so auch von Schol. Soph. Electr. 182 angewandt: ἀπερίτροπος, ἀνεπίστροφος, ἀνεπέλευστος), so begreift man die Beischrift (οὐκ ἀπόνοστον καί ἀνεπίστροφον) und hat den dem ἱππιάνακτας der Gegenstrophe entsprechen-

ρισκόμενοι), aus welcher Erklärung nun noch das ἀμφί hervorgegangen zu sein scheint, und dazu im Gegensatze verstand man nun: ὄπισθεν δ' ἑπόμενοι als (Lips. i. G. i.) ἐν τῇ ὀπισθίῃ τεταγμένοι φάλαγγι (vergl. Vit. οὐκ ἀμφὶ σκηναῖς δ' ἦν = ἦσαν τροχηλάτοισιν ὄπισθεν δ' ἑπόμενοι). Der Schol. Med. hat eine fernere Bemerkung, welche in Vit. m. noch als Theil des Schol. A. dem bei Dind. aus Schol. A. Referirten vorhergeht, worauf denn die edirte Bemerkung mit ἄλλως folgt; sie lautet: ἀπέθανον, ἀπέθανον (dies stammt, wie sich gleich zeigen wird, von βεβᾶσιν), οὐκ ἐπὶ ὀχημάτων ὄντες, ἀλλὰ γυμνοὶ καθεστηκότες. Dies ist die älteste Bemerkung zur Stelle, sie hat aber selbst schon wieder durch das οὐκ des Textes eine Alteration erlitten, in ihrem Originallaute steht sie noch in der Wiener Handschrift: ἀπέθανον, εἰ καὶ ἐπὶ ὀχήματος ὄντες, ἀλλὰ γυμνοὶ καθεστηκότες. Damit wären wir bei dem Originaltexte der Frage und der Antwort angelangt, ehe sie von der Erklärung alterirt wurden. Denn, da hier ἔταφεν εὐναῖς τροχηλάτοισιν und βεβᾶσιν οὐχ ἅπερ ἀκρῶται στρατοῦ aufeinander folgte, so glaubte man dies erklären zu müssen mit ἀπέθανον, εἰ καὶ ἐπὶ ὀχήματος ὄντες, ἀλλὰ γυμνοὶ καθεστηκότες. Das ἔταφον εὐναῖς τροχηλάτοισιν schien zugegeben, durch οὐχ ἅπερ ἀκρῶται στρατοῦ aber ἀλλὰ γυμνοὶ καθεστηκότες ausgedrückt zu werden. — Ich sehe hier also ganze Stücke der Erklärung in den Text gerathen resp. nach und nach in denselben hineininterpolirt; die Stellen gehören zu den in m. Schr. S. 264 ff. zusammengestellten, vergl. das Sieben vor Theben V. 995 in den meisten Handschriften stehende ἰὼ πόνος ὁ ἐφ' ἡμῖν ἐξημμένος. Sehr begreiflich werden uns solche Einmischungen durch Handschriften wie z. B. die Leipziger, wo Text und Interlinear-Commentar mit einer und derselben Dinte und manchmal auch mit so sehr sich nähernder Grösse der Schrift geschrieben sind, dass, wer den Verlauf des Textes nicht genau kennt, nicht im Stande ist, Text und Commentar immer sicher von einander zu unterscheiden. Aus der römischen Litteratur fällt mir eine Stelle der Art aus Tacitus ein, wo eine zum folgenden Capitol gehörende Randbemerkung in den Text geflossen ist: Germania c. 27 fin., wo man liest:

Haec in commune de omnium Germanorum origine ac moribus accepimus. nunc singularum gentium instituta ritusque, quatenus differant, quae nationes e Germania in Gallias commigraverint, expediam.

Tacitus schrieb nur:

nunc singularum gentium instituta ritusque, quatenus differant, expediam.

und die Worte: quae nationes e Germania in Gallias commigraverint kommen vom Rande, wo sie zu den im folgenden Capitel aufgeführten Treveri, Nervii, Vangiones u. s. w. gehörten.

Aber auch innerhalb der Strophen, wozu die eben besprochenen Stellen den Schluss bildeten, liegt Alles in Unordnung. Glaubt man wirklich, dass hier vom Dichter Alles nur so in Bausch und Bogen einander entgegengestellt war, wie die Handschriften überliefern und die Ausgaben es fortpflanzen? Ich denke dem Dichter gerechter zu werden, wenn ich annehme, dass auch hier Alles auf's Haar gestimmt habe, dass die Persernamen die Responsion nicht bloss nicht gelockert, sondern dass sie grade zu recht schlagendem Reime benutzt worden sind, und sehe davon noch überall die deutlichen Spuren. Um den Zweifler zu überzeugen, will ich die hervorstechendsten Unegalitäten kurz berühren, zunächst den von Hermann bezeichneten anapästischen Monometer in V. 997 $\mathit{i\pi\pi\iota\acute{\alpha}\nu}$-$\alpha\varkappa\tau\alpha\varsigma$, dem in der Strophe nichts entspricht. Da muss es denn auffallen, dass in der Wiener Handschrift über dem Namen Ἄλπιστον die Worte καὶ ἀνεπίστροφον stehen. Es ist dies die Form der Erklärung mit καί, mit Ἄλπιστον selbst aber, worüber sie steht, hat diese Beischrift keine Verbindung, sie schloss sich an an ein Wort dieser Bedeutung, welches die Lücke ausfüllte. Uebersetzt man sie also z. B. in οὐκ ἀπόνοστον (wie ἄνοστος, πολύνοστος, εὔνοστος; ἀνεπίστροφος ist so auch von Schol. Soph. Electr. 182 angewandt: ἀπερίτροπος, ἀνεπίστροφος, ἀνεπέλευστος), so begreift man die Beischrift (οὐκ ἀπόνοστον καὶ ἀνεπίστροφον) und hat den dem ἰππιάνακτας der Gegenstrophe entsprechenden Monometer (vergl. Pind. Nem. VI, 56 Μέμνονος οὐκ ἀπονοστάσαντος). Das Wort, wozu diese in der benutzten Quelle vorgefundene Erklärung gehörte, stand nicht mehr im Text, so schrieb der eintragende Grammatiker sie über ἄλπιστον, wozu sie ihm im Augenblick zu gehören scheinen mochte. Dies ist nun das Wort, welches durch seine Aehnlichkeit das Wegfallen von οὐκ ἀπόνοστον veranlasste. Bei dieser verkürzten Abschrift aber hat, glaube ich ferner, der Name seinen eigentlichen Ausgang eingebüsst, der Held wird Ἀλπίστης genannt gewesen und das überlieferte Ἄλπιστον die unglückliche Zusammenziehung von Ἀλπίσταν οὐκ ἀπόνοστον sein, ein Fehler, den die scheinbare Adjectivnatur des Wortes (in Ask. A. steht sogar ἄπιστον, vergl. V. 984 Οἰβάρην und οἰνοβάρην) unterstützte. Ein solches οὐκ ἀπόνοστον nun kann an dieser Stelle eintreten, wenn es statt mit τοῦ Σησάμα τοῦ Μεγαβάτα mit καί weitergeht, und das war ja an und für sich nothwendig, denn wie sollte sich hier die Genealogie bis in das dritte Zeitalter rückwärts häufen? Es folgte ein neuer Name, es hiess also hier καὶ Σεισάμαν (so lautet der Name noch Colb. 1. in Uebereinstimmung mit V. 322) τοῦ —, wie in der Gegenstrophe nach ἱππιάνακτας: καὶ Δαδάταν; denn, wenn hier καγδαδάταν, κηγδαδάταν u. dergl. überliefert ist, so hat sich die Verbindung καί, welche hier nicht fehlen kann, mit dem Namen vermischt, Ven. B. hat sie noch abgesondert: καὶ Δαδάταν (in Lips. ist noch der zu ἱππιάνακτας oder seiner Erklärung τοὺς ἄνακτας τῶν ἵππων gehörende Artikel heruntergerutscht und hat nun den Namen in den Plural gestellt: τοὺς κηγδαγάτας). Dieses οὐκ ἀπόνοστον scheint nicht allein zwischen den Namen gestanden zu haben, sondern die Aufzählung noch ferner belebt gewesen zu sein: in V. 984, wo Πάρθον, σπάρθον, σπάρθεον, παρθεόν, πύρθον u. s. w. in den Handschriften steht, vermuthe ich φθαρτόν (ἢ καὶ τὸν . . . οὐκ ἀπόνοστον καὶ τὸν . . . φθαρτόν . . . ἔλιπες;), was hier elegant zwischen den Namen stand und mit dem früher (S. 33) besprochenen δεινόν τ' Οἰβάρην:

φθαρτὸν δεινόν τ' Οἰβάρην
die Gegenstrophe bildete zu:

>   Τόλμαν τ' αἰχμᾶς ἀκόρεστον.
>
während dieses Wort, als Name betrachtet, sein τέ erhielt, welches mit der Glosse μέγαν wieder den anapästischen Rhythmus ausfüllte. Es entsprach ferner dem V. 981:
>   μυρία μυρία πεμπαστάν
>
der V. 995 wohl mit:
>   Ξάνθιν ἀρείονα τ' Ἀγχάρην.
>
Und dem V. 994:
>   Μάρδων ἀνδρῶν μυριυταγόν
>
(durch Einmischung der Glosse μυριόταρχον) entsprach nicht das überlieferte: τὸν σὸν πιστὸν πάντ' ὀφθαλμόν, was sich schon durch πάντα verräth, sondern ὀφθαλμόν ist die von der Erklärung als die eigentlich persische Bezeichnung über die Zeile geschriebene Bemerkung, unter welcher das auf dieselbe anspielende Adjectiv des Dichters stand, zu welchem das ὄντα gesetzt wurde, welches hier in Lips. mit γρ. ὄντα beigeschrieben ist und bei Rob. u. Cant. 2. im Text steht:
>   τὸν σὸν πιστόν, τὸν πανεπόπταν
>
vergl. Hesychius und Phavorinus: παντεπόπτης, ὁ πάντα καθορῶν. Auch Schol. Med. hat τὸν ὄντα ὀφθαλμόν, das war: τὸν ὄντα πανεπόπτην (vergl. Prom. V. 944 ff.). So muss es auch Pindar Isthm. VII V. 10 statt des überlieferten:
>   ἐπειδὴ τὸν ὑπὲρ κεφαλᾶς
>   γε Ταντάλου λίθον παρά τις ἔτρεψεν ἄμμι θεός
>
was einen Widerspruch bildet zu der Lehre von der pindarischen Versabtheilung (κεφαλᾶς γε lässt sich mit nichten von einander trennen, was doch der Sinn des durch die syllaba anceps angezeigten Versschlusses ist), heissen:
>   ἐπειδὴ τον ὑπὲρ κεφαλᾶς
>   τὸν Ταντάλου λίθον
>
d. i. τὸν Ταντάλου λίθον τὸν ὑπὲρ κεφαλᾶς, während das zweite τόν wegfiel, da es schon dagewesen zu sein schien (von τόν stammt vielleicht noch das τέ der Handschriften und von diesem γέ); nun steht auch hier, wie es sein sollte, die lange Anfangssilbe, welche der Dichter an der Spitze dieses im übrigen nur kurze Thesen enthaltenden Verses wollte und in den übrigen sieben Strophen ein-

gehalten hat. — Bei Aeschylus entsprach ferner dem ersten Verse der Strophe: ἢ καὶ τὸν Περσᾶν αὐτοῦ (das vorhergehende Athen) nicht das überlieferte καὶ μὴν ἄλλο γε ποθοῦμεν noch auch, wie man schreibt, ἄλλον γε ποθοῦμεν, was weder den hier an sich wahrscheinlichen rhythmischen Klang enthält, noch den richtigen Begriff: nicht von ποθεῖν soll hier die Rede sein, sondern in Anschluss an V. 954 u. 977 von πυνθάνεσθαι; Aeschylus wird geschrieben haben:

καὶ μὴν ἄλλον πευθοίμαν

(Agam. V. 617 Μενελέων δὲ πεύθομαι εἰ νόστιμος κ. τ. λ.), wovon ποθοῦμεν Schreibfehler sein kann, wenn nicht etwa ποθοῦμεν den Inhalt des Optativs wiedergeben sollte und das ganze ποθοῦμεν ἐρωτῆσαί σε (Schol. B. G. i. Lips. i.) die Paraphrase von πευθοίμαν ist (so steht Prometh. V. 20 statt πάγῳ im Med. τόπῳ d. i. ein Stück der Erklärung τόπῳ ὑψηλῷ oder ὀρεινῷ oder κρημνώδει, vergl. Schol. V.117 πάγον, τὸν τραχὺν καὶ κρημνώδη τόπον. V. 130 προσέβα τόνδε πάγον, Schol. προσῆλθε τὸν κρημνώδη τόπον. Hesych. s. v. πάγην (statt πάγον), ὑψηλὸν τόπον). Ποθοῦμεν veranlasste dann das Neutrum ἄλλο und dies den Zusatz von γέ. Nicht anders verhält es sich mit den vorhergehenden, mit Persernamen ausgeschmückten Strophen V. 954—961 und V. 966—974; auch hier bewegte sich Alles in exacter Responsion. Die beiden Anfangsverse sind überliefert mit:

οἲ οἲ οἲ βόα καὶ πάντ᾽ ἐκπεύθου

und:

οἲ οἲ οἲ ποῦ δέ σοι Φαρνοῦχος

Hermann schreibt zu letzterm: inserendum putavi βόα et delendum δέ, ut hic versus:

οἰοιοῖ βόα, ποῦ σοι Φαρνοῦχος

strophico accurate responderet (auch von Dind. aufgenommen). Um diesen Preis dürfen die Verse nicht ausgeglichen werden. Abgesehen von dem Dochmius an dieser Stelle, was ist das denn für eine Verbindung in der Strophe: βόα καὶ πάντ᾽ ἐκπεύθου, clama et sine omnia ex te quaeri?! Das müsste doch wenigstens umgekehrt stehen, wie Schol. Vind. i. schreibt: ἐκπεύθου καὶ λέγε. Wie bei dem ἰωὰ δή des Verses 1070 in Par. B. κραυγή beigeschrieben steht, so war hier zu οἶ οἶ angemerkt: βοή, was denn in den Text gerieth und καί zur Folge hatte. Οἶ οἶ steht in Lips. Ven. B. in der Strophe, in Ven. B. Colb. 1. in der Gegenstrophe nur zweimal. Wäre daher das passivische ἐκπεύθου richtig, so würden die beiden Verse lauten: οἶ οἶ νῦν πάντ' ἐκπεύθου und οἶ οἶ ποῦ σοι Φαρνοῦχος. Aber dieses ἐκπεύθου ist nur durch den vermeintlich sprechenden Xerxes entstanden, den hier alle Handschriften in Folge der schon vorhergehenden Personenverwirrung einfallen lassen (man erklärte es mit ἐρῶτα Schol. B. Lips. i. und τὰ συμβάντα ἐκμάνθανε ἐξ ἐμοῦ Lips. i. G. i.), Aeschylus liess den Chor sagen:

οἶ οἶ, πάντ' ἐκπευθοίμαν

Med. hat noch ἐκπευθοι, die letzte Silbe war gerade überschüssig geworden durch das hinzugekommene καί. Der diese Frage einleitende Schmerzlaut gab die Veranlassung zur Erklärung βοή, und diesem ἐκπευθοίμαν entsprach das spätere καὶ μὴν ἄλλον πευθοίμαν; ich erinnere daran, dass sich grade so die Erklärungen ἐρῶτα und ποθοῦμεν ἐρωτῆσαι entsprechen. Und auf diese Ankündigung der Frage hiess es nun wieder nicht, wie überliefert und beibehalten worden ist: ποῦ δὲ φίλων ἄλλος ὄχλος, worin das δέ nicht an seiner Stelle, sondern (vergl. Rob. ποῦ σοι φίλων):

ποῦ 'στι φίλων ἄλλος ὄχλος.

Damit aber stimmte genau die Gegenstrophe: Ἀριόμαρδός τ' ἀγαθός (es ging vorher Φαρνοῦχός τ', wie Ven. B. noch hat). Dem V. 956 ποῦ δὲ σοὶ παραστάται entspricht in den Ausgaben ποῦ δὲ Σενάλκης ἄναξ, daneben hat aber z. B. Rob. Σενάλης. Die fremden Namen sind, wie überhaupt von Anfang an, so auch noch weiter beim Abschreiben unter andern durch Anlehnung an griechische Wortstämme alterirt worden, so hat hier Med. σ' εὐάλκης, Ox. σενάγκης, Par. C. σεβάγλης u. s. w. Daher wird denn auch die lange Mittelsilbe stammen statt $-\cup-$, vielleicht Σενάκης, wie Ald. hat. Und wenn in den Handschriften selbst noch V. 958 Σοῦσας, Πελάγων καὶ Δατάμας (beispielsweise statt Δοτάμας) einen sich vollständig reimenden

Klang aufweist mit V. 970 *Μέμφις, Θάρυβις καὶ Μυσί-
στρας*, wer kann zweifeln, dass sich auch die folgenden
Verse genau entsprachen? Hier hat die Strophe ein paar
Silben mehr, sie verschwinden, wenn man *Σούσας* und
Σουσισκάνης als eine Dittographie betrachtet und das unter *Σούσας* stehende *Ψάμμις* an seine Stelle einrücken
lässt, wodurch denn der Reim noch enger wird — wenn
nicht etwa noch jener *Ψάμμις* in seiner Originalstellung
auf seinen Nachbar Einfluss geübt und zum *Πελάγων* um-
getauft hat den *Τενάγων* aus V. 306 und diesem, wie dort
(V. 304), ein *Δαδάκης* zur Seite stand (dass dieser dort
cretisch gemessen ist, hindert nicht, es ist auch mit *Σει-
σάμης* und *Ἀρτεμβάρης* der Fall, vergl. V. 322. 983. 29.
302. 971 und *Ἀριόμαρδος* V. 38. 321. 967). Kurz aber,
alle metrischen Differenzen, welche noch übrig bleiben,
wenn der Sinn berichtigt ist, beruhen nur noch auf der
ganz unsichern Namenschreibung: der *Διαιξις*, der jetzt
dem *Βατάνωχος* gleichsteht, kann viersilbig *Διάναιξις* geheissen haben, oder *Βατάνωχος* dreisilbig u. s. w. Aeschylus, der in diesem Kommos früher genannte und neue
Namen frei, ohne Zwang der Auswahl, der Ordnung und der
Stellung, zusammengruppirte, hat dies gewiss so gethan,
dass auch hier alle einzelnen Verse, der allgemeinen
Kunstregel gemäss, mit vollkommenem rhythmischem
Reime an's Ohr des Zuhörers schlugen.

Ich will nur noch eine, von alter Zeit her vielfach
versuchte Stelle der Sieben vor Theben berühren, welche
ich in m. Schr. im Vorbeigehen (S. 487) als noch nicht
berichtigt bezeichnete, ohne meine Meinung über dieselbe
hinzuzufügen. V. 346 ist überliefert: παντοδαπὸς δὲ καρπὸς χαμάδις πεσὼν ἀλγύνει κυρήσας· πικρὸν δ' ὄμμα θαλαμηπόλων mit der Strophe: κορκοριγαὶ δ' ἀν' ἄστυ ποτὶ
πόλιν δ' ὀρκάνα πυργῶτις· πρὸς ἀνδρὸς δ' ἀνὴρ δορὶ καίνεται. Hermann schreibt:

κορκοριγαὶ δ' ἀν' ἄστυ· πρότι δ' ὀρκάνα πυργῶτις.
πρὸς ἀνδρὸς δ' ἀνὴρ ἀμφὶ δορὶ καίνεται

und:

παντοδαπὸς δὲ καρπὸς χαμάδις πεσὼν ἀλγύνει
κυρήσας πικρόν γ' ὄμμα θαλαμηπόλων.

Ritschl (cum olim tum nunc Ind. Schol. aest. 1857):
κορκορυγαὶ δ' ἀν' ἄστυ προτί θ' ὁρκάνᾳ πυργωτῇ·
πρὸς ἀνδρὸς δ' ἀνὴρ δορεί (δόρατι) καίνεται
und, damit nicht übereinstimmend:
παντοδαπὸς δὲ καρπὸς χαμάδις πεσὼν ἀλγύνει
κύρσας πικρὸν ὄμμα θαλαμηπόλων.

Beiderseits ist hier der sogenannte Molossus am Schluss des ersten Verses ohne rhythmischen Sinn. Es sind absichtlich mit schweren Anfangssilben gebildete Dochmien, welche bei πυργῶτις und ἀλγύνει weiter gehen (so sind die Verse auch in den Handschriften noch abgesetzt, nach dem zweiten Dochmius, z. B. in Vit. Lips.), nach dem dritten Dochmius folgt (zu Gunsten der scharfen malenden Schilderung in der Strophe) ein Creticus, dann wieder ein Dochmius mit schwerem Anfang, wie die vorhergehenden; in der Strophe:
κορκορυγαὶ δ' ἀν' ἄστυ προτί θ' ὁρκάναν
πυργῶτιν· πρὸς ἀνδρὸς δ' ἀνὴρ δούρατι καίνεται.

Den vermutheten Accusativ fand ich auch überliefert durch die Glosse φυλακήν in Vit. (φυλακή auch in Med. die Glosse von ὁρκάνα, vergl. Hesych. s. v. εἱρκτή u. ἑρκάνη, φυλακή; das Wort hat viele Deutungen erlitten; ausser den aus den Scholien bereits mitgetheilten steht noch in Lips. i. σκύλευσις δίρκην l. δίκην πύργου περιλαμβάνουσα ἢ ἀφανισμοί l. ἀφανισμός· τοῦτο γὰρ τὸ ὁρκάνα δηλοῖ, in G. i. εἰς τὴν (πόλιν) ἐγείρεται, γίνεται, δίκην πύργου ἀφανισμός, daher auch noch in Schol. B. ἢ τὸ πυργῶτις ἀντὶ τοῦ μεγάλη). Der Nominativ entstand in Folge des aus der Glosse zu ἄστυ hervorgegangenen ποτὶ πόλιν δ'. Das ὑπὸ des Rob. ist Erklärung zu πρὸς ἀνδρός, G. i. hat παρά, Vind. i. διά, und δορί ist die über δούρατι (Soph. Phil. V.721) geschriebene gewöhnlichere Form, die dadurch in Vit. u. a. hinter καίνεται gerieth. Ueber dem von Hermann citirten, verschriebenen κραίνεται des Lips. steht noch σφάζεται. In der Gegenstrophe war das überlieferte πικρὸν δ' ὄμμα θαλαμηπόλων, was Schol. Med. wieder mit πικρὰ θέα umschreibt, Schol. Vit. i. πικρὰ δὲ ἡ θέα καὶ ἀλγεινή, Schol. Vind. i. πικρὰ καὶ ἀλγεινὴ ἡ θεωρία ἐστί, selbst schon die Erklärung des Adjectivs, welches hier stand, durch dessen auflösende Paraphrase auch der Genitiv entstand statt des den beiden Verben gemeinschaftlichen Accusativs, der zu ἀλγύνει nicht fehlen kann (während die Neuern dieses ἀλγύνει auf sich beruhen lassen, erklärt Schol. A. in Vind. m. in der Verzweiflung: ἀλγύνει, λυπεῖ τοὺς πολεμίους θέλοντας οὐχὶ σῖτον, ἀλλ' ὑφάσματα — ein Versuch wie das früher berührte εἰ καὶ ἐπὶ ὀχήματος ὄντες, ἀλλὰ γυμνοὶ καθεστηκότες — daneben steht denn auch die Erklärung: λυπεῖ τὸν ἐντυχόντα αὐτῷ, woran Schol. Med. participirt):

παντοδαπὸς δὲ καρπὸς χαμάδις πεσὼν
ἀλγύνει κυρήσας πικρωποὺς θαλαμηπόλους.

So wurde Pers. V. 563 διαί τ' Ἰαόνων χέρας mit διὰ δὲ τῶν Ἰώνων ἐγένοντο αὗται αἱ συμβολαί erklärt und alle Handschriften haben διὰ δ' Ἰαόνων χέρας im Text. Zu πικρωπός, was zufällig nicht mehr vorkommt, vergl. δεινωπός, ἀγριωπός, γοργωπός, σκυθρωπός, φαιδρωπός, κελαινωπός, κυανωπός, χρυσωπός, εὐωπός, τηλωπός u. s. w. Zu diesem Adjectiv wurde denn auch wohl ursprünglich die doppelte Erklärung gegeben, eine active und eine passive, welche hier im Schol. B., dem Erklärer des Euripides, wortreich ausgeführt ist. Ueber dem verschriebenen κηρύσας in Lips. steht noch ἐπιτυχών, und wenn es zu παντοδαπὸς καρπός in Schol. B. σῖτος, κριθή, κέγχρος, πάνθ' ὁμοῦ χρήματα heisst, so steht statt dieses anaxagoreischen Schlusses in Lips. i. noch das ursprüngliche πάνθ' ὁμοῦ σπέρματα.

Ich hätte die verschiedenen Fälle indirecter, hinter die in unsern Handschriften stehenden Texte zurückgehender Ueberlieferung skizzirt. Es bleibt mir aber noch zu erweisen die Berechtigung zu der dabei häufig stattgehabten Benutzung der Scholien. In vielen Fällen habe ich mich auf einzelne Bestandtheile der Scholiastenbemerkungen als auf einen Ausfluss einer frühern, in den Handschriften nicht mehr vorkommenden Lesart berufen, während dem doch dadurch, dass in denselben Bemerkungen auch die Lesart der Handschriften ausdrücklich genannt wird, der Widerspruch direct zur Seite steht. Wenn ich z. B. sage: Pers. V. 428 ist νυκτὸς οἶμα auch überliefert durch die Worte des Scholiasten A: νὺξ ἐπιγενομένη, so steht aber in derselben Bemerkung grade vorher τὸ ὄμμα τῆς μελαίνης καὶ σκοτεινῆς νυκτός. Wenn ich Sieben vor Theben V. 498 behaupte, auch der Scholiast A. zeugt durch die Erklärungen ἐνθουσιᾷ καὶ ὁρμᾷ für die verschwundene Lesart μαιμᾷ, so heisst es aber ausdrücklich bei ihm βακχᾷ καὶ ἐνθουσιᾷ καὶ ὁρμᾷ. Oder, wenn ich mich Pers. V. 120 auf des Scholiasten ἀντηχήσει τοῖς θρήνοις und μὴ ἀντηχήσῃ als auf eine Folge eines ursprünglichen μὴ ἀντίδουπον ᾖ γόοις berufe, so nannte ja aber derselbe Scholiast unmittelbar vorher wörtlich die Lesart der Handschriften ἀντίδουπον ἔσεται. Missbrauche ich also nicht den schönen Namen der Ueberlieferung, ist es nicht ein willkührliches Aufraffen zufälligen Scheines, ein unsicheres Hineintragen einer Supposition, im besten Falle ein ungewisses Rathen und kommt es so nicht wieder der Conjectur gleich, was ich Benutzung der Ueberlieferung nenne? Eine ausreichende Beantwortung dieser Frage ist für die Kritik von Wichtigkeit: es handelt sich, wenn auch nicht um die Existenz (denn die ungemischten Erklärungen anderer Lesarten in den Randscholien und die Interlinear-Glossen sind daneben noch übrig), so doch um die Ausdehnung der wichtigsten Quelle der Kritik, der ältesten Ueberlieferung. Im Allgemeinen hat man, was den angeregten Punkt betrifft, sich bisher, so viel ich sehe, dagegen so verhalten: nennt der Scholiast eine bestimmte Lesart, so hat man davon Act genommen und die Sache damit in kritischer Hinsicht für abgemacht gelten lassen — die Widersprüche, die Unbegreiflichkeiten, welche sich daneben vielfach herausstellen, sind Niemanden entgangen, aber man setzte sie, wie es scheint, blindlings auf Rechnung der Exegese und liess sie so auf sich beruhen. Geht man dagegen davon aus, dass sich Alles in der Welt, auch der Ursprung des Unsinns, müsse begreifen lassen, fixirt man jenen Wirrwarr in den Scholien als eine geschichtliche Thatsache, welche sich über ihre Entstehung ausweisen muss, so tritt eine geschichtliche Aufklärung in's Mittel, welche die Bestandtheile verschiedener Urheber und Zeiten scheidet; an dem Rohstoff der Scholien, wie sie uns überkommen sind, sondert sich

phrase auch der Genitiv entstand statt des den beiden Verben gemeinschaftlichen Accusativs, der zu ἀλγύνει nicht fehlen kann (während die Neuern dieses ἀλγύνει auf sich beruhen lassen, erklärt Schol. A. in Vind. m. in der Verzweiflung: ἀλγύνει, λυπεῖ τοὺς πολεμίους θέλοντας οὐχὶ σῖτον, ἀλλ' ὑφάσματα — ein Versuch wie das früher berührte εἰ καὶ ἐπὶ ὀχήματος ὄντες, ἀλλὰ γυμνοὶ καθεστηκότες — daneben steht denn auch die Erklärung: λυπεῖ τὸν ἐντυχόντα αὐτῷ, woran Schol. Med. participirt):

παντοδαπὸς δὲ καρπὸς χαμάδις πεσὼν
ἀλγύνει κυρήσας πικρωποὺς θαλαμηπόλους.

So wurde Pers. V. 563 διαί τ' Ἰαόνων χέρας mit διὰ δὲ τῶν Ἰώνων ἐγένοντο αὗται αἱ συμβολαί erklärt und alle Handschriften haben διὰ δ' Ἰαόνων χέρας im Text. Zu πικρωπός, was zufällig nicht mehr vorkommt, vergl. δεινωπός, ἀγριωπός, γοργωπός, σκυθρωπός, φαιδρωπός, κελαινωπός, κυανωπός, χρυσωπός, εὐωπός, τηλωπός u. s. w. Zu diesem Adjectiv wurde denn auch wohl ursprünglich die doppelte Erklärung gegeben, eine active und eine passive, welche hier im Schol. B., dem Erklärer des Euripides, wortreich ausgeführt ist. Ueber dem verschriebenen κηρύσας in Lips. steht noch ἐπιτυχών, und wenn es zu παντοδαπὸς καρπός in Schol. B. σῖτος, κριθὴ, κέγχρος, πάνθ' ὁμοῦ χρήματα heisst, so steht statt dieses anaxagoreischen Schlusses in Lips. i. noch das ursprüngliche πάνθ' ὁμοῦ σπέρματα.

Ich hätte die verschiedenen Fälle indirecter, hinter die in unsern Handschriften stehenden Texte zurückgehender Ueberlieferung skizzirt. Es bleibt mir aber noch zu erweisen die Berechtigung zu der dabei häufig stattgehabten Benutzung der Scholien. In vielen Fällen habe ich mich auf einzelne Bestandtheile der Scholiastenbemerkungen als auf einen Ausfluss einer frühern, in den Handschriften nicht mehr vorkommenden Lesart berufen, während dem doch dadurch, dass in denselben Bemerkungen auch die Lesart der Handschriften ausdrücklich genannt wird, der Widerspruch direct zur Seite steht. Wenn ich z. B. sage: Pers. V. 428 ist νυκτὸς οἶμα auch überliefert durch die Worte des Scholiasten A: νὺξ ἐπιγενομένη, so

steht aber in derselben Bemerkung grade vorher τὸ ὄμμα
τῆς μελαίνης καὶ σκοτεινῆς νυκτός. Wenn ich Sieben vor
Theben V. 498 behaupte, auch der Scholiast A. zeugt
durch die Erklärungen ἐνθουσιᾷ καὶ ὁρμᾷ für die verschwundene Lesart μαιμᾷ, so heisst es aber ausdrücklich
bei ihm βακχᾷ καὶ ἐνθουσιᾷ καὶ ὁρμᾷ. Oder, wenn ich
mich Pers. V. 120 auf des Scholiasten ἀντηχήσει τοῖς θρήνοις und μὴ ἀντηχήσῃ als auf eine Folge eines ursprünglichen μὴ ἀντίδουπον ἢ γόοις berufe, so nannte ja aber derselbe Scholiast unmittelbar vorher wörtlich die Lesart der
Handschriften ἀντίδουπον ἔσεται. Missbrauche ich also
nicht den schönen Namen der Ueberlieferung, ist es nicht
ein willkührliches Auraffen zufälligen Scheines, ein unsicheres Hineintragen einer Supposition, im besten Falle
ein ungewisses Rathen und kommt es so nicht wieder der
Conjectur gleich, was ich Benutzung der Ueberlieferung
nenne? Eine ausreichende Beantwortung dieser Frage
ist für die Kritik von Wichtigkeit: es handelt sich, wenn
auch nicht um die Existenz (denn die ungemischten Erklärungen anderer Lesarten in den Randscholien und die
Interlinear-Glossen sind daneben noch übrig), so doch um
die Ausdehnung der wichtigsten Quelle der Kritik, der
ältesten Ueberlieferung. Im Allgemeinen hat man, was
den angeregten Punkt betrifft, sich bisher, so viel ich
sehe, dagegen so verhalten: nennt der Scholiast eine bestimmte Lesart, so hat man davon Act genommen und
die Sache damit in kritischer Hinsicht für abgemacht gelten lassen — die Widersprüche, die Unbegreiflichkeiten,
welche sich daneben vielfach herausstellen, sind Niemanden entgangen, aber man setzte sie, wie es scheint, blindlings auf Rechnung der Exegese und liess sie so auf sich
beruhen. Geht man dagegen davon aus, dass sich Alles
in der Welt, auch der Ursprung des Unsinns, müsse begreifen lassen, fixirt man jenen Wirrwarr in den Scholien als eine geschichtliche Thatsache, welche sich über
ihre Entstehung ausweisen muss, so tritt eine geschichtliche Aufklärung in's Mittel, welche die Bestandtheile verschiedener Urheber und Zeiten scheidet; an dem Rohstoff
der Scholien, wie sie uns überkommen sind, sondert sich

phrase
Verber
fehlen
beruf
zwei
ŏīr
rü
τ

das Unzugängliche und das was die Zeiten nach und nach *daran ausgewetzt haben, bis nun* letzten Worte wieder von *ein kleiner aber* werthvoller Bestandtheil *rothen Metalles bleibt in der* Hand des Kritikers zurück, *zur Herstellung* der lädirten Stellen des Dichters *den er nun zu verwerthen kann.* Das möchte ich denn noch für *uns verwerthen* nachweisen, muss dazu aber freilich die *sich und genau* Geduld des Lesers einen Augenblick in Anspruch nehmen. Denn es gilt hier herabzusteigen in das *eigenthümliche* Dämmerlicht jener Jahrhunderte, aus welchem auch der exegetische Inhalt jener Scholien und die Texte selbst in ihrem handschriftlichen Zustande hervorgegangen sind. Man erinnert sich z. B. der zu Grunde gegangenen Agdabater Pers. V. 924 Ἀγδαβάται γὰρ πολλοὶ φῶτες, χώρας ἄνϑος — ἐξέφϑινται, Schol. A. Ἀγδαβάται γὰρ, ὅ ἐστιν ἔϑνος Περσῶν, ἐξέφϑινται, Schol. Med. ἔϑνος Περσῶν. τὸ ἑξῆς· Ἀγδαβάται γὰρ ἐξέφϑινται, Schol. B. πολὺ ἀναβλαστήσαν γένος ἀνδρῶν ἦσαν οἱ Ἀγδαβάται, oder der δίδυμα ἁμάρτια Pers. V. 676 Schol. A. Ξέρξου καὶ Πέρσου τινός, Schol. Med. δύο, Πέρσου καὶ Ξέρξου, oder der δίδυμα κακά des Oedipus Sieben vor Theben V. 782, Schol. Med. τὸ τῶν δύο ὀφϑαλμῶν στερηϑῆναι· ἐν γὰρ κακὸν τὸ ἑνὸς στερηϑῆναι, δύο δὲ τὸ ἀμφοτέρων, oder der in Πιστά zusammengezogenen persischen Stadt Πίστειρα, womit in Schol. A. und Med. der Anfang der Perser: τάδε μὲν Περσῶν τῶν οἰχομένων πιστὰ καλεῖται erklärt wird u. s. w. Was ist aus solchen Händen zu erwarten?

Betrachten wir zuerst den unverfänglichen Fall: wie es verschiedenen Erklärungen einer und derselben Lesart nach und nach ergeht.

Pers. V. 945 wurden die ἀλίτυπα βάρη einerseits erklärt mit τὰ σώματα τῶν Περσῶν (Schol. A. Vit. m. Vind. m.), andrerseits mit τὰ ἐν τῇ ϑαλάττῃ γινόμενα δυστυχήματα (Schol. B. Lips. i. G. i.). Es sind dies zwei verschiedene Erklärungen: einmal wird βάρη concret genommen, wie βάρη νεῶν, das andremal begrifflich, wie βάρη κακῶν. Wenn nun Schol. A. schreibt: τὰ βάρη καὶ τὰ δυστυχήματα τὰ ἀλίτυπα, τὰ τῇ ϑαλάσσῃ τυφϑέντα· λέγει δὲ τὰ σώματα τῶν Περσῶν (auch Vit. i. τὰ ἐν τῇ θαλάσσῃ τυφθέντα δυστυχήματα· λέγει δὲ τὰ σώματα τῶν Περσῶν), so sieht man, dass er, beide Erklärungen vorfindend, der einen (τὰ ἐν τῇ θαλάττῃ τυφθέντα σώματα τῶν Περσῶν) ungeschickt die andere (δυστυχήματα) bei- und einmischt. Wenn es zu τί μέλλομεν ἀγάστονοι; Sieben vor Theben V. 99 in Schol. A. (auch Vit. m. Vind. m.) heisst: τί βραδύνομεν καὶ οὐχ ἱκετεύομεν, ὦ ἀγάστονοι, ἡμεῖς (Vit. ἤτοι) αἱ ὑπὸ τοῦ στόνου ἀγόμεναι καὶ κατεχόμεναι ἢ λίαν θρηνοῦσαι, so wird ἀγάστονοι einmal von ἄγειν und στόνος hergeleitet (auch Vind. i. αἱ ὑπὸ τοῦ στόνου ἀγόμεναι. Schol. Vit. m. excerpirt nur diese Erklärung), das anderemal von ἄγαν und στένειν (λίαν θρηνοῦσαι. Hesych. ἄγαν, λίαν). Während diese beiden Erklärungen bei Dind. noch durch ἢ getrennt sind, hat der Schreiber einer Wiener Handschrift sie, ohne sich die zu Grunde liegende Verschiedenheit der Erklärung näher deutlich zu machen, durch καί gleichgestellt: ὑπὸ τοῦ στόνου ἀγόμεναι καὶ κατεχόμεναι καὶ λίαν θρηνοῦσαι; es schien ja weiter kein Unterschied darin zu sein. Sieben vor Theben V. 686 heisst es zu τί μέμηνας, τέκνον; im Schol. B. bei Dind. γράφεται καὶ μέμονας καὶ μέμηνας, καὶ τὸ μὲν μέμηνας ἀντὶ τοῦ ἐκμαίνῃ, τὸ δὲ μέμονας; ἀντὶ τοῦ μένῃς εἰς ταύτην τὴν γνώμην καὶ οὐκ ἀφίστασαι. In den addendis bringt Dindorf aus einer andern Haudschrift: ἀντὶ τοῦ προθυμῇ εἰς ταύτην τὴν γνώμην καὶ οὐκ ἀφίστασαι, μένος γὰρ ἡ προθυμία; so steht auch in Vit. m. und ·Lips. m. Es liegen hier die bekannten zwei Erklärungen von μέμονας zu Grunde: als μένειν und προθυμεῖσθαι (Etym. magn. πῶς μέμονας, πῶς προθυμῇ). Die Worte εἰς ταύτην τὴν γνώμην und οὐκ ἀφίστασαι gehören zu der erstern und sind daher richtig mit μένῃς verbunden. Darüber ist denn in den andern Handschriften die andere Erklärung mit προθυμῇ und dem Zusatze μένος γὰρ ἡ προθυμία als vermeintliche Verbesserung eingetragen: mit Beibehaltung jener ihr ursprünglich ganz fremden Bestandtheile. Was die Stelle selbst betrifft, so ist τί μέμονας, τέκνον, wie ich schon früher bemerkte, unmetrisch, es muss heissen: οὐ μέμονας, τέκνον; d. i. οὐ μένεις; d. i. μεῖνον, wie es in der Comödie hundas Ursprüngliche und das, was die Zeiten nach und nach daran angesetzt haben, bis zum letzten Worte wieder von einander ab und ein kleiner, aber werthvoller Bestandtheil edlen Metalles bleibt in der Hand des Kritikers zurück, den er nun zur Herstellung der lädirten Stellen des Dichters verwerthen kann. Das möchte ich denn noch für sich und genau nachweisen, muss dazu aber freilich die besondere Geduld des Lesers einen Augenblick in Anspruch nehmen. Denn es gilt hier herabzusteigen in das eigenthümliche Dämmerlicht jener Jahrhunderte, aus welchen auch der exegetische Inhalt jener Scholien und die Texte selbst in ihrem handschriftlichen Zustande hervorgegangen sind. Man erinnert sich z. B. der zu Grunde gegangenen Agdabater Pers. V. 924 Ἀγδαβάται γὰρ πολλοὶ φῶτες χώρας ἄνθος — ἐξέφθινται, Schol. A. Ἀγδαβάται γὰρ, ὅ ἐστιν ἔθνος Περσῶν, ἐξέφθινται, Schol. Med. ἔθνος Περσῶν. τὸ ἑξῆς· Ἀγδαβάται γὰρ ἐξέφθινται, Schol. B. πολὺ ἀναβλαστῆσαν γένος ἀνδρῶν ἦσαν οἱ Ἀγδαβάται, oder der δίδυμα ἁμάρτια Pers. V. 676 Schol. A. Ξέρξου καὶ Πέρσου τινός, Schol. Med. δύο, Πέρσου καὶ Ξέρξου, oder der δίδυμα κακά des Oedipus Sieben vor Theben V. 782, Schol. Med. τὸ τῶν δύο ὀφθαλμῶν στερηθῆναι· ἐν γὰρ κακὸν τὸ ἑνὸς στερηθῆναι, δύο δὲ τὸ ἀμφοτέρων, oder der in Πιστά zusammengezogenen persischen Stadt Πίστειρα, womit in Schol. A. und Med. der Anfang der Perser: τάδε μὲν Περσῶν τῶν οἰχομένων πιστὰ καλεῖται erklärt wird u. s. w. Was ist aus solchen Händen zu erwarten?

Betrachten wir zuerst den unverfänglichen Fall: wie es verschiedenen Erklärungen einer und derselben Lesart nach und nach ergeht.

Pers. V. 945 wurden die ἀλίτυπα βάρη einerseits erklärt mit τὰ σώματα τῶν Περσῶν (Schol. A. Vit. m. Vind. m.), andrerseits mit τὰ ἐν τῇ θαλάττῃ γινόμενα δυστυχήματα (Schol. B. Lips. i. G. i.). Es sind dies zwei verschiedene Erklärungen: einmal wird βάρη concret genommen, wie βάρη νεῶν, das andremal begrifflich, wie βάρη κακῶν. Wenn nun Schol. A. schreibt: τὰ βάρη καὶ τὰ δυστυχήματα τὰ ἀλίτυπα, τὰ τῇ θαλάσσῃ τυφθέντα· λέγει δὲ τὰ σώματα τῶν Περσῶν (auch Vit. i. τὰ ἐν τῇ θαλάσσῃ τυφθέντα δυστυχήματα· λέγει δὲ τὰ σώματα τῶν Περσῶν), so sieht man, dass er, beide Erklärungen vorfindend, der einen (τὰ ἐν τῇ θαλάττῃ τυφθέντα σώματα τῶν Περσῶν) ungeschickt die andere (δυστυχήματα) bei- und einmischt. Wenn es zu τί μέλλομεν ἀγάστονοι; Sieben vor Theben V. 99 in Schol. A. (auch Vit. m. Vind. m.) heisst: τί βραδύνομεν καὶ οὐχ ἱκετεύομεν, ὦ ἀγάστονοι, ἡμεῖς (Vit. ἤτοι) αἱ ὑπὸ τοῦ στόνου ἀγόμεναι καὶ κατεχόμεναι ἢ λίαν θρηνοῦσαι, so wird ἀγάστονοι einmal von ἄγειν und στόνος hergeleitet (auch Vind. i. αἱ ὑπὸ τοῦ στόνου ἀγόμεναι. Schol. Vit. m. excerpirt nur diese Erklärung), das anderemal von ἄγαν und στένειν (λίαν θρηνοῦσαι. Hesych. ἄγαν, λίαν). Während diese beiden Erklärungen bei Dind. noch durch ἢ getrennt sind, hat der Schreiber einer Wiener Handschrift sie, ohne sich die zu Grunde liegende Verschiedenheit der Erklärung näher deutlich zu machen, durch καί gleichgestellt: ὑπὸ τοῦ στόνου ἀγόμεναι καὶ κατεχόμεναι καὶ λίαν θρηνοῦσαι; es schien ja weiter kein Unterschied darin zu sein. Sieben vor Theben V. 686 heisst es zu τί μέμηνας, τέκνον; im Schol. B. bei Dind. γράφεται καὶ μέμονας καὶ μέμηνας, καὶ τὸ μὲν μέμηνας ἀντὶ τοῦ ἐκμαίνῃ, τὸ δὲ μέμονας ἀντὶ τοῦ μένῃς εἰς ταύτην τὴν γνώμην καὶ οὐκ ἀφίστασαι. In den addendis bringt Dindorf aus einer andern Haudschrift: ἀντὶ τοῦ προθυμῇ εἰς ταύτην τὴν γνώμην καὶ οὐκ ἀφίστασαι, μένος γὰρ ἡ προθυμία; so steht auch in Vit. m. und ·Lips. m. Es liegen hier die bekannten zwei Erklärungen von μέμονας zu Grunde: als μένειν und προθυμεῖσθαι (Etym. magn. πῶς μέμονας, πῶς προθυμῇ). Die Worte εἰς ταύτην τὴν γνώμην und οὐκ ἀφίστασαι gehören zu der erstern und sind daher richtig mit μένῃς verbunden. Darüber ist denn in den andern Handschriften die andere Erklärung mit προθυμῇ und dem Zusatze μένος γὰρ ἡ προθυμία als vermeintliche Verbesserung eingetragen: mit Beibehaltung jener ihr ursprünglich ganz fremden Bestandtheile. Was die Stelle selbst betrifft, so ist τί μέμονας, τέκνον, wie ich schon früher bemerkte, unmetrisch, es muss heissen: οὐ μέμονας, τέκνον; d. i. οὐ μένεις; d. i. μεῖνον, wie es in der Comödie hundertmal so heisst: οὗτος, σὺ ποῖ θεῖς; οὐ μενεῖς; οὗτος, τί φεύγεις, οὐ μενεῖς; u. dergl. (Acharn. 564. Equ. 240. Thesm. 696. Av. 354. Plut. 440 u. s. w.), vergl. Eurip. Iphig. Aul. V. 1495 ἵνα δόρατα μέμονε κ. τ. λ. Wenn Schol. A. anfängt: ὁ χορὸς βλέπων τὸν Ἐτεοκλέα σπεύδοντα πρὸς πόλεμον ἐξελθεῖν, φησὶ πρὸς αὐτόν, so folgte hier ursprünglich: οὐ μενεῖς; — Zu der bald darauf folgenden Stelle V. 689:

ἐπεὶ τὸ πρᾶγμα δεῦρ' ἐπισπέρχει θεός,
ἴτω κατ' οὖρον κῦμα Κωκυτοῦ λαχόν,
Φοίβῳ στυγηθὲν, πᾶν τὸ Λαΐου γένος.

heisst es in Schol. A.: ἐπεὶ βούλημά ἐστι τοῦ θεοῦ τοῦ Ἀπόλλωνος τὸ ἡμᾶς ἀποθανεῖν καὶ αὐτὸς ἐπισπεύδει καὶ βιάζει τοῦτο, ἐλθέτω πρὸς τὸν Ἅδην ἅπαν τὸ τοῦ Λαΐου γένος, ἤγουν ἡμεῖς οἱ ἀπὸ τοῦ Λαΐου καταγόμενοι. ἐλθέτω οὖν, φησὶ, κατ' εὐθεῖαν τὸ τοῦ Κωκυτοῦ κῦμα (οὗτος δὲ ποταμὸς Ἅιδου, οὗ πορθμεὺς ὁ Χάρων), ἐπειδὴ πᾶν τὸ Λαΐου γένος κεκλήρωται τούτῳ, ὑπὸ τοῦ Ἀπόλλωνος μισηθέν. Damit sind zwei verschiedene Erklärungen gegeben, welche auf zweierlei Construction beruhen, die eine, die richtige, nimmt πᾶν τὸ Λαΐου γένος als Subject, κῦμα Κωκυτοῦ λαχόν als Participium dazu, und erklärt daher: ἐλθέτω πρὸς τὸν Ἅδην (d. i. κῦμα Κωκυτοῦ λαχόν) ἅπαν τὸ τοῦ Λαΐου γένος. Die andere nimmt κῦμα Κωκυτοῦ als Subject, dazu λαχόν πᾶν τὸ Λαΐου γένος als Participium, und erklärt daher: ἐλθέτω κατ' εὐθεῖαν τὸ τοῦ Κωκυτοῦ κῦμα, ἐπειδὴ πᾶν τὸ Λαΐου γένος κεκλήρωται τούτῳ (d. i. die passive Paraphrase von λαχόν πᾶν τὸ Λαΐου γένος). Während nun Schol. A., der diese beiden Erklärungen vorfindet, sie beide nebeneinander stellt, als kämen sie auf eins und dasselbe hinaus — wie die Verbindung ἐλθέτω οὖν, φησὶ, zeigt, ohne Bewusstsein der ganz verschiedenen Erklärung (das Aehnliche kann man hundertfach bei den Scholiasten beobachten) —, so ist Schol. Med. oberflächlich genug, beide Erklärungen auch noch durcheinander zu mischen. Denn, während er sich die zweite auswählt, setzt er aber an die Stelle von ἐλθέτω, was bei dieser Erklärung zu κῦμα Κωκυτοῦ gehört, ἀπίτω, was nur zu dem Subject der ersten Erklärung, zu πᾶν τὸ Λαΐου γένος, passt: ἀπίτω, schreibt er, κατ' εὐθεῖαν τὸ τοῦ Κωκυτοῦ κῦμα (οὗτος δὲ ποταμός εἰς leg. ἐστιν Ἅιδου, οὗ πορθμεὺς ὁ Χάρων), ἐπειδὴ πᾶν τὸ γένος τὸ Λαΐου κεκλήρωται τούτῳ, ὑπὸ τοῦ Ἀπόλλωνος μισηθέν. In der ersten Erklärung des Schol. A. soll das Geschlecht des Laios hinschwinden (ἴτω, ἐλθέτω), in der zweiten soll die Welle des Kokytos herankommen (ἴτω, ἐλθέτω), der Schol. Med. lässt nun des Kokytos Welle hinschwinden (ἀπίτω — Κωκυτοῦ κῦμα).

So viel zur vorläufigen Characteristik der betreffenden Personen. Wir wollen nun beobachten, wie sie sich im fraglichen Falle benehmen: bei den Erklärungen verschiedener Lesarten.

Wenn Sieben vor Theben V. 772 Schol. A. schreibt: ὁ βίος τῶν ἀνθρώπων ὁ πολύβοτος καὶ ὁ πολλοὺς τρέφων ἢ ὑπὸ τῶν πολλῶν ἐμβατευόμενος ἢ ὁ ἐπὶ πολὺ ἐκτεινόμενος, so wird kaum Jemand daran zweifeln, dass er, diese Erklärungen von πολύβοτος und πολίβατος vorfindend, dieselben ohne Bewusstsein der zu Grunde liegenden verschiedenen Lesarten aneinander reiht und Alles dem πολύβοτος auf Rechnung schreibt; vom Schol. Med. ist dies ganz deutlich: ihm gefallen die beiden letzten Erklärungen am besten, er setzt sie ruhig zu seinem Lemma: πολύβοτός τ' αἰών· ὁ ὑπὸ πολλῶν ἐμβατευόμενος ἀνδρῶν· ἢ ὁ ἐπὶ πολὺ ἐκτεινόμενος. Pers. V. 904 schreibt Schol. A. νῦν δὲ πάλιν οὐκ ἀμφιβόλως, ἀλλ' ἀληθῶς ταῦτα φέρομεν ἐν τοῖς πολέμοις, δηλαδὴ τὰς ἐπελθούσας ἡμῖν συμφοράς, τὰς ἐκ θεοῦ τραπείσας πρὸς ἡμᾶς. ἢ θεόθρεπτα, τὰ ἐκ θεῶν τρεφόμενα καὶ αὐξανόμενα δι' ἡμᾶς. ἢ ὑπὸ θεῶν ἐνεχθέντα καὶ θεοῖς δόξαντα. Es sind vier verschiedene Lesarten, welche hier erklärt werden: τὰς ἐκ θεοῦ τραπείσας gibt θεότρεπτα wieder (die Lesart in Vit. G.); τὰ ἐκ θεοῦ τρεφόμενα ist θεόθρεπτα (was der Scholiast selbst anführt); ὑπὸ θεῶν ἐνεχθέντα ist θεόπεμπτα (Rob. θεόπεπτα, auch in Lips. angemerkt, wozu des Schol. B. θεόπεμπτα als Correctur gehört) und θεοῖς δόξαντα ist θεόπρεπτα (Med. Lips. u. s. w.). Der Scholiast, der diese Erklärungen verschiedener Lesarten vorfand und zusammenschrieb, hat dabei kaum von mehr als zwei Lesarten Bewusstsein gehabt; die beiden letzten verbindet er, wie Schol. Med., der diese allein aufführt: ὑπὸ θεῶν ἐνεχθέντα καὶ θεοῖς δοξαντα, als sei es eins und dasselbe, mit καὶ. Sieben vor Theben V. 949 schreibt zu dem ὑπὸ δὲ σώματι γᾶς πλοῦτος ἄβυσσος ἔσται der Handschriften Schol. A. und Med. πολλὴ τῆς γῆς ἀφθονία ὑποκείσεται αὐτοῖς. ἢ οὕτως, ὑπὸ γῆν δὲ ὁ πολὺς πλοῦτος αὐτῶν κέκρυπται, ἀντὶ τοῦ ἐν ἀφανεῖ. Bei der ersten Erklärung wird γᾶς πλοῦτος ἄβυσσος ἔσται ὑπὸ σώματι construirt (daher auch die Variante ὑπὸ σώμασι); bei der zweiten mag sich der Scholiast, wie Schol. B., ὑπὸ σώματι γᾶς verbunden gedacht haben, in der That gehört sie zu dem erst von Blomfield wieder hergestellten ὑπὸ δὲ χώματι γᾶς. Dasselbe ist in beiden Erklärungen des Schol. B. der Fall, auch hier werden die vorgefundenen Erklärungen der richtigen Lesart dem Fehler im Texte angepasst: τοῦτο διχῶς νοητέον, ἢ ὅτι ἔσται αὐτοῖς ὑπὸ τῷ σώματι τῆς γῆς, ἤγουν ὑπὸ τῷ Ἅιδῃ, πλοῦτος πολύς, ἢ ὁ πολὺς πλοῦτος καὶ ἡ εὐδαιμονία, δι' ἣν οὕτως ἀθλίως ἀπώλοντο, ὑπὸ τῷ Ἅιδῃ ἔσται αὐτοῖς. ἔστι δὲ ἀμφότερα κατ' εἰρωνείαν. Aehnlich heisst es bei Schol. G. m. ὑπὸ δὲ σώματι γᾶς: ὑποκάτω τῆς γῆς εἶπεν (l. εἰπεῖν) καὶ ὑποκάτω τοῦ σώματος τῆς γῆς ταὐτόν· ὑποκάτω δὲ τῆς γῆς ἔσται αὐτοῖς πλοῦτος ἄβυσσος, ἤγ. μεγίστη ἀφθονία τῆς ἐν ᾅδου ἀπεράντου βιοτῆς.

Wir sehen also: man benutzt und schreibt das Vorgefundene zusammen, ohne sich dabei noch im Detail deutlich zu machen, woher das eine und das andere eigentlich stamme, und, wie wir in den Interlinearglossen die Erklärungen verschiedener Lesarten nebeneinander gestellt fanden (τραπέντες und τρωθέντες, ὑβριζόμενον und προσκεκαρφωμένον, ἕνωσιν und μέτρον u. s. w.), so trat ich auch den Scholiasten nicht zu nahe, sondern ging ganz auf ihre Weise und Gewohnheit ein, wenn ich z. B. Sieben vor Theben V. 696 des Schol. O. u. P. ἀδακρύτοις, ἀναλγήτοις διὰ τὸ τυφλοὺς εἶναι τοὺς ὀφθαλμοὺς τοῦ Οἰδιπόδος auf ἀκλαύστοις und ἀκλάστοις zurückführte, oder Pers. V. 372 des Schol. A. τοσαῦτα, φησίν, εἶπεν ὁ Ξέρξης ὑπὸ ἀλαζόνος καὶ τερπομένης διανοίας λίαν auf ὑπερθύμου und ἐπ' εὐθύμου φρενός; man schrieb hier die vorgefundene Erklärung der richtigen Lesart zu jener der verschriebenen des Textes, obschon das ὑπό selbst nur an jener richtigen

Lesart hing, während das durch Schreibfehler entstandene ὑπερθύμου φρενός mit einem ὤν hätte erklärt werden oder aber der Dativ hätte sein müssen, der denn auch noch, wie es scheint, als Folge des Schreibfehlers in einigen Handschriften (Lips. Mosc.) sich eingestellt hat (er könnte allerdings auch mit einem κάρθ' ὑπέρθυμος φρενί zusammenhängen). Sieben vor Theben V. 576 finden wir aus P. angemerkt γρ. πρόσσπορον (u. πρόσπορον Q.) ἀντὶ τοῦ ἐκ τοῦ αὐτοῦ σπόρου, was auf die Lesart ὁμόσπορον zurückgeht, aber schon halb von dem durch das verlängerte αὐθ' entstandenen πρόσμορον afficirt ist (in Schol. Vind. m. heisst es πρόσμορον δὲ ἀδελφὸν ἢ πρόσπορον τὸν ἐκ τοῦ αὐτοῦ σπόρου). Versuchen, dergleichen auf verschiedenen Lesarten beruhende Erklärungen durch Ueberarbeitung einander näher zu bringen und zusammenfallen zu lassen, begegneten wir bei dem μετὰ στεναγμοῦ φέρει (ὑπυστεγάζει und ὑποστενάζει) Prometh. V. 430 und dem βρέμει καὶ ἠχεῖ καὶ ὀργίλον καὶ μανικὸν πνέει (βρέμει und μαιμᾷ) Sieben vor Theben V. 378. So hat man auch ebendaselbst V. 89 die Erklärung von εὐτρεπής mit der Lesart εὐπρεπής vereinigen wollen durch (Schol. O.) τοῖς ὅπλοις κεκοσμημένος, und Pers. V. 978 die beiden Lesarten ἀπαίρουσι und ἀσπαίρουσι durch (Schol. A.) ἀπαίρουσι καὶ ὑποχωροῦσι καὶ θνήσκουσι.

Wenn wir bisher die Erklärungen verschiedener Lesarten nebeneinander gestellt sahen, so denke man sich nun an der Stelle einer dieser Erklärungen die betreffende Lesart in natura und man hat das Gespann, wovon ich im Vorhergehenden so häufig das eine Glied zu Gunsten der Kritik abzulösen versuchte: ῥέουσαν καὶ πολλὰ λέγουσαν VII, 556, ich sagte: φλύουσαν καὶ πολλὰ λέγουσαν; βαχχᾷ καὶ ἐνθουσιᾷ καὶ ὁρμᾷ VII, 497, ich interpretirte: μαιμᾷ καὶ ἐνθουσιᾷ καὶ ὁρμᾷ; πανώλης καὶ ἀνδρεῖος καὶ πολεμικός Pers. 732, ich bemerkte: παναλκὴς καὶ ἀνδρεῖος καὶ πολεμικός; ἀντίδουπον ἔσεται, ἤτοι ἀντηχήσει τοῖς θρήνοις Pers. 117, ich behauptete: ἀντίδουπον ἢ γόοις liegt zu Grunde; τὴν ἔριν ἤτοι τὴν ὀργὴν τοῦ Διός VII, 428, ich rechnete: ἔριν = ἐρινὺν = νέμεσιν = ὀργὴν u. s. w. Es ist dasselbe, was wir auch in den Interlinearglossen fanden: die überlieferte

Erklärung ward fortgepflanzt, dort über, hier neben dem anders lautenden Texte. Im Grunde dürfen wir uns nicht allzu sehr darüber wundern: wir thaten heute ganz dasselbe, nur aus anderm Grunde. Haben wir nicht alle über jene überlieferten Erklärungen anderer Lesarten hinweggelesen? Wir fanden die Lesarten selbst nicht mehr in unsern Texten, das schwächte unsern Blick — jene Scholiasten waren in gleichem Falle — der Unterschied besteht nur darin, dass wir unsere griechischen Vorgänger geringschätzend uns um ihr Detail nicht näher kümmerten, jene aber umgekehrt so sorgfältig alles Vorliegende aufhoben, dass sie auch das Widersprechendste nicht bei Seite liegen liessen, und dafür sollen sie denn heute höchlich gelobt und die Kritik immer mehr angespornt sein, die auf diese Weise aufbewahrten Goldkörner zu Gunsten des Dichters aufzulesen.

Wir wollen bei Gelegenheit der so kurz und knapp mit den falschen Lesarten zusammengestellten Erklärungen der richtigen beobachten, wie bei kleinen, auf einzelne leicht nachgebende Buchstaben beschränkten Differenzen die Vorlage mit fortgerissen wird. Wie wir Sieben vor Theben V. 785 nicht zweifeln konnten, dass des Schol. O. P. $\alpha\rho\alpha\iota\alpha\varsigma$ $\varkappa\alpha\iota$ $\varkappa\alpha\tau\alpha\rho\alpha\varsigma$ ursprünglich $\alpha\rho\alpha\varsigma$ $\varkappa\alpha\iota$ $\varkappa\alpha\tau\alpha\rho\alpha\varsigma$ geheissen und sich erst in Folge des im Text entstandenen $\alpha\rho\alpha\iota\alpha\varsigma$ verändert habe, so steht V. 963 zu $\mu\varepsilon\lambda\varepsilon\acute{o}\pi o\nu o\varsigma$ in Schol. B. $\mathring{\eta}\gamma o\upsilon\nu$ $\mu\acute{\varepsilon}\lambda\varepsilon\alpha$ $\pi o\nu\acute{\eta}\sigma\alpha\varsigma$ $\pi\rho\grave{o}\varsigma$ $\tau\grave{o}\nu$ $\grave{\alpha}\delta\varepsilon\lambda\varphi\acute{o}\nu$ — man sieht es dem Ausdrucke selbst noch an, dass es ursprünglich $\mu\acute{\varepsilon}\lambda\varepsilon\alpha$ $\pi o\iota\acute{\eta}\sigma\alpha\varsigma$ $\pi\rho\grave{o}\varsigma$ $\tau\grave{o}\nu$ $\grave{\alpha}\delta\varepsilon\lambda\varphi\acute{o}\nu$ geheissen hat ($\mu\acute{\varepsilon}\lambda\varepsilon\alpha$ $\pi o\nu\varepsilon\tilde{\iota}\nu$ $\pi\rho\acute{o}\varsigma$ würde ein Erklärer so wenig sagen, wie ein Dichter $\mu\varepsilon\lambda\varepsilon\acute{\upsilon}\pi o\nu o\varsigma$ activ); die parallelen $\mu\varepsilon\lambda\varepsilon o\pi o\iota\acute{o}\varsigma$ und $\mu\varepsilon\lambda\varepsilon o\pi\alpha\vartheta\acute{\eta}\varsigma$ erklärte man auch einander parallel mit $\mu\acute{\varepsilon}\lambda\varepsilon\alpha$ $\pi o\iota\acute{\eta}\sigma\alpha\varsigma$ $\pi\rho\grave{o}\varsigma$ $\tau\grave{o}\nu$ $\grave{\alpha}\delta\varepsilon\lambda\varphi\acute{o}\nu$ und $\mu\acute{\varepsilon}\lambda\varepsilon\alpha$ $\pi\alpha\vartheta\grave{\omega}\nu$ $\pi\alpha\rho$' $\alpha\grave{\upsilon}\tau o\tilde{\iota}$, wie es im Schol. B. heisst, nur mit Ausnahme des in Folge des verschriebenen Textes entstandenen ν. Etwas Andres sind z. B. die Erklärungen des Schol. G. i. $\mathring{\alpha}\vartheta\lambda\iota o\varsigma$ $\upsilon\pi\acute{\alpha}\rho\chi\varepsilon\iota\varsigma$ $\pi o\nu\tilde{\omega}\nu$ und $\mathring{\alpha}\vartheta\lambda\iota o\varsigma$ $\upsilon\pi\acute{\alpha}\rho\chi\varepsilon\iota\varsigma$ $\pi\alpha\vartheta\grave{\omega}\nu$, welche schon direct aus der verschriebenen Lesart hervorgingen (wenn es bei Dind. Pers. V. 751 Schol. B. $\grave{o}\nu$ $\pi o\iota\acute{\eta}\sigma\alpha\varsigma$ $\pi o\lambda\grave{\upsilon}\nu$ $\pi\lambda o\tilde{\upsilon}\tau o\nu$ $\sigma\upsilon\nu\acute{\varepsilon}\lambda\varepsilon\xi\alpha$ heisst statt $\pi o\nu\acute{\eta}\sigma\alpha\varsigma$ d. i. die Erklärung des richtigen πολὺς πλούτου πόνος, so ist dies wohl nur Druckfehler, bei Victorius steht richtig πονήσας). Sieben vor Theben V. 564 steht in den Handschriften καὶ τριχὸς ὀρθίας πλόκαμος ἵσταται. Ich machte auf die Glosse ὀρθός in Schol. G. i. aufmerksam als auf die Ueberlieferung des richtigen ὄρθιος. Wenn es nun ferner in Schol. G. m. heisst: ὁ δὲ πλόκαμος τῆς ἐμῆς τριχὸς ἵσταται ὀρθίας γεγενημένης, so verräth uns die Stellung der Worte noch, dass es ursprünglich ὁ πλόκαμος τῆς ἐμῆς τριχὸς ἵσταται ὄρθιος γεγενημένος geheissen hat; nur erst in Folge des Textes wurde anders geschrieben. Auch in dem mehrfach berührten Scholion A. zu Pers. 732: τῶν Βακτρίων δὲ ἔρρει καὶ ἐφθάρη πᾶς δῆμος ὁ πανώλης ἤτοι ὁ ἀνδρεῖος καὶ πολεμικός zeigt die ganze Redeweise, dass dieses πανώλης ursprünglich einen andern Inhalt (den im Folgenden angegebenen) gehabt und nicht zu ἔρρει gehört hat; man hätte sonst ἔρρει καὶ ἐφθάρη πανώλης πᾶς δῆμος geschrieben; aber die vorgefundene Erklärung zwang zu sagen πᾶς δῆμος ὁ πανώλης, obschon das nicht mehr zu dem inzwischen anders gewordenen Worte passte. Hiketiden V. 498, wo in den Handschriften:

φύλαξαι μὴ θράσος τέκῃ φόβον·
καὶ δὴ φίλον τις ἔκταν' ἀγνοίας ὕπο.

steht, hat man versucht, φόβον durch Erklärung (die eine tiefsinniger und unmöglicher, als die andere) zu schützen und sich dabei (ausser auf ein zu vermeidendes böses Omen, was doch der folgende Vers bringen würde) auf den Scholiasten berufen, worin es heisst: μὴ θαρρήσας μόνος ἀπελθεῖν φοβηθῶ ὑπό τινος, allein auch diesem Ausdrucke sieht man es wohl noch an und für sich an, dass er ursprünglich gelautet hat: μὴ θαρρήσας μόνος ἀπελθεῖν φονευθῶ ὑπό τινος, dass also der Vorlage nur das Wort im Munde herumgedreht wurde in Folge des inzwischen verschriebenen Textes. Auch Sieben vor Theben V. 981 wird des Schol. Med. σωθεὶς ἀπὸ τῆς φυγῆς nur nachträglich durch den Text entstanden sein statt des ursprünglichen συθεὶς ἀπὸ τῆς φυγῆς. (Dem Schol. Med. zu V. 636 habe ich vielleicht Unrecht gethan, wenn ich ihn mit denen zusammenstellte, welche καὶ κτανεῖν θανών im Texte annahmen, weil bei ihm geschrieben steht: συστῆσαί σοι καὶ φονεῦσαι ἀποθανὼν ἐγγύς; es wird nur Schreibfehler sein, da sein Verwandter Schol. A. (von dieser Verwandtschaft später mehr) auch nur φονεύσας σε φονευθῆναι πέλας σοῦ hat (auch Vit. m., wie O., καὶ φονεύσαντά σε φονευθῆναι), wie alle Texte κτανὼν θανεῖν πέλας, was denn erklärt wurde mit φονεύσας ἀποθανεῖν ἐγγύς). — Dass dergleichen Einwirkung des vorliegenden Textes auf die Feder des Scholiasten, während er seine Vorlage copirt, wirklich stattgefunden hat, kann man noch aus Vergleichung der verschiedenen Handschriften constatiren. Pers. V. 598 heisst es zu dem in Med. und den meisten Handschriften stehenden φίλοι, κακῶν μὲν ὅστις ἔμπορος κυρεῖ, was Schol. A. mit ἤγουν ἐμπλέων τῶν κακῶν zu erklären sucht (der Schreibfehler ἔμπορος statt ἔμπειρος ist entstanden durch die Schreibart des Diphthongs ει, bei welcher er die Gestalt des ο annimmt; so ist er in Vit. u. Schol. Lips. m. grade noch an dieser Stelle geschrieben) in Schol. B. bei Dind.: ἐκεῖνος ὁ ἄνθρωπος, ὅστις ἔμπορος καὶ μέτοχος καὶ συνήθης ἐστὶ κακῶν. Man braucht nicht erst zu untersuchen, ob diese Erklärungen nicht von dem richtigen ἔμπειρος stammen (auch Vind. hat so, mit der Glosse ἐπιστήμων), im Schol. G. m. und Lips. m. steht dieselbe Bemerkung noch mit ὅστις ἔμπειρος καὶ μέτοχος καὶ συνήθης, wie hier auch die Texte ἔμπειρος haben. In allen Fällen also haben wir die Thatsache vor uns, dass die Scholienvorlage dem Text sich accomodirt. Während es zu Sieben vor Theben V. 754 in einem Wiener Codex noch richtig: γονὴν συγγενικὴν σπεῖραι ὑπέμεινε heisst, finden wir bei Dind. in Schol. A. σπείρας, wie in dem Text der Handschriften. Und ebendaselbst V. 113, wo in der Bemerkung des Schol. O. πλησίον κύκλῳ τῆς πόλεως ἐχόντων λόφους πλαγίους τείνοντας, unter Einwirkung der Lesart δοχμολόφους, λόφους statt λόχους geschrieben ist, hat Schol. G. m., wie wir sahen, richtig: τῶν λοχαγῶν τῶν καθιστάντων τοὺς ἑαυτῶν λόχους πλαγίους.

Wenn es nun also deutlich vor Augen liegt, wie unsere Scholiasten ihre Vorlage benutzen, ohne sich über etwaige derselben zu Grunde liegende andere Lesarten den Kopf zu zerbrechen, so fühle ich mich in meinem Rechte, wenn ich in eine Bemerkung, wie die des Schol. A. zu Pers. V. 428: ἕως τὸ ὄμμα τῆς μελαίνης καὶ σκοτεινῆς νυκτὸς ἤτοι αὐτὴ ἡ νὺξ ἐπιγενομένη ἔλυσεν αὐτοὺς τῆς μάχης frei hineingreife und die Worte ἡ νὺξ ἐπιγενομένη auf das von Schol. Vind. i. bezeugte νυκτὸς οἶμα beziehe, ohne mich von dem vorhergehenden τὸ ὄμμα τῆς μελαίνης νυκτός davon abhalten zu lassen; oder wenn ich aus der Bemerkung des Schol. B. zu Pers. 163 die Worte ὁ πλοῦτος, ὃς τὸν ὑπερμαχοῦντα οὐκ ἔχει, ὁ πλοῦτος ὁ μὴ ἀσφαλής auslese und sie zusammen mit dem μὴ δυναμένων βοηθεῖν der Schol. G. i. Vind. i. für eine ältere Lesart ἀναλκῶν (neben dem persönlichen ἄναλκις, feige, ἀναλκής, wie πυναλκής) zeugen lasse, trotzdem, dass ausdrücklich daneben steht: τοῦτο γάρ ἐστι τὸ ἄνανδρον. Wenn es Pers. V. 93 zu dem τίς ὁ κραιπνῷ ποδὶ πηδήματος εὐπετοῦς ἀνάσσων; der Handschriften in Schol. O. P. heisst: τίς οὖν ὁ ἐν ταχυτάτῳ ποδὶ ἀνάσσων (bei Dind. heisst es hier schon ἀνίσσων, Vit. m. hat nur erst ἀνάσσων καὶ κρατῶν) τοῦ εὐπετέος καὶ συντόμου πηδήματος τῆς Ἄτης ἤτοι ὑπερπηδῆσαι δυνάμενος αὐτῆς τὰ θήρατρα καὶ ἐκφυγεῖν ταχέως, ist da nicht unverkennbar, dass in dem ersten Absatze das in den Handschriften stehende πηδήματος ἀνάσσων erklärt wird, in dem zweiten aber ein dem benutzten Commentare zu Grunde liegendes θηρήματος ἀνάσσων (ὑπερπηδῆσαι δυνάμενος τὰ θήρατρα), und dass der Grammatiker zu jenem πηδήματος, was er in der Handschrift vor sich hatte, auch noch das ursprünglich von der Erklärung zu θηρήματος hinzugefügte τῆς Ἄτης, wie er es in der Handschrift angemerkt fand, hinzusetzte, obschon es zu πηδήματος nicht passt?

Sieben vor Theben V. 759 ist überliefert:
κακῶν δ' ὥσπερ θάλασσα κῦμ' ἄγει·
τὸ μὲν πιτνόν, ἄλλο δ' ἀείρει
τρίχαλον ὃ καὶ περὶ πρύμναν πόλεως καχλάζει.

Schol. A. u. Med. bemerken dazu: τὰ κακὰ ὥσπερ θαλάσσῃ ἔοικε καὶ τὰ μὲν ἐπὶ Λαΐου γέγονε, τὰ δὲ ἐπὶ Οἰδίποδος, τὰ δὲ νῦν· ἅτινα βρέμει καὶ ἠχεῖ περὶ τὸ ἄκρον τῆς πόλεως· τοῦτο δὲ λέγει, ὅτι τὸ μὲν τῶν κακῶν κῦμα πίπτει, τὸ δὲ ἐγείρεται, τὸ δὲ περὶ τὴν ναῦν προσρήγνυται. Ich behaupte nun: der zweite Absatz τοῦτο δὲ λέγει κ. τ. λ. ist zu dem überlieferten Texte erfunden; die voranstehende Bemerkung aber ist eine Erklärung zu dem noch richtigen Texte:

τὰ μὲν πίτνον, ἄλλα δ' ἀείρει
τρίχαλον, ὃ νῦν περὶ πρύμναν πολέως καχλάζει

(auf die Mittelsilbe von τρίχαλον fallen zwei Arsen: $\smile \stackrel{\rule{0.5em}{0.4pt}}{-} \smile \smile \stackrel{'}{-} \smile \smile \stackrel{'}{-} \mid \stackrel{'}{-} \smile \smile \stackrel{'}{-} \smile \stackrel{'}{-} \stackrel{'}{-}$, dadurch tritt das Wort auch deutlich als Subject von ἄλλα ἀείρει hervor; in der Strophe fällt dieser gedehnte Klang auf das Wort πατρόκτονον). Der überlieferte Text entstand dadurch, dass man, statt an κακά, an κῦμα festhielt und nun τὸ μὲν schrieb (τὸ μὲν τῶν κακῶν κῦμα, wie es im zweiten Abschnitt des Scholiasten heisst), wozu nun πιτνόν als Participium trat, und ἄλλο δέ. In dem Scholiasten ist die zweite Erklärung an die erste angeknüpft, wie in der früher berührten Bemerkung zu V. 689 ἐλθέτω οὖν, φησί, oder Pers. V. 1 in Schol. A. zu der Erklärung πιστὰ καὶ πιστώματα die von πιστά als Πίστειρα (Schol. Vit. m. hat dort statt ἀγνοοῦντες richtig ἀγνοοῦσιν — ὅτι ὑποπτεύσαντες ἀγνοοῦσιν ist der Satz — aber am Schluss steht bei ihm statt πιστά: στίψος, sic, der Schluss von πιστά und der Anfang vom folgenden ἔφη! Zu Πίστειρα merkt er übrigens an: γρ. Πίστεια). Der Schol. Med. spricht sich dort entschiedener (V. 1 und 2) für die Erklärung mit Πίστειρα aus.

Erschreckender sieht aus, ist dem Wesen nach aber gleicher Art, die Erklärung des Schol. A. zu Sieben vor Theben V. 676 κνημῖδας, τὰς τοῖς ποσὶ καὶ τοῖς σκέλεσι περιβαλλομένας πρὸς φυλακήν. ἢ κνημῖδας τὰ σκουτάρια· καὶ γὰρ ταῦτά τις περιπεφραγμένος ἐντέχνως καὶ περικαλυψάμενος φυλάσσει ὅλον τὸ ἑαυτοῦ σῶμα, καὶ οὐ προσβολαὶ καὶ ῥίψεις συνεχεῖς τῶν βελῶν καθάπτονται καὶ ἐμβάλλονται τῷ αὐτοῦ σώματι, ὡς περιτετειχισμένῳ καὶ καλῶς ὡπλισμένῳ. Im Texte hatte der Schreiber, wie wir, κνημῖδας vor sich, das erklärt er hier primo loco. In seiner Vorlage war aber von τεύχη die Rede und von dem πτερῶν πρόβλημα, dem Schild. So weit von einander lagen diese Dinge eben nicht, die *κνημῖδες* sind wenigstens ein Theil der Rüstung; was von dieser gilt, passt gewissermaassen auch zu jenen und wie viel mehr zum Schilde; es kam also nur darauf an, die partes unter einander und dem totum gleichzustellen; dies wird denn erreicht durch die Alles zusammenfassende kühne Wendung: ἢ τὰ σκουτάρια· καὶ γὰρ ταῦτά τις περιπεφραγμένος ἐντέχνως καὶ περικαλυψάμενος φυλάσσει ὅλον τὸ ἑαυτοῦ σῶμα κ. τ. λ.

Wir haben das Maass der in unsern Scholien vorliegenden Verwirrung immer noch nicht ausgemessen; zunächst müssen wir nun weiter beobachten, wie die Erklärungen verschiedener Lesarten, statt noch möglichst getrennt nebeneinander zu treten, zu einer einzigen Erklärung zusammenverbunden werden.

Sieben vor Theben V. 440 stellte Ritschl statt des überlieferten: Καπανεὺς δ' ἀπειλεῖ δρᾶν παρεσκευασμένος her: Καπανεὺς δὲ δεινὰ δρᾶν παρεσκευασμένος. Man hat dies seitdem wieder anzweifeln wollen (Keck): es muss als überliefert betrachtet werden, denn Schol. A. schreibt zu der Stelle: ὁ Καπανεὺς δὲ ὡπλισμένος ἀπειλεῖ κακὰ ποιεῖν εἰς ἡμᾶς. Ἀπειλεῖ hat er aus dem Text, κακὰ ποιεῖν aus dem Commentar: ὡπλισμένος ist παρασκευασμένος (Vit. m. behält παρασκευασμένος bei, Schol. B. hat besser ηὐτρεπισμένος), κακὰ ποιεῖν ist δεινὰ δρᾶν (Hesychius: δεινός, κακός . δρᾶσαι, ποιῆσαι). Er verbindet beides mit einander und mag sich seinerseits etwa dabei vorstellen, dass jenes κακά hinzuzudenken sei (ἔξωθεν λαμβανομένου τοῦ κακά), wie es auch so in die Handschriften zwischen die Zeilen zu ἀπειλεῖ eingetragen ist: Vind. i. ποιῆσαι πολλὰ κακά. Vit. i. ποιεῖν κακά. Lips. i. τελεῖς κακά (zu dem dort verschriebenen δρᾷς), nur G. i. schreibt etwas behutsamer ποιεῖν τοιαῦτα. Das genirt den Scholiasten nicht, dass er nach dem beibehaltenen ἀπειλεῖ nun das πέμπει εἰς οὐρανόν κ. τ. λ. ohne Verbindung bringen muss; so fand er es ja auch im Texte.

Sieben vor Theben V. 244, wo überliefert ist: τούτῳ γὰρ Ἄρης βόσκεται φόνῳ βροτῶν, und φόβῳ βροτῶν, schreibt Schol. A. bei Dind.: ἐν τούτῳ γὰρ τῷ ὀδύρεσθαι καὶ θρηνεῖν βόσκεται ὁ Ἄρης ἤτοι τρέφεται ἐν αἵματι τῶν σφαττομένων τῷ φόβῳ τῶν βροτῶν· χαυνούμενοι γὰρ ὑπὸ τῶν θρήνων καὶ τῶν ὀδυρμῶν οὐκέτι καιρίως (Vit. κυρίως) μαχόμενοι ἵστανται ἀνδρείως καὶ κατὰ τῶν ἀντιπάλων ἀνδρικῶς στρατευόμενοι, ἀλλὰ τὰ νῶτα κλίναντες ἀναιροῦνται εὐθύς. Dies sind nicht etwa zwei (bei τῷ φόβῳ τῶν βροτῶν) zufällig aneinander geschobene Bemerkungen (ursprünglich vielleicht, aber nicht mehr in der Hand unsres Scholiasten), sondern schon der Anfang ἐν τούτῳ γὰρ τῷ ὀδύρεσθαι καὶ θρηνεῖν steht mit dem Schluss χαυνούμενοι γὰρ ὑπὸ τῶν θρήνων καὶ τῶν ὀδυρμῶν κ. τ. λ. in Verbindung, es ist eine Erklärung der Lesart φόβῳ βροτῶν, in welche hinein aber auch noch mit ἐν αἵματι σφαττομένων die Erklärung von φόνῳ βροτῶν aufgenommen ist. Schol. Vit. m. hat an der Stelle von φόβῳ βροτῶν dieses φόνῳ βροτῶν selbst, was während es die Sinnlosigkeit nach der einen Seite hin mildert, dieselbe nach der andern nur noch steigert. So sind bei Schol. G. m. zu VII, 83: τὸ σῶμα ἡμῶν λαμβάνουσα ἐν τοῖς δεμνίοις die Erklärungen von ἐλεδέμας (τὸ σῶμα) und ἐλεδέμνας (ἐν τοῖς δεμνίοις) in einander gesteckt.

Was wir unsern Scholiasten in dieser Hinsicht zumuthen können, zeigt auch folgendes compakte Beispiel des Schol. Med. Pers. V. 194 stand geschrieben:

ἡ δ' ἐσφάδαζε καὶ χεροῖν ἐν τῇ δίφρου (δίφρον)
διασπαράσσει καὶ ξυναρπάζει βίᾳ
ἄνευ χαλινῶν καὶ ζυγὸν θραύει μέσον.

und die Scholiasten suchen das ἐν τῇ auf verschiedene Weise zu erklären: man verbindet ἐν τῇ χεροῖν Schol. A. bei Dind. aus P.: ἐν τῇ καὶ ἐν ταύτῃ (δεικτικῶς) τῶν χειρῶν (ὑπέδειξε γὰρ ἢ τὴν ἀριστερὰν ἢ τὴν δεξιάν) διασπαράσσει καὶ ῥήσσει τὸν δίφρον ἐν βίᾳ καὶ βιαστικῶς, und so Schol. B. ἐν ταύτῃ τῇ δεξιᾷ, Schol. G. i. und Lips. i. δεικτικῶς ἐν ταύτῃ τῇ δεξιᾷ. Schol Vit. m., O., A., wie er früher gedruckt war, nimmt χεροῖν selbstständig und verbindet ἐν τῇ βίᾳ: καὶ διὰ τῶν χειρῶν ἐν τῇ τοῦ δίφρου βίᾳ ῥήσσει τὸν δίφρον καὶ συναρπάζει ἄνευ χαλινῶν, womit denn auch noch δίφρου und δίφρον zugleich untergebracht war. Und was ist des Schol. Med. Erklärung: ἐν τῇ βίᾳ δίφρου χαλινὰ ῥήσσει? Mit nichten eine reine Wiedergabe des richtigen Textes (ἔντη δίφρου διασπαράσσει), sondern ein Gemisch, ähnlich wie der Text selbst, welcher in Med. so geschrieben ist: ἐντῇ δίφρου. Sein ἐν τῇ βίᾳ ist noch die Erklärung des Schol. A. in Vit. u. O., wahrscheinlich gehört auch noch, wie bei jenen, das δίφρου dazu, und sein χαλινὰ ῥήσσει ist nur die unbewusste Wiedergabe von ἔντη, wie auch in G. und Lips. neben dem ausdrücklichen δεικτικῶς ἐν ταύτῃ τῇ δεξιᾷ zwischen den Zeilen noch ἐστασίαζεν ὥστε ῥήσσειν τὰ χαλινά steht. — Ich bemerke bei dieser Gelegenheit, dass man sehr behutsam damit sein müsse, den Scholiasten éiner Handschrift durch den einer andern zu verbessern. Ueberall, wo den verschiedenen Redactionen verschiedene Auffassungen und Erklärungen zu Grunde liegen (dessen man sich daher vorher wohl versichern muss), ich muss mehr sagen: überall, wo nur irgend ein, wenn auch noch so unbedeutend scheinender Sinnunterschied, ein Wort mehr oder weniger, vorliegt, darf diese (bei Behandlung der verschiedenen Scholien zuweilen angewandte) Methode nicht Fuss fassen, wenn die Ueberlieferung nicht in Frage gestellt werden soll. Es wäre nicht anders, als wenn man die verschiedenen Gestaltungen, unter welchen uns z. B. eine Mythe im Alterthum vorgetragen wird, blindlings zu éiner Form ausgleichen wollte, statt aus der Vergleichung aller die Geschichte jener Mythe sich deutlich zu machen. So hat sich auch bei diesen Scholien der ursprüngliche Stoff (und ihn als den ältesten Zeugen zu vernehmen ist, was die Kritik suchen muss) manchmal wie in eine flüssige Substanz aufgelöst, welche nun, dem Proteus gleich, alle möglichen Farben und Gestalten angenommen hat; so wie diese sind, müssen sie alle unter die kritische Lupe, um hier über ihren Ausgangspunkt Aufklärung zu geben; éin fehlendes Mittelglied kann die zum Ursprung zurückführende Reihenfolge undeutlich machen, und das unter sich Widersprechendste gibt manchmal dadurch, dass es die ältesten Bestandtheile noch in sich birgt, den meisten Aufschluss — es werden uns noch unzweideutige Belege zu dieser Behauptung begegnen.

Sieben vor Theben V. 335 steht in allen Handschrifton: διαμεῖψαι δωμάτων στυγερὰν ὁδόν. Ich habe darauf aufmerksam gemacht, dass die Scholien durch διαμειβούσας τὴν τῆς αἰχμαλωσίας ὁδόν, ἐλθεῖν μεμισημένην ὁδὸν εἰς δουλείαν, αἰχμαλωτισθῆναι καὶ δούλας εἰς ξένην χώραν ἀπελθεῖν noch das richtige διαμεῖψαι δουλείας στυγερὰν ὁδόν erklären. Gleichwohl bleibt daneben auch δωμάτων bei ihnen berührt, ohne δουλείας (ἀπὸ τῶν ἑαυτῶν δωμάτων διαμεῖψαι καὶ ὑδεῦσαι ὁδὸν στυγερὰν καὶ μίσους ἀξίαν oder ἀτίμως ἐκ τῶν δωμάτων ἑλκομένας διαμεῖψαι στυγερὰν ὁδόν), und mit δουλείας, wie in Schol. G. διελθεῖν μεμισημένην ὁδὸν εἰς δουλείαν δηλονότι ἐκ τῶν δωμάτων, und scheint sich das der Grammatiker wieder so zu denken, dass εἰς δουλείαν hinzuzusuppliren sei. Die Erklärung hatte einen Kreislauf gemacht: zu διαμεῖψαι δουλείας στυγερὰν ὁδόν hatte sie ἐκ τῶν ἑαυτῶν δωμάτων hinzugefügt, und, als davon δωμάτων in den Text gerathen war, fügte sie nun (aus der Vorlage) δουλείας hinzu, δωμάτων dem ursprünglichen Zusatze gemäss, aber unberechtigt als ἐκ oder ἀπὸ δωμάτων auffassend, worin ihr denn die neuern Erklärer folgten.

Und nun wäre uns noch der für die Kritik wichtigste Fall zurück, dass der Grammatiker den in seiner Commentarvorlage angegebenen Sinn so sicher in dem inzwischen geänderten Texte wieder zu erkennen glaubt, dass er ihn um jeden Preis in denselben recht eigentlich hinein interpretirt, wo es denn darauf ankommt, jedesmal das Stichwort zu finden, welches den Bann löst und die im Scholiasten vorliegende chemische Mischung wieder in ihre ursprünglichen zwei Bestandtheile zersetzt. Durchsichtig liegt, was ich meine, z. B. noch vor: Sieben vor Theben V. 902, wo in den Handschriften steht: μενεῖ κτέανά τ' ἐπιγόνοις, was die Scholiasten denn vorab seinem Wortlaute gemäss mit τὰ χρήματα — ἀπομενεῖ καὶ ἐπικτηθήσεται τοῖς ἐπιγόνοις καὶ τοῖς συγγενέσιν ἐκείνων, τουτέστιν ἄλλοι κερδήσουσι τὰ χρήματα — paraphrasiren. In dem Commentare aber finden sie die Erklärungen: τὰ ὀνείδη διήξει μέχρι τῶν ἐπιγόνων, τοῖς ὕστερον ἔσται λόγος, womit dort der Text: μενεῖ φῆμις ἐπιγόνοισιν wiedergegeben war. Indem sie sich nun bestreben, das κτέανα des Textes mit dieser Erklärung in Einklang zu bringen, fügen sie hinzu (Schol. A. Med.) ἢ οὕτως, τὰ κτέανα ταῦτα, οἷον τὰ ὀνείδη, διήξει μέχρι τῶν ἐπιγόνων. κτέανα δὲ εἶπεν ὡς ἐπὶ οὐσίας, οἱονεὶ κληρονόμοι τῶν παθῶν ἐκείνων καὶ τῶν ὀνειδῶν οἱ παῖδες γενήσονται, ὀνειδιζόμενοι τὴν τῶν προγόνων ἀπώλειαν u. s. w.

Ebenso kann man Sieben vor Theben V. 273 noch deutlich die halsbrechenden Winkelzüge verfolgen, womit die Scholiasten den zu den Worten Διρκῆς τε πηγῆς τοῖς τ' ἀπ' Ἰσμηνοῦ λέγω geschriebenen Commentar in dem ihnen, wie uns, vorliegenden Text Διρκῆς τε πηγαῖς οὐδ' ἀπ' Ἰσμηνοῦ λέγω wiederzufinden sich bemühen. Da versuchen sie denn: οὐκ ἀριθμῷ τοὺς ἀπὸ τῶν Θηβῶν, τῆς ἐμῆς δηλαδὴ πόλεως (Ἰσμηνὸς γὰρ ποταμὸς Θηβῶν), ὡς δῆλον ὄντος ὅτι τιμῶνται καὶ ἐγγράφονται τοῖς τιμωμένοις oder οὐδὲ λέγω τοὺς θεοὺς τοὺς ἀπὸ τοῦ Ἰσμηνοῦ, ἀλλὰ μόνον τοὺς ἀπὸ τῆς Δίρκης· ἐτιμῶντο γὰρ καὶ αὐτοὶ οἱ παρὰ τῷ Ἰσμηνῷ (Vict. οἱ ἀπὸ τοῦ Ἰσμηνοῦ) παρὰ τοῖς Θηβαίοις, oder οὐδ' ἀφαιρῶ τοῦ λόγου καὶ τῆς εὐχῆς τὸν Ἰσμηνὸν καὶ τοὺς ἐν αὐτῷ θεούς, oder, wie in G. m., οὐδὲ λέγω ἤτοι ἀριθμῷ ἄπο ἤτοι μακρὰν τούτων τῶν θεῶν τοὺς ἐπὶ τῆς πηγῆς τῆς Δίρκης οὐδὲ τοῦ Ἰσμηνοῦ ποταμοῦ οἵ εἰσιν αἱ νυμφαὶ δηλ., ἀλλὰ σὺν ἐκείνοις τάττω καὶ τούτους — nicht ohne bei jedem Versuche den in dem Commentare vorkommenden Göttern von der Dirke und von dem Ismenos in die Hände zu fallen. Der Schol. Med. zeigt sich hier etwas vorsichtiger, da er sich von dem Plural: τοὺς ἀπ' Ἰσμηνοῦ und τοὺς ἀπὸ Δίρκης, den er im Texte nicht belegt sieht, fern zu halten sucht, nur der Satz θύω οὖν αὐτοῖς πᾶσι, τῶν πραγμάτων εὐτυχῶς ἀποβάντων schien ihm unverfänglich (auch bei Schol. A. sollte es heissen: λέγω ὅτι τοῖς ἀπὸ τοῦ Ἰσμηνοῦ· θύω οὖν πᾶσιν αὐτοῖς, τῶν πραγμάτων εὐτυχῶς ἀποβάντων). Und wenn Schol. B. anfängt mit: πρῶτον καθωλικῶς εἶπεν τοῖς τῆς χώρας θεοῖς, εἶτα μερικῶς ἐπήνεγκε, πολισσούχοις λέγων καὶ πεδιονόμοις καὶ ἀγορᾶς ἐπισκόποις· ἐπεὶ δὲ καὶ τοὺς ἐκτὸς τῆς πόλεως εἰπεῖν ἔδει, περιεκτικὸν γὰρ ἡ χώρα τῆς πόλεως und nun, statt fortzufahren: καὶ τοὺς ἀπὸ Δίρκης πηγῆς καὶ ἀπ' Ἰσμηνοῦ ποταμοῦ θεοὺς ἐπήνεγκε, dem Texte gemäss hinzusetzt: οὐκ εἴρηκε καὶ τοῖς ἐν ταῖς πηγαῖς τῆς Δίρκης θεοῖς, ἀλλὰ ταῖς πηγαῖς τῆς Δίρκης μόνον ἔφη, τουτέστι ταῖς ἐν αὐταῖς κατοικούσαις Νύμφαις· εἶτα πάλιν ἐνήλλαξε τὴν σύνταξιν καὶ φησὶν οὐδ' ἀπ' Ἰσμηνοῦ λέγω, οὐκ ἀφαιρῶ τοῦ λόγου καὶ τῆς εὐχῆς τὸν Ἰσμηνὸν καὶ τοὺς ἐν αὐτῷ θεούς, so lavirt er, da er nachweisen will, wie in dem Texte doch der vom Commentar angegebene Sinn wiedergegeben sei, beständig zwischen dem Text und dem Commentar, in dessen τοὺς ἀπ' Ἰσμηνοῦ θεούς er schliesslich immer wieder zurückfällt.

Zurückschreckend vor den vielen Worten, welche eine detaillirte Auseinanderlegung des von den Grammatikern in jenem Zwielichte durch- und ineinander Gemischten verursacht, verweise ich nur kurz auf die in m. Schr. bereits behandelte Stelle VII, 575, wo es galt dem überlieferten Texte ἐξυπτιάζων ὄνομα Πολυνείκους βίαν δίς τ' ἐν τελευτῇ τοὔνομ' ἐνδατούμενος einen zu ἐξαμπειάζων ὄνομα Πολυνείκους δίχα δίς τ' ἐν τέλει τοὔνειδος ἐνδατούμενος geschriebenen Commentar anzupassen. Ich will bei dieser Gelegenheit die von den edirten Scholien etwas abweichende Redaction in G. m. ausschreiben, in welcher man dieselbe Anstrengung, die vorgefundene Erklärung in dem Texte wiederzufinden, dasselbe Hin- und Herschwanken zwischen Text und Commentar wiederfinden wird, was ich in den andern Scholien nachwies: καὶ τὸν σὸν αὖθις· καὶ τὸν σὸν ἀδελφὸν τὸν οὐκ ἐπὶ φιλίᾳ ἀδελφόν, ἀλλὰ πρόσμορον ἤγ. ἐπὶ θανάτῳ καὶ φθορᾷ ἐξυπτιάζων ἤγ. ἡπλωμένως καλῶν τὸ ὄνομα τὴν βίαν τοῦ Πολυνείκους ἤτοι τὸ ὄνομα τοῦ Πολυνείκους καλεῖ ἐνδατούμενος καὶ μερίζων αὐτὸ δὶς ἐν τῷ τέλει τοῦ τοιούτου ὀνόματος, λέγει γὰρ πολύνεικος (sic) καὶ αὖ νεῖκος πολύ. λέγει δὲ τοῦτο τὸ ἔπος διὰ τοῦ στόματος αὐτοῦ. In einem Wiener Codex heisst es am Rande: Πολυνείκης, τοῦ ἑνὸς ὀνόματος δύο τέλη (μέρη?) ποιεῖ τὸ πολὺ καὶ τὸ νεῖκος, und zwischen den Zeilen steht hier, so wie noch in einer zweiten Wiener Handschrift, über ἐν τελευτῇ: τὸ ἀκροτελεύτιον, was, indem es τὸ ἐν τελευτῇ ὄνομα wiedergibt, noch auf das richtig aufgefasste ἐνδατούμενος zurückführt. Die in diesem Worte liegende doppelte Möglichkeit des Sinnes machte die Verwirrung vollständig, da man das εἰς δύο διαιρῶν, εἰς δύο τέμνων τὸ ὄνομα εἰς τὸ πολὺ καὶ τὸ νεῖκος der Vorlage, was man in ἐξυπτιάζων ὄνομα Πολυνείκους βίαν nicht mehr deutlich wiederfand, nun auf dieses ἐνδατούμενος bezog, was denn auch mit zur Verwischung von τοὔνειδος zu τοὔνομα beigetragen haben wird.

Pers. V. 598 sagt Atossa:

φίλοι, κακῶν μὲν ὅστις ἔμπειρος κυρεῖ,
ἐπίσταται, βροτοῖσιν ὡς ὅταν κλύδων
κακῶν ἐπέλθῃ, πάντα δειμαίνειν φιλεῖ·
ὅταν δ' ὁ δαίμων εὐροῇ, πεποιθέναι
τὸν αὐτὸν ἀεὶ δαίμον' οὐριεῖν τύχης.

worin man mit Unrecht eine mögliche Construction annahm: es fehlt das Subject zu φιλεῖ. Die Scholien nehmen das äusserlich einzig übrige in Anspruch: ὅστις ἔμπειρος κακῶν κυρεῖ und erklären, wie Schol. A.: ὦ φίλοι, ὅστις κυρεῖ καὶ ὑπάρχει ἔμπορος τῶν κακῶν, ἤγουν ἐμπλέων τοῖς κακοῖς, γινώσκει ὅτι, ὅταν ἐπέλθῃ κλύδων καὶ ζάλη τῶν κακῶν τοῖς ἀνθρώποις, φιλεῖ καὶ ἔθος ἔχει φοβεῖσθαι εἰς πάντα, ἤγουν καὶ εἰς τὰ μετὰ ταῦτα· ὅταν δὲ ὁ δαίμων καὶ ἡ τύχη εὐροῇ καὶ καλῶς καὶ εὐτυχῶς ῥέῃ καὶ ἐπέρχηται, ἔθος ἔχει, ἀπὸ κοινοῦ πάλιν, θαρρεῖν τὴν αὐτὴν εὐτυχίαν οὐρινδρομεῖν καὶ ἐς τὸ μετέπειτα. Um jene Verbindung von φιλεῖ mit ὅστις möglicher zu machen, entstand die Interpolation ἐπίστασο, nun konnte man dreister erklären (Schol. B.): εἰποῦσα ἡ Ἄτοσσα πληθυντικῶς πρὸς πάντα τὸν χορόν, ὦ φίλοι, μεριστικῶς ἐκφέρει πρὸς ἕνα ἕκαστον, λέγουσα, ὦ φίλοι, ἐπίστασο (in Lips. ist dies mangelhaft excerpirt: γρ. ἐπίστασο καὶ ἐπίστασαι. καὶ τὸ μὲν ἐπίστασο οὕτως εἴποις. ἤγουν Ἄτοσσα πληθυντικῶς πρὸς πάντα τὸν χορόν· ὦ φίλοι, ἐπίσταται ὅτι φιλεῖ und alles übrige gleich) ὅτι φιλεῖ καὶ εἴωθεν ἐκεῖνος ὁ ἄνθρωπος, ὅστις ἔμπορος (ἔμπειρος) καὶ μέτοχος καὶ συνήθης ἐστὶ κακῶν, πάντα δειμαίνειν καὶ φοβεῖσθαι, ὅταν ἐπέλθῃ τοῖς βροτοῖς κλύδων καὶ χειμὼν κακῶν. Gleichwohl weiss Schol. A. den richtigen Sinn der Stelle anzugeben in dem (von Schol. Med. allein excerpirten) Zusatze: ἔθος γὰρ ἔχουσιν οἱ δυστυχοῦντες δυστυχίαν καὶ εἰς τὸ ἑξῆς φαντάζεσθαι, οἱ δὲ εὐτυχοῦντες εὐτυχίαν. Dem liegt noch das richtige Subject zu Grunde, was sich im Texte wieder einfindet, wenn man statt ὅταν: ὅτῳ herstellt:

ὡς ὅτῳ κλύδων
κακῶν ἐπέλθῃ, πάντα δειμαίνειν φιλεῖ κ. τ. λ.

vergl. Soph. Oedip. 982 ἀλλὰ ταῦθ' ὅτῳ παρ' οὐδέν ἐστι, ῥᾷστα τὸν βίον φέρει. Ueber βροτοῖσιν steht in Vind. ἀπὸ τῶν βροτῶν, dies ist gewöhnlich die Erklärung des Genitivs und würde hier βροτῶν ὅπως ergeben; es kann auch erklärend zu ἐν βροτοῖσιν geschrieben sein: ἐπίσταται, 'ν βροτοῖσιν ὡς ὅτῳ κλύδων κακῶν ἐπέλθῃ κ. τ. λ. — Man macht sich nun leicht deutlich, wie Schol. A. jenem οἱ δυστυχοῦντες als dem Subject des Satzes sein ὅστις κυρεῖ καὶ ὑπάρχει ἔμπορος τῶν κακῶν, ἤγοιν ἐμπλέων τοῖς κακοῖς gleich zu machen glaubt, wie Schol. B. das Subject der richtigen Erklärung ἐκεῖνος ὁ ἄνθρωπος (ὅτῳ κλύδων κακῶν ἐπέλθῃ), da er im Texte nichts anderes vorfindet, mit ὅστις ἔμπειρος κακῶν κυρεῖ verbindet (ὅτι φιλεῖ καὶ εἴωθεν ἐκεῖνος ὁ ἄνθρωπος ὅστις ἔμπειρος κ. τ. λ.), und wie sie statt des verlorenen Dativs ὅτῳ nun das übrige βροτοῖς in Anspruch nehmen (ὅταν ἐπέλθῃ κλύδων καὶ ζάλη τῶν κακῶν τοῖς ἀνθρώποις und ὅταν ἐπέλθῃ τοῖς βροτοῖς κλύδων καὶ χειμὼν κακῶν). Mit den auf diese Sentenzen folgenden Versen, wie sie überliefert sind:

ἐμοὶ γὰρ ἤδη πάντα μὲν φόβου πλέα
ἐν' ὄμμασιν τἀνταῖα oder τ' ἀνταῖα φαίνεται θεῶν,
βοᾷ δ' ἐν ὠσὶ κέλαδος οὐ παιώνιος

ist nichts anzufangen. Nachdem Blomfield τὰ θεῶν versucht hatte (so steht in der Wiener Handschrift vom Grammatiker über der Zeile angemerkt), schrieb Hermann: verum est τἀνταῖα: adversa deorum mihi videntur plena metus. Was soll das hier, wo Atossa die vorhergehenden Sentenzen auf sich anwendend sagen will, dass so auch ihr jetzt Alles schlimm vorkomme? Zunächst wird der Uebergang nicht ἐμοὶ γὰρ ἤδη geheissen haben, sondern: ἐμοὶ δ' ἄρ' ἤδη, ἄρα ist der Bezug auf die vorhergehenden Sentenzen (vergl. VII, 646 Δίκη δ' ἄρ' εἶναι φησί, wo Hermann denn noch das richtig Ueberlieferte in γὰρ verwandelte — in dem dort folgenden Verse hat auch eine Wiener Handschrift noch das richtige κατάξω τ' — auch

Perser V. 739 muss es heissen:

φεῖ, ταχεῖ' ἄρ' ἦλθε χρησμῶν πρᾶξις κ. τ. λ.

wie Blomfield schon bemerkte, vergl. Sieben vor Theben V. 182 ἡ ταῦτ' ἄρ' οἴσεται κ. τ. λ.). In dem zweiten Verse aber würde auch κάνταῖα nicht helfen und ἐκ θεῶν. Wenn ἀνταῖα φαίνεται θεῶν richtig wäre, so müsste unter ἐν ὄμμασιν ein Substantiv stecken, wovon θεῶν abhinge, z. B. καὶ συμβόλαι' ἀνταῖα φαίνεται θεῶν; und wenn ἐν ὄμμασιν bleiben soll, ohne dass der Satz ein anderes Subject enthielte, so würde es heissen müssen: ἐν ὄμμασίν τ' ἀνταῖα φαίνεται θέᾳ κ. τ. λ. Allein, worauf beruht Hermann's Ausspruch: pessime Blomfieldius τὰ θεῶν? Wie es den richtigen Sinn und Ausdruck gibt (vergl. Eurip. Iphig. Taur. V. 476 πάντα γὰρ τὰ τῶν θεῶν ἐς ἀφανὲς ἕρπει. Iphig. Aul. V. 1610 ἀπροσδόκητα δὲ βροτοῖς τὰ τῶν θεῶν, V. 32 κἂν μὴ σὺ θέλῃς, τὰ θεῶν οὕτω βουλόμεν' ἔσται; das τά ist vor dem zweisilbig gedachten θεῶν weggefallen, wie in V. 348 das γάρ), so ist es auch überliefert. Wie es in Vind. übergeschrieben ist (ausser τὰ τῶν noch ἡ τύχη), so hat es der Schol. Med. ἐναντία φαίνεται τὰ θεῶν· οἷον ἀντικειμένους ἡμῖν ὁρῶ τοὺς θεούς, der Schol. B. erklärt es durch: ἃ τοῖς ἀνθρώποις οἱ θεοὶ ἐπιφέρουσιν, und wenn es in Schol. A. bei Dind. im Uebrigen in wörtlicher Uebereinstimmung mit Schol. Med. heisst: οἱονεὶ ἐν τοῖς ὄμμασι τῶν θεῶν ἐναντία φαίνεται, τουτέστιν ἀντικειμένους ἡμῖν ὁρῶ τοὺς θεούς, so ist kaum zu zweifeln, dass τά nur ausgefallen oder τῶν θεῶν für τὰ θεῶν geschrieben ist; möglich immer, dass dieser Schreiber grade das τά, weil es im Texte fehlte, hat fortfallen lassen und nun ἐν ὄμμασι τῶν θεῶν verband, obschon dies zu der in seiner Vorlage (welche sicher auch τὰ θεῶν oder τὰ τῶν θεῶν hatte) folgenden Sinnangabe schlecht passte. So machen es wohl diese Scholiasten, sie gehen mit der Vorlage bis zu der äusserlich hervortretenden Differenz und suchen sich über diese dann auf irgend eine Weise mit ihr abzufinden. Pers. V. 239 steht in den Handschriften:

πότερα γὰρ τοξουλκὸς αἰχμὴ διὰ χερὸς αὐτοῖς πρέπει;

Hermann bemerkte in der Erklärung des Schol. Vit. m. ἐμπρέπει und berichtigte:

πότερα γὰρ τοξουλκὸς αἰχμὴ διὰ χερός σφιν ἐμπρέπει;
Dies *ἐμπρέπει* steht auch bei Dind. und in der Wiener Handschrift, Rob. und Victor. haben *πρέπει*, sei es, dass sich das Wort, in deren Quelle schon nach dem Texte verändert hatte oder dass Rob. es erst demselben conform machte. In der Wiener Handschrift steht noch *αὐτοῖς* über der Zeile d. i. die Erklärung zu dem im Text vorausgesetzten, aber in demselben nicht mehr befindlichen *σφίν*. So scheint auch in der in Trümmern überlieferten Stelle der Perser V. 674—680 der Schol. A., wenn er schreibt: *τί, ὦ δυνάστα, τάδε τὰ δίδυμα καὶ διπλᾶ ἁμάρτια καὶ ἁμαρτήματα διάγοιεν καὶ διάγουσι περὶ τῇ σῇ γῇ τῇδε* mit diesem *περὶ τῇ σῇ γῇ τῇδε* grade dem zum Satze fehlenden Subjecte seiner Vorlage aus dem Wege gegangen zu sein: dem in dem Texte in *περὶ ταῖ σαῖ* zerfallenen Namen der Perser, welcher, wenn wir ihn uns im Texte denken, auch die an sich unbegreifliche Erklärung von Schol. A. und Med. mit *Πέρσου τινός* begreiflich macht. So ist umgekehrt in Schol. A. zu Pers. V. 34 in Vit. m. statt *ὅπερ ἐστὶ τῶν δυσχερεστάτων* geschrieben: *ὁ περσῶν δυσχερέστατον*. Am Schlusse dieser Stelle, wo Hermann den Dochmius *νᾶες, ἄναες νᾶες* annimmt, schreibe ich den Parömiakus: *τρίσκαλμοι νᾶες ἄναες* als Schlussvers (d. i. der für dieses Stück characteristische Refrain, auch V. 595. 906. 1074 bildet jedesmal die Erinnerung an die Schlacht bei Salamis den Schluss). Der Zusatz in Par. B. I. *ποι τριήρεις*, den auch die Wiener Handschrift hat, stammt von dem glossirenden *ἤτοι τριήρεις*. Dieses *ἤτοι* habe ich noch so mit grossen Buchstaben, und das H und T in einander geschrieben, dass es aussieht wie ΠΟΙ, in der Wittenberger Handschrift gefunden (z. B. zu Prom. V. 298 *θέαμα ἤτοι παράδοξον τέρας*. Ebend. heisst es bei Dind. *οἱ γὰρ Χάλυβες . . . ἔθνος ὄντες Σκυθικόν, ὅπου ὁ σίδηρος ἐφευρίσκεται*, bei Victor. *καὶ πολὺς ἐν Σκυθίᾳ σίδηρος*, in Vit. m., wie bei Rob., *καὶ πολὺς ἐν Σκυθίᾳ χαλκός* — wie *χαλκός* dem *σίδηρος* vorherging, so war auch *Χαλκίς* die alte Hauptstadt der *Χάλυβες σιδηροτέκτονες*, vgl. Prom. V. 714 und *Χαλκίδος τ' ἄρειον ἄνθος* V. 420).

Ein eigenthümliches und lehrreiches Beispiel bietet auch Sieben vor Theben V. 973 dar. Schol. B. findet im Text ἀχέων τοίων τάδ' ἐγγύθεν vor und erklärt es mit τάδε τὰ παρόντα κακὰ πλησίον τοιούτων γόων. Da er aber ferner in seiner Vorlage von einem zwiefachen Uebel sprechen sieht, so findet er das begründet in den in seinem Texte vorhergehenden Worten: διπλᾶ λέγειν, διπλᾶ δ' ὁρᾶν, deren Inhalt durch τοίων wiederholt werde, und schreibt nun als Erklärung zu diesem τοίων: διπλῶν· ἐπειδὴ γὰρ ἔφασαν ὡς διπλᾶ λέγειν καὶ διπλᾶ ὁρᾶν πάρεστι, διὰ τοῦτό φησιν Ἀντιγόνη καὶ αὖθις κ. τ. λ. Wir haben nun früher gesehen, dass jenes διπλᾶ λέγειν, διπλᾶ δ' ὁρᾶν, in welchem der Scholiast den Grund der Erklärung seiner Vorlage fand, dort gar nicht vorherging, sondern erst folgte, wir entnehmen daher seinen, dem frühern Commentare nachgesprochenen Worten, deren Grund in der Stelle selbst gelegen haben muss, (mit Hermann) den Begriff δοιά. Nun sehe man aber ferner an, was der Scholiast nach dem eben excerpirten Anfange die Antigone eigentlich sagen lässt. Nach seinem ἐπειδὴ γὰρ ἔφασαν ὡς διπλᾶ λέγειν καὶ διπλᾶ ὁρᾶν πάρεστι, διὰ τοῦτό φησιν ἡ Ἀντιγόνη καὶ αὖθις heisst es nicht, wie es müsste, einfach: ὅτι τάδε τὰ παρόντα κακὰ πλησίον τοιούτων γόων εἰσίν, τουτέστι διπλᾶ, sondern wir lesen nun: ὅτι τάδε τὰ παρόντα κακὰ πλησίον τοιούτων γόων, τουτέστιν εἰ; διπλᾶ, καὶ τοὺς περὶ αὐτῶν γόους διπλοῦς εἶναι δεῖ. Diese Worte haben so keinen Sinn, sie müssten heissen und haben geheissen: ὅτι, εἰ τάδε τὰ παρόντα κακὰ πλησίον τοιούτων γόων τουτέστιν διπλᾶ εἰσιν, καὶ τοὺς περὶ αὐτῶν γόους διπλοῦς εἶναι δεῖ — und nun hat man den alten Commentar in der Hand, der grade das auf die V. 973. 974 folgende διπλᾶ λέγειν, διπλᾶ δ' ὁρᾶν dadurch erklärte, dass er sagte: ἐπειδὴ γὰρ ἔφασαν, ὅτι τὰ παρόντα κακὰ διπλᾶ εἰσιν (ἄχεα δοιά), διὰ τοῦτό φησιν ἡ Ἀντιγόνη καὶ αὖθις, ὅτι καὶ τοὺς περὶ αὐτῶν γόους διπλοῦς εἶναι δεῖ (διπλόα λέγειν). Während der Scholiast dies grade umkehrt, da er δοιά gar nicht mehr vor sich hat und διπλᾶ λέγειν bei ihm vorhergeht, so gibt er uns ohne zu wollen durch den von ihm excerpirten Commentar zugleich die Nachricht von δοιά und von der richtigen Stellung von διπλόα λέγειν, διπλόα δ' ὁρᾶν, wie ich sie S. 21 f. annahm. Der überlieferte Genitiv ἀχέων ist durch die Erklärung entstanden, welche ausführte: ἄχεα ἐγγύθεν ἀχέων. Dieses ἄχεα liegt noch allen Erklärungen und Glossen zu dieser Stelle zu Grunde: Schol. P. ἅτινα ἐγγύς εἰσιν ἀντὶ τοῦ οὐκ ἀλλότρια, ἀλλὰ πάνυ ἄγχι στένοντα l. ἀγχιστεύοντα; Schol. Med. τοῖς πάθεσιν ἀγχιστεύουσαι, wobei θρῆναι gedacht ist, wie die andere Glosse in Med. lautet: ἀχέω l. ἄχεα ἤγουν θρῆναι (auch Schol. B. liest ἀχέω in den Handschriften statt ἄχεα und nimmt es als Verbum = θρηνῶ). Auch im folgenden Verse rührt αἵδ' ἀδελφαί wiederum von der Erklärung her, statt:

πέλας ἀδελφέ' ἀδελφεῶν.

In der Gegenstrophe, deren zweiten Vers ich früher besprach, vermuthe ich im ersten (V. 984) statt des überlieferten unmetrischen δύστονα κήδεα: ἐτεὰ κήδεα = ἔτυμα κήδεα, vergl. Schol. A. ἀληθῶς γὰρ ὁ εἷς κ. τ. λ., und dass δύστονα von der Erklärung als Inhalt dieses Ausdruckes darüber geschrieben wurde.

Dass bei der geschilderten Sachlage die für die ältern Lesarten characteristischen Ausdrücke immer mehr zurück- und das zum spätern Texte Gehörende immer mehr hervortrat, ist natürlich. Auch diesen Punkt besonders in's Auge zu fassen, lohnt der Mühe. Zu der Stelle des Prometheus V. 717, wo vom Araxes die Rede ist und in allen unsern Handschriften Ὑβριστής steht, machte ich schon auf die Glosse τραχύν in G. i. und die Bemerkung: λέγεται δὲ Ἀράξης διὰ τὸ τραχέως ῥέων κ. τ. λ. in G. m. aufmerksam (die ganze Bemerkung in G. m. lautet: ὑβριστὴν ποταμόν· τὸν Ἀράξην φησίν. λέγεται δὲ Ἀράξης διὰ τὸ τραχέως ῥέων ἀράσσειν καὶ ἀραγμοὺς καὶ κτύπους ποιεῖν· ἕπεται οὖν τῷ ὀνόματι αὐτοῦ καὶ ἡ πρᾶξις αὐτοῦ, διὰ τοῦτο οὐ ψευδώνυμος, φησίν, ὑπάρχει, ἀλλὰ ἀληθῶς λέγεται Ἀράξης d. i. die Erklärung der ursprünglichen Lesart mit der im Text der Handschriften entstandenen neuen als Lemma). Ich kann nun hinzufügen, dass auch die bei Dind. aus Schol. B. notirte Bemerkung: ὃς διὰ τὸ ἐξάγεσθαι τῶν ὀρῶν καὶ κατακλύζειν τὰ παρατυχόντα οὕτω καλεῖται in Lips. m. vollständiger so lautet: ἥξεις τὸν Ἀράξιν (sic), ὃς διὰ τὸ ἐξάγεσθαι τῶν ὀρῶν καὶ κατακλύζειν τα περιτυχόντα και αραγμούς τῆς ἐκεῖ γῆς ἐργάζεσθαι οὕτω καλεῖται (vergl. Strabo p. 512: μάλιστα δέ φασι τὸν Ἀράξην ποταμὸν κατακλύζειν τὴν χώραν πολλαχῇ σχιζόμενον; auch das τραχύς des Schol. G. i. und m. findet sich bei Strabo wieder: p. 501 πλησίον δὲ καὶ ὁ Ἀράξης ἐμβάλλει, τραχὺς ἐκ τῆς Ἀρμενίας ἐκπεσών). Aus Allem scheint hervorzugehen, dass hier ursprünglich der Sache und dem Worte nach nur vom Araxes die Rede gewesen ist und dass erst von dem Ὑβριστής gesprochen wurde, nachdem dieser durch die Erklärung selbst in den Text gerathen war (vergl. m. Schr. S. 27).

Auch Prometh. V. 712, wo die bisher edirten Scholien das γύποδας der Handschriften (d. i. γυῖα und seine Glosse πόδας) auf allerlei Weise zu erklären suchen, scheint Schol. G. m. von diesem Worte noch nichts abzuwissen, da er einfach schreibt: ἀλλὰ χρίμπτουσα ἤγουν πλησιάζουσα τοὺς σοὺς πόδας ταῖς ῥάχαις (sic) ταῖς ἁλιστόνοις ταῖς οἱονεὶ δοκούσαις στενάζειν θέλε ἐκπερᾶν τὴν γῆν ἐκείνην, vergl. Etym. magn. γυῖα κυρίως ἐπὶ τῶν πόδων λέγεται. Schol. Nicand. Theriac. γυῖα δὲ νῦν τοὺς πόδας u. s. w.

Sieben vor Theben V. 31 ist überliefert:
ἀλλ' ἔς τ' ἐπάλξεις καὶ πυλῶν πυργώματα
ὁρμᾶσθε πάντες, σοῦσθε σὺν παντευχίᾳ,
πληροῦτε θωρακεῖα κ. τ. λ.

Ich machte darauf aufmerksam, dass ὁρμᾶσθε die Glosse von σοῦσθε sei und das erste Wort des Verses überdeckt habe, welches ich mit ὑμεῖς ἅπαντες σοῦσθε σὺν παντευχίᾳ herzustellen suchte. In Schol. A. ἀλλὰ πάντες σὺν παντευχίᾳ καὶ σὺν πᾶσι τοῖς ὅπλοις, ἤγουν ὡπλισμένοι, σοῦσθε, ὁρμᾶσθε ἐς τὰς ἐπάλξεις ist nichts anderes, als das Ueberlieferte, zu erkennen, nur haben σοῦσθε, ὁρμᾶσθε hier noch die Stellung von Original und Glosse. Schol. G. m. hat dieselbe Bemerkung bloss mit ὁρμᾶσθε; das steht dem Original noch näher. Aber in einer Wiener Abschrift der blossen Scholien, so wie in Vit. m., heisst es noch: ἀλλὰ πάντες σὺν παντευχίᾳ καὶ σὺν πᾶσι τοῖς ὅπλοις ἤγουν ὡπλισμένοι, ὁρμᾶσθε, σοῦσθε ὁμοίως ἐς τὰς ἐπάλξεις. Auch hier scheint das unverbundene ὁρμᾶσθε, σοῦσθε schon Einwirkung des Textes (ὁρμᾶσθε καὶ σοῦσθε oder σοῦσθε καὶ ὁρμᾶσθε ὁμοίως lautete das Original), aber aus dem daneben noch aufbewahrten ὁμοίως, wofür eine sonstige Veranlassung nicht zu ersehen, scheint für den Text hervorzugehen:

ὁμῶς ἅπαντες σοῦσθε σὺν παντευχίᾳ

vergl. Hesychius: ὁμῶς, ὁμοίως. Hom. Od. 8, 542 ἵν' ὁμῶς τερπώμεθα πάντες, ib. 4, 775. Il. 17, 422 πάντας ὁμῶς. Nachdem ὁρμᾶσθε in den Text gerathen, wurde denn dieses ὁμοίως, welches keine Beziehung mehr zeigte, endlich nicht mehr abgeschrieben. — Das Wort erinnert mich an eine neuerdings besprochene Stelle des Pindar Olymp. X, 10, wo die interpolirten Handschriften:

ἐκ θεοῦ δ' ἀνὴρ σοφαῖς ἀνθεῖ ἐσαεὶ πραπίδεσσιν·
ἴσθι νῦν, Ἀρχεστράτου παῖ, κ. τ. λ.

darbieten, während in den meisten ältern nur:

ἐκ θεοῦ δ' ἀνὴρ σοφαῖς ἀνθεῖ πραπίδεσσι

steht. Nun hat T. Mommsen aus Par. G. ἀνθεῖ πραπίσιν· ὅμως ὤν und aus Leid. C. ἀνθεῖ πραπίδεσσιν ὅμως ὤν bekannt gemacht. Wenn er dies zum Folgenden schlägt: ὁμῶς ὤν ἴσθι νῦν κ. τ. λ., so ist dies gegen Sinn und Diction. Aber auch mit dem von Leutsch vorgeschlagenen: ἐκ θεοῦ δ' ἀνὴρ σοφαῖς ἀνθεῖ πραπίδεσσιν ὁμοίως ist die Stelle noch nicht geheilt; ὁμοίως findet so keine Beziehung, es muss einen zweiten Begriff neben sich haben, dessen, eine (sachliche oder zeitliche) Manchfaltigkeit bezeichnender Inhalt von ὁμοίως zusammengefasst wird (Pyth. 9, 78 ὁ δὲ καιρὸς ὁμοίως παντὸς ἔχει κορυφάν). Diesen und noch mehr gibt der alte Scholiast an die Hand, wenn er schreibt: κατὰ δὲ βούλησιν δαίμονος ἴσως καὶ τῷ αὐτῷ τρόπῳ σοφὸς διαπαντὸς ἀνθεῖ ταῖς γνωμαῖς· ἀπὸ γὰρ θείας μοίρας μουσικός τις καὶ ἔξοχος (? s. gleich) λάμπει ὁμοίως ὡς καὶ σὺ νενίκηκας· τοῦτο δὲ πρὸς τὰ ἴδια ἐγκώμια κατασκευάζει, λέγων ἑαυτὸν διαπαντὸς σοφῶς φράζειν. Hier ist κατὰ βούλησιν δαίμονος und ἀπὸ θείας μοίρας gleich ἐκ θεοῦ, ἴσως καὶ τῷ αὐτῷ τρόπῳ ist gleich ὁμοίως, was im zweiten Satze, wo sein Sinn (falsch) erklärt wird, selbst erscheint. Das wiederholte διαπαντός ist die (gewöhnliche) Glosse von ἀεί (Hesychius: ἀεί, διαπαντός).

Dies zum Gedanken nothwendige ἀεί stand an der Stelle von ἀνήρ, welches (ich habe diesen beliebten Zusatz der Erklärung, der hier übrigens ganz vortrefflichen Klang hat, nun schon in einer Reihe von Beispielen aufgewiesen) zu σοφός geschrieben wurde: dieses σοφός hat der Scholiast in Original und in der Erklärung μουσικός τις (das auf dieses folgende καὶ ἔξοχος wird Schreibfehler sein für καὶ ἑξῆς, εἰς τὸ ἑξῆς = διαπαντός = ἀεί). Auf dieses σοφός folgte denn λάμπει, was der Scholiast in dem zweiten Absatze neben dem originalen ὁμοίως bringt; in Folge von ἀνθεῖ entstand σοφαῖς (so scheint auch Pyth. VI, 48, wo alle Handschriften ἄδικον οὔθ᾽ ὑπέροπλον ἥβαν δρέπων lesen, der Scholiast durch οὔτε εἰς ἄδικον οὔτε εἰς ὑπερήφανον das Adjectiv anzugeben, welches mit dem von Eustathius citirten ὕβριν, wovon das ἥβαν der Handschriften Schreibfehler, den richtigen Text herstellt: ἄδικον οὔθ᾽ ὑπεράφανον ὕβριν δρέπων, σοφίαν δ᾽ ἐν μυχοῖσι Πιερίδων, obwohl sonst auch umgekehrt ὑπερήφανον als Glosse zu ὑπέροπλον angewandt wird). Vor der letzten byzantinischen Interpolation wäre die Stelle also auch in den ältern Handschriften schon interpolirt gewesen, der Scholiast führt hinter die Interpolationen zurück zu:

ἐκ θεοῦ δ᾽ ἀεὶ σοφὸς λάμπει πραπίδεσσιν ὁμοίως.

Veranlasst ist die (von dem Scholiasten und seinen Nachfolgern unrichtig erklärte) Sentenz durch den Umstand, dass der Dichter hier weit in die Zukunft hinein ein Versprechen gibt: für das Jahrgedächtniss bei wiederkehrender Olympiade (also nach mehrern Jahren) soll und will er wieder ein Lied für Agesidamos singen; das Versprechen desselben lässt er geistreich den Inhalt des gegenwärtigen bilden.

Sieben vor Theben V. 170 stimmt:

ἑτεροφώνῳ στρατῷ

nicht mit der Gegenstrophe:

μελόμενοι δ᾽ ἀρήξατε.

Zu Hermann's μελόμενοι δ᾽ ἥξετε kann nach ἀμφιβάντες πόλιν nicht noch erst zurückgeschritten werden. Ἑτεροφώνῳ, woneben in den Scholien ἑτερολέκτῳ (Par. B.), ἀλλογλώσσῳ (Schol. B. Lips. i. Vind. i.) und ἀλλοφώνῳ

(Schol. G. i.) erscheint, ist selbst schon Glosse von ἑτεροθρευμένῳ, wie Schol. P. und Vind. m. noch zu verrathen scheinen, wenn es bei ihnen heisst: τῷ ἔχοντι ἄνδρας συμμίκτους ἐκ πολλῶν ἐθνῶν καὶ ἀλλόθρους καὶ ἀλλογλώσσους. Hier scheint ἀλλόθρους, wie keine gewöhnliche, so keine willkührliche Glosse zu sein, sondern das von der Erklärung zunächst neben das Original gestellte ähnliche Wort, dem dann ferner ἑτεροφώνῳ, ἑτερολέκτῳ, ἀλλοφώνῳ, ἀλλογλώσσῳ an die Seite gesetzt wurden (vergl. Hesychius: ἀλλόθρους, ἀλλόγλωσσος). Schol. Med., bei welchem es heisst: τῷ ἔχοντι ἄνδρας ἐκ πολλῶν ἐθνῶν, excerpirt das betreffende Wort, dessen Beziehung nicht mehr sichtbar war, grade nicht mit — wie man das Gleiche manchmal bei ihm beobachten kann; so übergeht er Sieben vor Theben V. 270 die ganze bei Schol. A. folgende Bemerkung, welche das im Texte durch θάρσος ausgestossene, zu φόβον gehörende Adjectiv δεινόν erklärt (ἢ τοὺς πολίτας δεινῶς κατεπολέμει καὶ ἐξετάραττε), und ebendas. V. 1047 lässt er, indem er schreibt: τὰ περὶ τῆς τιμῆς τούτου τοῦ Πολυνείκους ὑπὸ τῶν θεῶν κέκριται aus Vorsicht die Hauptsache weg, nämlich κακῶς, womit das δύς in dem originalen, von Hermann hergestellten δυστετίμηται erklärt wurde (Hesychius: δύς, κακῶς. δυσπαθεῖ, κακοπαθεῖ. δυσφημίας, κακοφημίας. δυσώνυμος, κακώνυμος u. s. w.). Auch diese Stelle ist characteristisch für die Scholiasten und die Einwirkung der Erklärung auf den Text. In den Handschriften steht:
ἤδη τὰ τοῦδ᾽ οὐ διατετίμηται θεοῖς.
Wenn Hermann sagt: scribendum flagitante sententia: ἤδη τὰ τοῦδ᾽ οὐ δυστετίμηται θεοῖς, so ist δυστετίμηται richtig, der ganze Satz aber nicht einmal ein ordentlicher (sondern durch die Worte ἤδη οὐ und ihre Stellung lahmer) Ausdruck. Der vorhergehenden scharfen Frage des Herolds: ἀλλ᾽ ὃν πόλις στυγεῖ, σὺ τιμήσεις τάφῳ; setzt Antigone ihrerseits ebenso scharf die andere Frage entgegen:
ἤδη τὰ τοῦδε δυστετίμηται θεοῖς;
womit sie, im Gegensatze zu dem Befehl des Staates (πόλις — θεοί), nach dem Beweise fragt, dass Polynikes

von Seiten der Götter schuldig erklärt sei, welche Frage denn der Herold mit seinem: οὔ, πρίν γε χώραν τήνδε κινδύνῳ 'μβαλεῖν ebenso scharf für den jetzt Vaterlandsfeind Gewordenen bejaht. Die Erklärung hat hier aber wieder (wie wir Pers. V. 1000 statt der Frage ἔταφεν εὐναῖς τροχηλάτοισιν; die verneinende Antwort derselben: ἔταφεν οὐκ εὐναῖς τροχηλάτοισιν fanden und Pers. V. 344 μή σοι δοκοῦμεν statt ἦ σοι δοκοῦμεν, VII, 1046 statt σὺ τιμήσεις; in Vind. μὴ σὺ τιμήσῃς) die Frage beantwortet mit τὰ τοῦδε οὐ δυστετίμηται θεοῖς: dadurch ist das οὐ in den Text gekommen (in der Quelle von Vit. hat es, übergeschrieben, das δύς überdeckt: οὐ τετίμηται). Dieses οὐ ist berechtigt in der Erklärung, wenn sie den Sinn der Frage der Antigone herausstellen will, Schol. A. schreibt daher ganz richtig: τὰ περὶ τῆς τιμῆς τούτου τοῦ Πολυνείκους ὑπὸ τῶν θεῶν οὐ κέκριται κακῶς, ἀλλὰ τίμιος καὶ οὗτος παρὰ θεοῖς (in Vit. m. ist hier das dem ἀλλά nothwendig vorhergehende οὐ ausgefallen, wie auch in Schol. A. zu V. 1048, wo es heissen muss: εἰπούσης τῆς Ἀντιγόνης ὅτι τὰ περὶ τῆς τιμῆς τοῦ Πολυνείκους οὐ κακῶς κέκριται παρὰ τοῖς θεοῖς κ. τ. λ.). Wenn aber in Schol. Med. das οὐ und das κακῶς fehlt: τὰ περὶ τῆς τιμῆς τούτου ὑπὸ θεῶν κέκριται, so ist das zwar an und für sich ein ganz vortrefflicher Satz, der auch den rechten Gegensatz zu ὃν πόλις στυγεῖ enthält, dem aber, damit er vor die Antwort: οὔ, πρίν γε χώραν τήνδε κινδύνῳ 'μβαλεῖν passe, nothwendig das οὐ κακῶς (oder οὔπω, wie Hermann's ἤδη οὐ hätte heissen müssen) hinzugefügt werden müsste.

Sieben vor Theben V. 189, wo überliefert ist:

κρατοῦσα μὲν γὰρ οὐχ ὁμιλητὸν θράσος

hatte ich aus der Ueberschrift οὐ μέτριον, ἀλλ' ἄμετρον in G. i. (steht auch in einer Wiener Handschrift) mit Confrontirung von des Schol. Med. ἐν θορύβοις οὐ καθεκτή nicht ohne einiges Kopfzerbrechen οὐχ ὁμόρροθον hergestellt. In des Schol. B. οὐχ οἷά τε ὁμιλεῖσθαι ὑπ' ἀσχέτου θρασυνομένη χαρᾶς war dies schon kaum mehr zu erkennen (ἀσχέτου kommt noch davon her), in Schol. A., wie er aus O. P. edirt ist: ἡ γὰρ γυνή, ὅταν ἐκτὸς φόβου τυγχάνῃ καὶ οὐδὲν ἔχῃ αὐτῇ ἐπικείμενον φοβερόν, ἔστιν ἀναιδῆς καὶ θρασεῖα καὶ ἀκράτητος ist es nahezu unsichtbar geworden (ἀκράτητος hängt noch entfernt damit zusammen). Aber in Schol. Vind. m. heisst es noch : ἀνυπόστατον, ᾧ οὐ δύναταί τις ὁμιλεῖν διὰ τοῦ θορύβου. Von ὁμόρροθον wurden beide Bestandtheile erklärt: der ῥόθος ergab den θόρυβος (Etym. Gud. ῥόθος, θόρυβος. Schol. Med. διερροθήσατε, διὰ τοῦ θορύβου ἐμβεβλήκατε), ὁμοῦ ergab ὁμιλεῖν; οὐχ ὁμόρροθον wurde erklärt mit οὐχ ὁμιλητὸν διὰ τοῦ θορύβου, dieses ὁμιλητόν kam in den Text und die Erklärungen des Originals verschwanden nach und nach als überflüssig.

Sieben vor Theben V. 225 ist, ohne Variante, überliefert :

πειθαρχία γάρ ἐστι τῆς εὐπραξίας
μήτηρ, γυνὴ σωτῆρος· ὧδ' ἔχει λόγος.

was Schol. Med. durch γυνὴ Διὸς σωτῆρος erklärt. Nachdem man vergebens γονῆς σωτῆρος, τύχης σωτῆρος u. dergl. versucht, schrieb ich :

μήτηρ ὀνησίδωρος

wie ὀλβιόδωρος, ἠπιόδωρος, ζείδωρος, πολύδωρος und ὀνησιφόρος (Soph. Oed. Col. 288 ἥκω γὰρ ἱερὸς εὐσεβής τε καὶ φέρων ὄνησιν ἀστοῖς τοῖσδε. 451. οὐδέ σφιν ἀρχῆς τῆσδε Καδμείας ποτὲ ὄνησις ἥξει. Plat. Leg. p. 641. b. εἰ δ' ὅλως ἐρωτᾷς παιδείαν τῶν παιδευθέντων, τί μέγα τὴν πόλιν ὀνίνησιν;). Ich dachte auch an ὀνησίδημος, wie ὀνησίπολις, σωσίπολις, σωσίοικος u. s. w., aber das erstere Wort klingt vernehmlich aus der Ueberlieferung heraus, welche von der Hand desselben Künstlers herstammen wird, der Ἀσίδος μηλοτρόφου, σώματος μέγα ῥάκος u. dergl. dem Texte einverleibte. Ich kann nun auf eine Spur aufmerksam machen, durch welche ein solches mit ὀνησι zusammengesetztes Adjectiv auch noch überliefert zu werden scheint. In Schol. A. heisst es zu dieser Stelle : πάνυ εὐφυῶς ὁ Αἰσχύλος τὴν πειθαρχίαν γυναῖκα ὠνόμασε μητέρα τῆς εὐπραξίας τῆς σωτῆρος, λέγων, ἡ πειθαρχία γυνή ἐστι μήτηρ τῆς σωτῆρος εὐπραξίας· οὕτως λέγεται λόγος· (bei Dind. ist die Stelle nicht richtig interpungirt) ὑπεμφαίνων ὅτι καλόν ἐστι τὸ πειθαρχεῖν· πειθόμεναι γὰρ αἱ πόλεις τοῖς κρατοῦσιν εὖ πράττουσιν (so bei Victor. vergl. Schol. B. ὁ πειθόμενος τῷ τὰ λῷστα συμβουλεύοντι, οὗτος ἄριστα πράσσει. P.

ἴστανται γρ. ἑστᾶσιν. Vit. hat ἑστᾶσιν; bei Rob. war ἐνστάσει gedruckt. Med. hat ἑστᾶσιν mit der Bemerkung τινὲς δὲ ἀντὶ τοῦ εὖ πράσσειν, soll wohl umgekehrt heissen τινὲς δὲ ἀντὶ τούτου εὖ πράσσειν — dergleichen Varianten sind nicht selten in den Scholien, sie werden häufig, wie die Varianten des Textes, mit γρ. angemerkt, vergl. Schol. A. Prom. 353 ἠχών φόνον ἢ φόβον (γράφεται γὰρ καὶ οὕτω;). Daraus, dass der Schol. Med. auch schon solche Varianten vor sich hat und τινές in Bezug auf die Scholien citirt, hätte man etwas schliessen können; ich komme später darauf zurück). In diesem Scholion ist freilich nur der überlieferte Text kenntlich und μήτηρ γυνή als 'Frau Mutter' (so ist γυνή, gewiss gegen die Meinung des Urhebers dieser Lesart, untergebracht). Aber in Schol. G. m. ist ein Excerpt derselben Bemerkung und da steht noch ein anderes Wort; es heisst dort (man controlire die kleinen Verschiedenheiten): πάνυ εὐφυῶς ὁ Αἰσχύλος γυναῖκα καὶ μητέρα τὴν πειθαρχίαν ἐκάλεσε λέγων ἡ πειθαρχία γυνή ἐστι μήτηρ τῆς σωτηρος εὐπραξίας· οὕτω λέγεται λόγος· ὑπεμφαίνει δὲ, ὅτι κάλλιστόν ἐστι τὸ πειθαρχεῖν· πειθομέναις γὰρ ταῖς πόλεσι τοῖς κρατοῦσιν κάλλιστόν ἐστι καὶ ὠφέλιμον. Es ist hier eine ältere Bemerkung benutzt und mit dem vorliegenden Texte in Einklang gebracht. In den von dort herübergenommenen Redensarten fällt mir denn am Schluss der Stelle, wo in den verschiedenen Handschriften εὖ πράττουσιν, ἴστανται, ἑστᾶσιν wechseln, das von Schol. G. in einer verdrehten Construction (es hätte wohl heissen sollen: ὑπεμφαίνει δὲ, ὅτι κάλλιστόν ἐστι καὶ ὠφέλιμον τὸ πειθαρχεῖν· πειθόμεναι γὰρ πόλεις τοῖς κρατοῦσιν εὖ πράττουσιν) angebrachte ὠφέλιμον auf, weil es die stehende Erklärung von ὀνήσιμον ist, wie dies z. B. bei Hesychius in allen Formen sich wiederholt: ὄνησις, ὠφέλεια. ὄνειαρ, ὠφέλεια. ὀνείατα, ὅσα ὄνησιν παρέχει καὶ ὠφέλειαν. ὀνίνασθαι, ὠφελεῖσθαι. ὀνίνησιν, ὠφελεῖ u. s. w. τί ὀνήσω, τί ὠφελήσω. ὀνησιφόρος, ὠφέλειαν φέρων. ὀνησιφόρων, τὰ ὠφέλιμα φερόντων. οὐκ ὀνησιφόρον, οὐκ ὠφέλιμον u. s. w. Etym. magn. u. Gud. ὀνῶ τὸ ὠφελῶ, ἐξ οὗ καὶ ὄνησις ἡ ὠφέλεια. Gud. s. v. ἐριούνιος, ὀνῆσαι γὰρ τὸ ὠφελῆσαι, und so überall. Ich glaube, dass in der ursprünglichen Vorlage wegen εὐπραξίας das εὖ πράττουσιν gesagt war und wegen ὀνησίδωρος das ὠφέλιμον, so dass die benutzte Bemerkung im Original etwa so gelautet hat (ich schreibe hier im Ganzen dem Schol. Med. nach, der das γυνὴ σωτῆρος des Textes nicht einmischte): πάνυ εὐφυῶς ὁ Αἰσχύλος τὴν πειθαρχίαν μητέρα εὐπραξίας ὠνόμασεν, ὑπεμφαίνων ὅτι καλὸν καὶ ὠφέλιμον τὸ πειθαρχεῖν κ. τ. λ., wobei das ὑπεμφαίνων (so Schol. A. u. G.), was in den andern Excerpten zum ganzen Satz tritt (bei Dind. Mangels Interpunction sogar zu οὕτως λέγεται λόγος), grade das zu μήτηρ εὐπραξίας hinzugefügte Adjectiv betraf („zugleich durch ὀνησίδωρος bedeutend, dass sie Heil bringt"). Nun mischten die übrigen Benutzer der ursprünglichen Erklärung das in ihren Texten stehende γυνὴ σωτῆρος ein: Schol. A. πάνυ εὐφυῶς ὁ Αἰσχύλος τὴν πειθαρχίαν γυναῖκα (Rob. ὡς γυναῖκα) ὠνόμασε μητέρα τῆς εὐπραξίας τῆς σωτῆρος, wo also γυνή und σωτῆρος von einander getrennt sind, Schol. G. m. πάνυ εὐφυῶς ὁ Αἰσχύλος γυναῖκα καὶ μητέρα τὴν πειθαρχίαν ὠνόμασε, wo τῆς εὐπραξίας fehlt, Schol. B. zu V. 226 ὅτι ἡ πειθαρχία μήτηρ τῆς σωστικῆς εὐπραξίας πέφυκεν, wo γυνή übergangen ist; Schol. A. u. G. citiren nun mit λέγων noch einmal ihren Text (λέγων ἡ πειθαρχία γυνή ἐστι μήτηρ τῆς σωτῆρος εὐπραξίας, οὕτως λέγεται λόγος), wodurch das aus der Vorlage rückständige ὑπεμφαίνων noch weiter von seinem Satze entfernt wird und die beiden Participia λέγων und ὑπεμφαίνων aneinanderstossen, was G. m. denn durch ein nun allerdings deutlicheres ὑπεμφαίνει δέ vermeidet, und das Uebrige geben sie nun nach Gutdünken wieder: da die spezielle Beziehung der einzelnen Worte des Commentars an dem geänderten Texte nicht mehr ersichtlich war, so ist jetzt die Aufnahme der vom Original veranlassten Ausdrücke dem Zufall anheimgegeben: Schol. G. fügt ὠφέλιμον noch nachträglich bei und lässt darüber das εὖ πράττουσιν fahren, Schol. A. lässt ὠφέλιμον fallen und statt εὖ πράττουσιν wird auch ἵστανται, ἑστᾶσιν variirt; möglich dass diesen Varianten wieder besonders ein originales εὖ πράττουσι καὶ ὀνίνανται zu Grunde liegt, wovon die einen das erstere wählten, die andern das zweite, woraus denn ἵστανται entstand, welches wieder ἐστᾶσιν zur Folge hatte.

Zu Pers. V. 101 ff. machte ich darauf aufmerksam, dass die Strophe V. 101—113 θεόθεν γὰρ κάτα Μοῖρ' ἐκράτησεν κ. τ. λ. der Strophe V. 92—100 δολόμητιν δ' ἀπάταν θεοῦ τίς ἀνὴρ θνατὸς ἀλύξει κ. τ. λ. vorhergehen müsse. In den edirten Scholien fliesst die Conclusion des Schol. B. εἰ γὰρ καὶ Πέρσαι τὰ ἐς πόλεμον θαυμαστοί (Inhalt der Strophe 101—113) καὶ Ξέρξης τοσοῦτον πλῆθος κατὰ τῆς Ἑλλάδος ἐπήγαγεν, ἀλλ' οὔτι οἶδε (l. οὔτις οἶδε, wie in Lips. m. richtig steht), ποῦ τὸ πρᾶγμα προβαίη. θεοῦ γὰρ βουλήσει ἄλλοτε ἄλλως τὰ τῆς νίκης χωρεῖ, ὥστε καὶ τοὺς πολλοὺς ὑπ' ὀλίγων ἂν καταπολεμουμένους πολλάκις θεάσαιο (Strophe 94—100). διὸ καὶ ἡμεῖς ἐσμὲν ταραχῆς καὶ φροντίδος μεστοί (Strophe 114 ff.) aus einem Commentare, welcher die von mir angegebene Ordnung noch vor sich hatte. Auch Schol. G. m. sieht noch den Zusammenhang der Gedanken, wenn er neben V. 101 (θεόθεν γὰρ κ. τ. λ.) am Rande bemerkt: αὕτη ἡ κατασκευὴ πρὸς τὸ ἀπρόσοιστος γὰρ ὁ Περσῶν στρατὸς ἀλκίφρων τε λαός (V. 92) — ein letzter Nachklang des Ursprünglichen, denn, wenn es auch eine nachträgliche Einsicht des schreibenden Grammatikers sein sollte, so kam ihm diese wohl nur unter Anleitung des vorliegenden Commentares, der so V. 101 u. f. in Verbindung mit V. 92 besprach. Aber auch von der hier durch Grammatikerhand veranstalteten absichtlichen Umstellung scheint in den Scholien noch die bestimmte Nachricht vorzuliegen. Denn, was bedeutete ursprünglich die Bemerkung in Schol. A. ὡς ἔδει παρατέτακται ὁ Πέρσης l. ὁ Ξέρξης, wie in Schol. Med. O. P. und Vit. m. steht? Ich zweifle, dass auch die Schol. O. und P. es anzugeben gewusst haben, die jene Worte in ihre Erklärung hineinziehend schrieben: τοῦτο λέγει, ὅτι ὡς ἔδει μὲν παρατέτακται ὁ Ξέρξης, ἡ δὲ θεοῦ ἐπιβουλὴ τὰ τῆς νίκης ἀναβάλλεται κ. τ. λ. Man scheint verstanden zu haben, dass Xerxes zwar gehörig in Schlachtordnung stehe, dass aber u. s. w., ich glaube indess, dass hier die Hand des Grammatikers zu Grunde liegt, welcher die Umstellung der Strophen veranstaltete und, indem er δολόμῆτιν δ' ἀπάταν θεοῦ κ. τ. λ. neben ἀπρόσοιστος γὰρ ὁ Περσῶν στρατὸς ἀλκίφρων τε λαός stellte, dazu bemerkte: ὡς ἔδει παρατέτακται. Ich hebe also nur die Interpolation eines spätern Grammatikers wieder weg, wenn ich auf V. 92 ἀπρόσοιστος κ. τ. λ. V. 101 θεόθεν γὰρ κ. τ. λ., dann erst V. 93 δολόμητιν δ' ἀπάταν κ. τ. λ. und darauf V. 114 ταῦτά μου μελαγχίτων φρὴν κ. τ. λ. folgen lasse. Der Dichter schilderte erst die Perser in ihrem ganzen Glanze, und setzte dem dann mit δολόμητιν δ' ἀπάταν κ. τ. λ. die Unsicherheit der menschlichen Dinge entgegen, um daran mit ταῦτά μου μελαγχίτων unter entsprechend geändertem Rhythmus die bange Ahnung über das Schicksal der Unternehmung anzuknüpfen. Und warum mag wohl der Grammatiker jene Umstellung veranstaltet haben? Auch das können wir noch seinen eigenen Worten entnehmen. Wenn es heisst: δολόμητιν δ' ἀπάταν θεοῦ, wer war ihm dieser Gott? — man erschrecke nicht vor den Interpretationskünsten früherer Jahrhunderte, wenn geantwortet wird: ὁ Ξέρξης. Man mochte dabei an Stellen denken, wie V. 157: θεοῦ μὲν εὐνήτειρα Περσῶν, θεοῦ δὲ καὶ μήτηρ ἔφυς. Das war der Sinn des Wortes, welches sich demnächst an das nicht mehr verstandene παρατέτακται als vermeintliches Subject anschloss: ὡς ἔδει παρατέτακται ὁ Ξέρξης. Der Grammatiker verstand die ganze Strophe V. 93—100 als zu Gunsten der Perser, gegen die Feinde, gedichtet. Xerxes war ihm der Gott, dem kein Sterblicher (ἀνὴρ θνατός war ihm der natürliche Gegensatz zu θεός) entgeht, der die Feinde in das Netz des Verderbens führt, dem Niemand entrinnen kann. Nun wünschte er dicht neben dem durch seine Kraft unwiderstehlichen Heere (ἀπρόσοιστος γὰρ ὁ Περσῶν στρατὸς κ. τ. λ.) den durch seine Kriegskunst (so deutete er nun δολόμητιν δ' ἀπάταν) unwiderstehlichen Führer; er hatte nun, wie in V. 65—72 und V. 73—85, so auch in V. 85—92 und V. 93—100 eine Strophe für das Heer und eine für den Xerxes neben einander. Die vom Dichter mit trefflicher Erfindung vorhergeschickten langen und glänzenden Schilderungen der Persermacht hatten ihm so imponirt, dass er, auf die (nun dramatisch nothwendige) gegensätzliche

Wendung in δολόμητιν δ' ἀπάταν θεοῦ nicht gefasst, diese Strophe auch noch mit in jene Schilderungen hineinzog. Darum denn stellte er δολόμητιν δ' ἀπάταν θεοῦ gleich neben ἀπρόσοιστος γὰρ ὁ Περσῶν στρατός und, als das Werk vollbracht war, schrieb er daneben: αἷς ἔδει παρατέτακται. Und nun liess er in V. 101 den Dichter die Unwiderstehlichkeit der Perser weiter erhärten durch die Strophe: θεόθεν γὰρ κάτα Μοῖρ' ἐκράτησεν τὸ παλαιόν κ. τ. λ., deren ersten Theil er noch mit πολεμικοὶ δὲ ὄντες οὐχ ἡττηθήσονται concludirt, und für das endlich folgende ταῦτά μου μελαγχίτων κ. τ. λ., was diesen ganzen Luftbau hätte umstürzen müssen, nun, dafür blieb ihm, wenn er sich übrigens darüber noch Rechenschaft abgelegt hat, dasselbe übrig, woran sich, wie es scheint, auch alle folgenden Erklärer haben genügen lassen (von Hermann liegt es vor, da er schreibt: illud vero ut novum et insolens, et quod sollicitudinem, ut statim dicit chorus, afferret commemorari poterat, quod per pontes parum firmos agitatum fluctibus mare transgredi essent ausi — eine Folge des als nunc didicerunt missdeuteten ἔμαθον): das nun zufällig grade vorhergehende πίσυνοι λεπτοδόμοις πείσμασι λαοπόροις τε μηχαναῖς, was dem Dichter freilich nicht so gemeint war, sondern bei ihm mit zu der Schilderung gehörte von der vertrauten Bekanntschaft der Perser auch mit diesem Elemente, mit der schäumenden See, und der daraus hervorgehenden Möglichkeit Griechenland mit Krieg zu überziehen. Denn in diesem Sinne fügte er ja nach der Tüchtigkeit im Landkampf (ἐπέσκηψε δὲ Πέρσαις πολέμους πυργοδαΐκτους διέπειν ἱππιοχάρμας τε κλόνους πόλεών τ' ἀναστάσεις) hinzu: ἔμαθον δ' εὐρυπόροιο θαλάσσας πολιαινομένας πνεύματι λάβρῳ ἐσορᾶν πόντιον ἄλσος, πίσυνοι λεπτοδόμοις πείσμασι λαοπόροις τε μηχαναῖς. Statt des überlieferten λαοπόροις vermuthe ich λεωπόροις (wie λεωφόρος) dreisilbig (Gegenstrophe τε κλόνοις πόλεών τ' ἀναστάσεις). — Um Alles zu berühren, was hier vorgegangen, so verstand man die Strophe δολόμητιν δ' ἀπάταν θεοῦ κ.τ.λ. auch noch anders, als der Strophenversetzer, von Xerxes, und als wir heute, von der Möglichkeit des Unglücks trotz aller vorher geschilderten Persermacht und Tüchtigkeit, man deutete sie auch darauf, dass noch immer keine Siegesnachricht erfolgt sei. Πεπέρακεν μὲν ὁ περσέπτολις ἤδη βασίλειος στρατός hiess es vorher, damit in Verbindung deutete man δολόμητιν δ' ἀπάταν θεοῦ auf (Schol. A. O. P. Med. Vit. m.): εἰ δὲ ἡ τοῦ θεοῦ ἐπιβουλὴ τὰ τῆς νίκης ἀναβάλλεται, τίς ὁ νικήσων θεόν; Man sieht, von dem Aufschub des Sieges der Perser durch Gott (in G. i. ist θεοῦ mit τοῦ Ἄρεος erklärt) verstand man die δολόμητις ἀπάτα θεοῦ, und obschon dies wieder eine andere Auffassung war, so trat auch sie neben die vorher besprochenen Worte. — In Vit. steht die aus Schol. A. referirte Redaction der Bemerkung nicht mehr, er hat die des Schol. O. P. In der Bemerkung des Schol. B. (auch in G. m.) zu V. 102: ἤγουν ἐξ ἀρχῆς εἱμαρμένον ἦν Πέρσαις παρὰ θεοῦ ἐν πολέμοις τοὺς ἄλλους νικᾶν steht in Lips. m. τοὺς ἄθλους.

Eine ähnliche Bemerkung, wie die vorher aus G. m. citirte: αὕτη ἡ κατασκευὴ πρὸς τὸ κ. τ. λ. steht auch an jener für den vermeintlichen Parallelismus der sieben Redenpaare in den Sieben vor Theben entscheidenden Stelle V. 550, wo in die Worte des Boten:

ὁ δὲ τοιόσδ' ἀνήρ,
μέτοικος Ἄργει τ' ἐκτίνων καλὰς τροφάς,
πύργοις ἀπειλεῖ δείν', ἃ μὴ κραίνοι τύχη.

Eteokles einfällt mit:

εἰ γὰρ τύχοιεν ὧν φρονοῦσι δυσθεῶν
αὐτοῖς ἐκείνοις ἀνοσίοις κομπάσμασιν,
ἦ τᾶν πανώλεις παγκάκως τ' ὀλοίμεθα.
ἔστιν δὲ καὶ τῷδ', ὃν λέγεις, ἀντηρέτης κ. τ. λ.

Wenn hier Schol. B. beginnt: ἡ κατασκευὴ αὐτὴ l. αὕτη πρὸς τὸν τοῦ ἀγγέλου λόγον ἐστίν· εἰπόντος γὰρ ἐκείνου ἅπερ ἀπειλεῖ τῇ πόλει μὴ τελειώσειεν ἡ τύχη, φησὶν οὗτος, so ist dies der, auch noch (wie V. 426) das originale τύχη enthaltende Anfang zu der richtigen Lesart, dem nun aber die Erklärung des inzwischen verschriebenen Textes folgt. Dergleichen noch zum richtigen Texte geschriebenen Vordersätzen, welchen aus dem alterirten Texte gezogene Nachsätze folgen, begegneten wir nun schon verschiedenemale, wie bei VII, 686 in Schol. A., 565 in Schol. O. P.,

273 in Schol. B. Sie begreifen sich bei der allgemeinen Sachlage leicht: theils stossen sie, frei gebildet, am wenigsten mit den speziellen Worten des Textes zusammen, theils werden sie von dem grade mit der Erklärung des Nachsatzes beschäftigten Schreiber am wenigsten mit dem Text confrontirt. So wurde auch hier der Vordersatz unbefangen nachgeschrieben, im Nachsatze aber das πρὸς θεῶν und ὀλοίατο des Textes erklärt. Πρὸς θεῶν verdrehte den Sinn von τύχοιεν, wozu nun das εἰ γάρ als Wunschpartikel zu gehören schien, man erklärte daher: εἴθε γὰρ τύχοιεν παρὰ τῶν θεῶν ὧν καθ᾽ ἡμῶν φρονοῦσιν, τουτέστιν ἅπερ ἡμῖν ἀπειλοῦσιν αὐτοὶ πάθοιεν κ. τ. λ., obschon so der folgende Vers in's Gedränge kam, den man nun nach einem geflickten Uebergange, bei welchem man doch das conditionale εἰ wieder anwenden musste, hintennach folgen liess: καὶ ὄντως ἄν (d. i. ἤ, τέ, ἄν), εἰ γένοιτο τοῦτο, ἀπολεσθεῖεν ἂν σὺν αὐτοῖς ἐκείνοις κομπάσμασι πανώλεθροι καὶ παγκάκως, während in Schol. O. P. Med. noch versucht wird, jenen Mittelvers an seiner Stelle zu erklären (ὧν φρονοῦσι καὶ ἀλαζονεύονται ἐπὶ τῶν ἀσπίδων κομπάσματα ἔχοντες). Das conditionale εἰ ist noch festgehalten in der Paraphrase des Schol. O. P., Schol. Med. hat schon εἴθε aufgenommen, dafür aber auch den Nachsatz vermieden. Dagegen ist in ihn noch aus der ursprünglichen Erklärung des richtigen Textes ὧν φρονοῦσιν ἀνοσίων eingeflossen d. i. ὧν φρονοῦσι δυσθεῶν. Eteokles fällt bei den Worten des Boten: πύργοις ἀπειλεῖ δείν᾽, ἃ μὴ κραίνοι τύχη ein und ruft, auf sie bezüglich, höhnend: denn wenn sie das Gottlose was sie im Schilde führen erreichten mit jenen ihren frevelhaften Prahlereien selbst, da würden freilich schrecklich wir zu Grunde gehen! Allein auch gegen den, den du da nennst, ist hier bereit ein Gegner u. s. w. Das von mir (S. 43 m. Schr.) in V. 548 hergestellte Ἄργει τε haben, wie ich nachträglich sah, Colb. 1. und Par. N. noch überliefert. In den Umstellungen, welche man hier veranstaltete, wonach: ὁ δὲ, τοιόσδ᾽ ἀνήρ, μέτοικος Ἄργει δ᾽ ἐκτίνων καλὰς τροφὰς, ἐλθὼν ἔοικεν οἳ καπηλεύσειν μάχην κ. τ. λ. einander folgen sollten, ist auch die unerträgliche Rhetorik und Wort-

stellung, welche mit in den Kauf gegeben wird, characteristisch. Und das in V. 554 von mir vorgeschlagene χειρὶ δρᾷ δ' ὃ δράσιμον, was auch dem χειρὶ πολεμεῖν des Schol. A. u. Med. zu Grunde liegt, ist noch direct überliefert in Vit. i., wo über der zu ὁρᾷ gehörenden Erklärung βλέπει noch die Glosse δεικνύει steht, welche nicht mit ὁρᾷ zusammenhängt, sondern mit δρᾷ: 'er zeigt (durch die That), was man thun kann'. Das δρᾷ ist auch darum nothwendig, weil in dieser ganzen dem Parthenopäus entgegengestellten Partie der Gegensatz von Drohung und That überall auf das schärfste hervorgekehrt ist: ἀπειλεῖ und ἃ μὴ κραίνοι, τύχοιεν und κομπάσμασιν, ἄκομπος und δρᾷ, γλῶσσα ἐργμάτων ἄτερ εἴσω πυλῶν φλύουσα. Auf dem kleinen Raume von V. 542—562 hatten sich — zwar keine Lücken, aber — eine ganze Sammlung kleiner Fehler verschiedensten Ursprunges zusammengefunden: der gewöhnliche Buchstabenschreibfehler: ἕνα statt ἵνα und in Folge davon ὡς — ἰάπτεσθαι statt ἵνα ὡς πλεῖστα — ἰάπτηται (auch eine Wiener Handschrift hat noch dieses ἰάπτηται mit der Glosse πέμπωνται, wie G. i., in letzterer steht ἵνα über ὡς), δὲ statt τέ, ὁρᾷ statt δρᾷ; der Flüchtigkeitsschreibfehler: πρὸς θεῶν satt δυσθεῶν, ὀλοίατο statt ὀλοίμεθα; die Glosse statt des Originals im Text: λαμπρόν statt χρύσεον, θεός statt τύχη, ῥέουσαν statt φλύουσαν; die Erklärung, welche das unter ihr stehende Wort überdeckte: τὸν Ἀρκάδα statt ἀντηρέτης, ἀνὴρ statt ἄλλως (dazu gehört auch V. 562, wenn, wie ich vermuthe, das übergeschriebene ἂν die unter ihm stehende Präposition ausfallen machte: θεῶν θελόντων δ' ἐξαληθεύσαιμ' ἐγώ oder ἐξαληθίσαιμ' ἐγώ, vergl. ἐξαληθίζεσθαι Etym. magn.); endlich die mit dem Texte vermischte Erklärung: ἔξωθεν εἴσω statt des mit ἔξωθεν οὖσα erklärten ἔξω δ' ἐκείνη.

Wenn es nun dem Leser nach all dem aufgewiesenen Wirrwarre noch nicht schwindlig geworden ist, so möchte ich ihn einladen, zum Schluss mit mir auch noch den Fall zu betrachten, wo die Grammatiker, durch das trübe Medium ihres Textes die Commentarvorlage betrachtend, sich gänzlich an derselben versehen und sie missverständlich in einem ganz verkehrten Sinne auffassen. Wenn es Pers. V. 761 in den Handschriften heisst:

τοιγάρ σφιν ἔργον ἐστὶν ἐξειργασμένον
μέγιστον, ἀείμνηστον, οἷον οὐδέπω
τόδ' ἄστυ Σούσων ἐξεκείνωσεν πεσόν.

und Schol. B. schreibt dazu: τὸ πεσσὸν εἰ μὲν διὰ δύο σσ γράψεις, πρὸς τὸ ἔργον συνάψεις, τὸ δίκην κύβου τὰ πράγματα ταράξαν. ἔστι γὰρ ἀπὸ τοῦ πεσσάω πεσσὸν εἰς δεύτερον ἀόριστον· εἰ δὲ δι' ἑνὸς σ, πρὸς τὸ ἄστυ συντάξεις· νόει δὲ ἀντὶ τοῦ δυστυχῆσαν· πτῶσις γάρ ἐστιν ἡ δυστυχία, so beruht die ganze Auseinandersetzung auf einem angemerkten und missverstandenen: διὰ δύο σ γραπτέον d. i. statt πεσόν πέσος, wie Hermann schrieb. Das zur Erklärung von πέσος angewandte δίκην κύβου· τὰ πράγματα γὰρ κατὰ κύβον πίπτουσιν kam dem Missverständnisse zu Hülfe, da πεσσός = κύβος. Auch in der Bemerkung des Schol. A. ἔργον οἷον οὐδέπω πεσὸν δίκην κύβου κ. τ. λ. hat Vit. m. πεσσόν; auch hier ist πέσος das Original; von ihm sagte man, es hange mit ἔργον zusammen.

Sieben vor Theben V. 110 heisst es in den Handschriften:

θεοὶ πολιοῦχοι χθονός
ἴθ' ἴτε πάντες, ἴδετε παρθένων
ἱκέσιον λόχον δουλοσύνας ὕπερ.

Die Bemerkung des Schol. A. dazu: τινὲς μὲν ἴτε, ἴτε φασί, τραπῆναι τὸ τ εἰς θ ὑπὸ τοῦ ποιητοῦ διὰ τὸ κακόφωνον λέγοντες, ἄλλοι δὲ τὸ ἴθι ἑνικῶς λέγουσι, πρὸς τὸν Ἄρην τοῦτο ἀποτείνοντες, τὸ δὲ ἕτερον εἰς τοὺς θεούς· ὁ δὲ νοῦς ἐστι τοιοῦτος, ἔλθετε, ὦ θεοὶ σύμπαντες ist ein noch komischeres Missverständniss, als das eben angeführte. Zu Grunde liegt nichts anderes, als θεοὶ πολίοχοί θ' und zwei verschiedene Erklärungen dieses θ'. Man sagte einerseits: das τέ knüpfe die Götter, im Sinne von 'alle Götter', an den im Vorhergehenden angerufenen Ares; andrerseits: das θ' sei um des Hiatus willen hinzugefügt. Als sich aber im Text das accentuirte ί von πολίοχοι mit θ' zu ἴθ' verbunden hatte, nahm man dieses ἴθ' nun für ἴθι oder für ἴτε, und beides trat zusammen zu ἴθ' ἴτε, welches man nun wieder als zur Vermeidung der Kakophonie statt ἴτ' ἴτε gesagt erklärte. Diese Geschichte der Bemerkung kann man in den manchfaltigen Redactionen derselben in den verschiedenen Handschriften noch deutlich verfolgen. In G. m., wo es heisst: *ἴτ' ἴτε πάντες. γράφ. καὶ ἴθ' ἴτε πάντες, καὶ οἱ μὲν τὸ ἴθι παρακελευσματικὸν φασὶν ἐπίρρημα ὡσεὶ ἔλεγεν ἄγε, ἔλθετε πάντες, οἱ δὲ τὸ ἴθι προστακτικὸν ῥῆμα, ἀποτείνον πρὸς τὸν Ἄρην, πρὸς ὃν ἀνωτέρω τὸν λόγον ἐποιοῦντο*, sieht man in beiden Gliedern noch das einfache *ἴθι*. Im ersten wird es als Aufforderung erklärt gleich *ἄγε*. Das zweite Glied hat schon nur dann Sinn, wenn man sich die blosse Copula *θ'* denkt als *προστακτικὸν ῥῆμα, ἀποτείνον πρὸς τὸν Ἄρην, πρὸς ὃν ἀνωτέρω τὸν λόγον ἐποιοῦντο*. Man ging weiter und erklärte in dem zusammengetretenen *ἴθ' ἴτε* das *ἴθ'* singularisch (Schol. A. Vit. m. Vind. m. *ἄλλοι δὲ τὸ ἴθι ἐνικῶς λέγουσιν*) und bezog es, die ursprüngliche, zu dem anknüpfenden *θ'* geschriebene Bemerkung missdeutend, auf den Ares (Schol. A. Vind. m. *πρὸς τὸν Ἄρην τοῦτο ἀποτείνοντες*, Vit. m. *ἄλλοι δὲ τὸ ἴθι ἐνικῶς πρὸς τὸν Ἄρην ἀποτείνουσιν*), obschon dies gar keine Anwendung mehr hatte, und das *ἴτε* auf die Götter (Schol. A. Vind. m. *τὸ δὲ ἕτερον πρὸς τοὺς θεούς*. Vit. m. *τὸ δὲ ἴτε πρὸς τοὺς θεούς*), oder aber man sagte: *ἴθ, ἴτε* ist gleich *ἴτ' ἴτε* (Schol. A. Vind. m. *τινὲς μὲν ἴτ' ἴτε φασίν*. Vit. m. hat hier noch einmal das einfache *ἴτε*: *τινὲς δὲ ἴτε φασιν*) und zur Erklärung der Verwandlung des *τ* in *θ* wandte man nun die andre Bemerkung, dass das *θ'* der Kakophonie, des Hiatus wegen hinzugefügt sei, missverständlich an: Schol. A. *τραπῆναι τὸ τ εἰς θ ὑπὸ τοῦ ποιητοῦ διὰ τὸ κακόφωνον λέγοντες*. Wenn man in den Worten, womit dies noch in Vind. und Vit. gesagt ist: *διὰ τὸ κακόφωνον ἀντὶ τοῦ τ τὸ θ προσελήφθη τῷ ποιητῇ* und *διὰ τὸ κακόφωνον εἶναι τὸ τ προσετίθη τὸ θ*, das von der Supposition der Grammatiker herstammende *ἀντὶ τοῦ τ* und *τὸ τ* abzieht, so hat man die zweite ursprüngliche Bemerkung vor sich: *διὰ τὸ κακόφωνον τὸ θ' προσελήφθη τῷ ποιητῇ* und *διὰ τὸ κακόφωνον προσετίθη τὸ θ'*. Und die bekannte exegetische Frage, wie hier nach dem Anruf an den Ares noch der allgemeine Anruf an die Götter mit *τέ* folge, hatte man dadurch beantwortet, dass man sagte, der Sinn ist 'alle

Götter': Schol. A. Vit. m. Vind. m. ὁ δὲ νοῦς (τῶν ἐπῶν Vind.) τοιοῦτος· ἔλθετε (dieser Zusatz kommt wieder von dem Text) ὦ θεοὶ σύμπαντες. Schol. G. m., der noch ἴθ' erklärt, ἄγε, ἔλθετε πάντες. Nehmen wir denn die Textbrille ganz weg, so kommen wir von ἴτ', ἴτε zu ἴθ', ἴτε, von diesem zum einfachen ἴθ' und von ihm zum blossen θ' zurück, durch welches allein alles zu dieser Stelle Bemerkte begreiflich wird. Im Texte haben wir demgemäss von ἴθ' ἴτε nur θ' übrig zu lassen, dann das nur durch die Erklärung hinzugekommene πάντες zu löschen, ferner das nicht dahin gehörende Wort χθονός, welches, wie ἴθ', wieder für sich ein interpolirender Ausfluss des Schlusses von πολιοῦχοι ist: kurz die ganze Lesart des Textes: θεοὶ πολιοῦχοι χθονός, ἴτ' ἴτε πάντες ist eine Interpolation von θεοὶ πολιοῦχοί θ'.

Aus dem auf diese Weise wiedererlangten θ' geht nun hervor, dass unmittelbar darauf die Worte ἱκέσιον λόχον folgten, welche von der Erklärung zurückgeschoben wurden zu dem mit ihnen zusammenhängenden, von ihnen regierten δουλοσύνας ὕπερ; in Schol. Lips. m. steht noch die betreffende Bemerkung, welche die Umstellung veranlasste: σύναπτε τὸ ἱκέσιον πρὸς τὸ δουλοσύνας ὕπερ. Dies wurde ursprünglich bemerkt, als die Worte noch nicht so unmittelbar neben einander standen, wie jetzt im Text der Handschriften, so wie Horaz Sat. I, 5, 77 die Bemerkung des Scholiasten: accipiendum potius 'mihi notos', quam 'ostentare mihi' zuerst geschrieben wurde, als man im Text statt:
    incipit ex illo montes Apulia notos
    ostentare mihi, quos torret Atabulus
noch las:
    incipit ex illo montes mihi Daunia notos
    ostentare, gravis quos torret Atabulus
(s. m. Schr. S. 233 f.); die Erklärung setzte das mihi zu ostentare, wodurch das vom Scholiasten aufbewahrte gravis überdeckt wurde. Die Worte δουλοσύνας ὕπερ wurden um so deutlicher von ἱκέσιον regiert, als dies durch seine vorgerückte Stellung hervortrat, welche Betonung überhaupt dem Ausdrucke des angestrengten Flehens zu gute

kam. So sind nicht selten die in den Scholien übrigen Bemerkungen noch ein Fingerzeig für das, was in Folge der betreffenden Ansicht und Erklärung der Grammatiker an dem Texte selbst vor sich gegangen ist (das vorher besprochene ὡς ἔδει παρατέτακται war der Art). So glaube ich auch in der vielversuchten Stelle Sieben vor Theben V. 826, wo überliefert ist:

πότερον χαίρω κἀπολολύξω
πόλεως ἀσινεῖ σωτῆρι

und Hermann σωτῆρι πόλεως ἀσινείᾳ schrieb (diese Verbindung eines positiven Ausdrucks, σωτῆρι, mit einem negativen, ἀσινείᾳ, ist unnatürlich), Dindorf πόλεως ἀσινεῖ σωτῆρι τύχᾳ (hier kommt zur Verbindung des nun auch zu schwachen ἀσινεῖ mit σωτῆρι die unmotivirte Erhebung des Begriffs in die Persönlichkeit in σωτῆρι τύχᾳ; auch verschwindet dadurch der passende, in der Ueberlieferung noch äusserlich stattfindende rhythmische Abschnitt, wogegen τύχᾳ und ἤ aneinanderstossen) aus der Bemerkung des Schol. B. ἀβλαβεῖ· σωτηρίας τοῦτο γὰρ ἐπίθετον rückwärts errathen zu dürfen, dass die Erklärung erst das Adjectiv zu σωτηρίᾳ stellte und diese Operation dann mit jener Bemerkung begleitete (dies ist der von Hermann gesuchte Ursprung der Beischrift und das in diesem Sinne betonte σωτηρίας die Veranlassung der Wortstellung σωτηρίας τοῦτο γὰρ ἐπίθετον), während im Original das Adjectiv mit der Stadt verbunden war: πόλεως ἀσινοῦς, wovon des Schol. A. und Med. σωθείσης τῆς πόλεως die Uebersetzung, und dass dieses ἀσινοῦς mit dem von Ritschl vorgeschlagenen εὐσοίᾳ den Parömiacus:

πόλεως ἀσινοῦς εὐσοίᾳ

bildete. Σωτηρίᾳ als Glosse von εὐσοίᾳ (Hesychius: εὔσοια, σωτηρία) verlor im Med. seine letzte Silbe, weil sie beim Versmaass überschoss, wie wir Pers. V. 954 ἐκπευθοι fanden statt ἐκπευθοίμαν; in G. u. a. steht noch das vollständige σωτηρίᾳ. Ritschl's ἀσινής war auch darum nicht das richtige, weil es den Gedanken von dem in die Verba und was zu ihnen gehört gelegten Gegensatze abzieht auf das Subject, welches beiderseits gleich bleiben soll. Ebenso kann man Pind. Olymp. XI, 24, wo die Handschriften (ἀγῶνα), ὃν ἀρχαίῳ σάματι πὰρ Πέλοπος βωμῷ ἐξάριθμον ἐκτίσατο Ἡρακλέης darbieten, aus der Bemerkung des alten Scholiasten: τὸ μνῆμα τοῦ Πέλοπος τὸ αὐτὸ τῷ βωμῷ· οὐ γὰρ ἑτέρωθι μὲν ὁ Πέλοψ, ἑτέρωθι δὲ ὁ βωμός, ἀλλ' ἐν καὶ τὸ αὐτὸ χωρίον ἐστὶ σῆμα καὶ βωμός um so sicherer entnehmen, dass βωμῷ (später wegen ἐξάριθμον zu βωμόν interpolirt) eine von der Erklärung herrührende Parallele zu σάματι und also einfach zu entfernen ist. Ἐκτήσατο ist, wie ἱδρύσατο καὶ κατεσκεύασεν im Scholiasten, Glosse von ἔθηκε (ἀγωνοθέτης), welches unter dem beigeschriebenen βωμῷ verloren ging; vergl. Olymp. XIII, 82 θέμεν Ἱππίᾳ βωμὸν εὐθὺς Ἀθάνᾳ, Schol. vet. τῇ ἱππικωτάτῃ Ἀθηνᾷ ἱδρύσασθαι βωμόν, so dass sich Kaiser's ἔθηχ' ἐξάριθμον Ἡρακλέης als das Original ergibt. — In der Stelle der Sieben vor Theben haben wir nun die Strophe:

θεοὶ πολιόχοι θ' ἱκέσιον λόχον
λεύσσετε παρθένων δουλοσύνας ὕπερ.
κῦμα περὶ πτόλιν δοχμολόφων ἀνδρῶν
καχλάζει πνοαῖς Ἄρεος ὄρμενον.
σὺ δ', ὦ Ζεῦ πάτερ, κ. τ. λ.

zur Gegenstrophe (Hermann's μεσῳδός):

σύ τ' ὦ Διογενὲς φιλόμαχον κράτος
ῥυσίπολις γενοῦ Πάλλας, ὅ θ' ἵππιος
ποντομέδων ἄναξ ἐχθροβόλῳ μάχει,
Ποσειδᾶν, φόβων ἐπίλυσιν δίδου.
σύ τ' Ἄρης ἰοὺ κ. τ. λ.

mit Uebereinstimmung der characteristischen Dochmiusformen, welche hier, wie überall, den besten Führer abgeben. In den Handschriften steht in der Gegenstrophe zwar:

ἰχθυβόλῳ μαχανᾷ Ποσειδᾶν
ἐπίλυσιν φόβων, ἐπίλυσιν δίδου.

und in Schol. Med. ist dazu bemerkt: καὶ σύ, ὦ Πόσειδον, ὃς ἀνάσσεις ἐπὶ θήρᾳ ἰχθύων, so wie von späterer Hand: τῇ τοὺς ἰχθῦς τιτρωσκούσῃ τριαίνῃ (so auch Vind. i., und G. i. τῇ βαλλούσῃ τοὺς ἰχθῦς κάμακι). Aber in Schol. O. P., auch Vit. m., G. m. und Vind. m., heisst es noch: καὶ σὺ δὲ ὁ τῆς θαλάσσης βασιλεύων θεὸς Ποσειδᾶν ἐπίλυσιν τῶν φόβων δίδου, καταβαλὼν τοὺς ἐχθροὺς ἐν (l. σύν, Vind.

ohne ἐν) τῇ τριαίνῃ. Das letztere wäre schnell geändert in τοὺς ἰχθῦς σὺν τῇ τριαίνῃ und es wundert mich fast, dass es neben dem Text der Handschriften Stand gehalten hat. Aber auch das καταβαλών zeigt, dass die ἐχθροί ächt und die Fische, die nicht hierher gehören, ein in Folge des bei μηχανῇ gedachten Dreizacks entstandener Fehler im Text sind, welcher ἐχθροβόλῳ hiess, und μηχανῇ ist die Glosse von μήχει (Hesychius: μῆχος, μηχανή), denn dass das Wort indeclinabel, wie man gesagt hat, wo steht es geschrieben? es fehlte eben nur ein Beispiel. Dies, nicht irgend ein mit ἰχθυβόλῳ gebildeter, ist der äschylische Ausdruck und Gedanke (vergl. Hiket. V. 1072 λυτηρίοις μηχαναῖς θεοῦ πάρα, VII, 209 μηχανὴν σωτηρίας, 1041 μηχανὴ δραστήριος. Eum. 646 μηχανὴ λυτήριος. Agam. 677 μηχαναῖς Διός). Auch von der Wiederholung des Wortes ἐπίλυσιν scheint Schol. O. P. Vind. m. und Vit. m. (in diesem ist noch zugesetzt: ἤτοι λῦσον τὸν ἐπὶ κακῶν ἡμῖν φόβον) noch nichts zu wissen; nachdem es von der Erklärung auch vor seinen Genitiv gestellt worden und sich dadurch verdoppelt hatte (Lips. hat sogar ἐπίλυσιν φόβου ἐπίλυσιν φόβου ohne δίδου), bemerkte man: πάλιν δὶς εἶπεν τὸ ἐπίλυσιν· τεταραγμένης δὲ ψυχῆς ταῦτα ἤδη καὶ ἐμφάσεως ἕνεκεν λεγόμενα, was mehr auf Euripides passt, als auf Aeschylus. Wie es mit der Stelle steht, worauf sich das πάλιν des Scholiasten bezieht (V. 10 ἔπιδ' ἔπιδε πόλιν, wo die ähnliche Bemerkung gemacht war, s. Schol. Med.; aus Schol. A. lieferten es hier die Dind. Handschriften nicht mehr) werden wir später sehen.

Ebendaselbst V. 122 ist überliefert:

διάδετοι γενύων ἱππείων

κινύρονται φόνον χαλινοί.

und die Scholiasten (O. P. Vit. m. G. m.) bemerken dazu: οἱ χαλινοὶ οἱ διάδετοι καὶ ἐκκρεμάμενοι τῶν ἱππικῶν γενύων καὶ στομάτων κινύρονται φόνον und γρ. καὶ διάδετοι καὶ (so steht Par. B. Taur. Vit. m. G. m. vor dem aus P. bei Dind. referirten:) συντάσσεται οὕτως, οἱ διὰ τῶν ἱππείων γενύων δετοὶ καὶ δεδεμένοι χαλινοί (in Par. B. Vit. m. und zwei Wiener Handschriften: οἱ διὰ τῶν ἱππείων δετοὶ γενύων χαλινοί, in Taur. G. m. und 2 Vind. οἱ διὰ τῶν ἱπει'ων δὲ γενύων χαλινοί). Hier ist das blosse διά der Originaltext und οἱ διὰ τῶν ἱππείων γενύων χαλινοί die ursprüngliche Erklärung (συντάσσεται οὕτως οἱ διὰ τῶν ἱππείων γενύων χαλινοί); Schol. Med. sagt dafür: οἱ ἐν ταῖς γένυσι τῶν ἵππων χαλινοί. Das διά des Dichters wurde denn erklärt durch δετοί καὶ δεδεμένοι; dieses δετοί drängte sich nun auch in die ursprüngliche Erklärung, zum Theil an verkehrter Stelle (οἱ διὰ τῶν ἱππείων δετοί γενύων χαλινοί), und über die Zeile geschrieben verband es sich mit dem Originale zu διάδετοι. Dieses hier prosaische διάδετοι wurde nun auch selbst noch durch πανταχόθεν δεδεμένοι erklärt (so Schol. B. G. i.; Lips. i. πανταχόθεν δεδεμένοι ἱμᾶσιν) und, da nun der Genitiv nicht mehr regiert war, auch mit (Schol. O. P. Vit. m.) ἐκκρεμάμενοι, Vit. i. κρεμάμενοι στομάτων. Da man heute an dem missverständlichen γρ. διάδετοι festhielt, versuchte man vergebens, den Vers des Dichters herzustellen: ohne ein Flickwort δή, τοί, ἔτι u. s. w. ging es nicht her, dergleichen auch bei dem einfachen διά nicht angewandt werden darf. Weiter hat man sich die Herstellung erschwert dadurch, dass man an ἱππείων festhielt, welches nur die Glosse von πωλικῶν ist. Dieselbe steht auch noch V. 206 im Text:

ὅτε τε σύριγγες ἔκλαγξαν ἑλίτροχοι
ἱππικῶν τ' ἀγρύπνων
πηδαλίων διὰ στόμα
πυριγενετῶν χαλινῶν.

wo der Hiatus nicht vom Dichter herrührt, sondern:

πωλικῶν τ' ἀγρύπνων πηδαλίων διαὶ
πυριγενεταὶ χαλινοί.

herzustellen ist. Denn ausser der Glosse war durch die richtige Sinnerklärung διὰ στόματος (Schol. G. i.) das Wort στόμα in den Text gerathen (in der Gegenstrophe wurde ihm entsprechend πόλεως eingeschoben) und durch die unrichtige: Schol. A. ἱππικὰ πηδάλια λέγει (καὶ) τοὺς χαλινούς der Genitiv πυριγενετᾶν χαλινῶν, den man nun als erklärende Apposition zu πηδαλίων auffasste (Vit. i. λέγω). Die beiden bei Dind. aus Schol. B. angeführten Bemerkungen stehen in Lips. i. noch richtiger und vollständiger: τῶν μὴ τοὺς ἵππους ἐώντων ἠρεμεῖν, ἀλλ' ἐλαυ-

ohne ἐν) τῇ τριαίνῃ. Das letztere wäre schnell geändert in τοὺς ἰχθῦς σὺν τῇ τριαίνῃ und es wundert mich fast, dass es neben dem Text der Handschriften Stand gehalten hat. Aber auch das καταβαλών zeigt, dass die ἐχθροί ächt und die Fische, die nicht hierher gehören, ein in Folge des bei μηχανῇ gedachten Dreizacks entstandener Fehler im Text sind, welcher ἐχθροβόλῳ hiess, und μηχανῇ ist die Glosse von μήχει (Hesychius: μῆχος, μηχανή), denn dass das Wort indeclinabel, wie man gesagt hat, wo steht es geschrieben? es fehlte eben nur ein Beispiel. Dies, nicht irgend ein mit ἰχθυβόλῳ gebildeter, ist der äschylische Ausdruck und Gedanke (vergl. Hiket. V. 1072 λυτηρίοις μηχαναῖς θεοῦ πάρα, VII, 209 μηχανὴν σωτηρίας, 1041 μηχανὴ δραστήριος. Eum. 646 μηχανὴ λυτήριος. Agam. 677 μηχαναῖς Διός). Auch von der Wiederholung des Wortes ἐπίλυσιν scheint Schol. O. P. Vind. m. und Vit. m. (in diesem ist noch zugesetzt: ἤτοι λῦσον τὸν ἐπὶ κακῶν ἡμῖν φόβον) noch nichts zu wissen; nachdem es von der Erklärung auch vor seinen Genitiv gestellt worden und sich dadurch verdoppelt hatte (Lips. hat sogar ἐπίλυσιν φόβου ἐπίλυσιν φόβου ohne δίδου), bemerkte man: πάλιν δὶς εἶπεν τὸ ἐπίλυσιν· τεταραγμένης δὲ ψυχῆς ταῦτα ἤδη καὶ ἐμφάσεως ἕνεκεν λεγόμενα, was mehr auf Euripides passt, als auf Aeschylus. Wie es mit der Stelle steht, worauf sich das πάλιν des Scholiasten bezieht (V. 106 ἔπιδ' ἔπιδε πόλιν, wo die ähnliche Bemerkung gemacht war, s. Schol. Med.; aus Schol. A. lieferten es hier die Dind. Handschriften nicht mehr) werden wir später sehen.

Ebendaselbst V. 122 ist überliefert:

διάδετοι γενύων ἱππείων
κινύρονται φόνον χαλινοί.

und die Scholiasten (O. P. Vit. m. G. m.) bemerken dazu: οἱ χαλινοὶ οἱ διάδετοι καὶ ἐκκρεμάμενοι τῶν ἱππικῶν γενύων καὶ στομάτων κινύρονται φόνον und γρ. καὶ διάδετοι καὶ (so steht Par. B. Taur. Vit. m. G. m. vor dem aus P. bei Dind. referirten:) συντάσσεται οὕτως, οἱ διὰ τῶν ἱππείων γενύων δετοὶ καὶ δεδεμένοι χαλινοί (in Par. B. Vit. m. und zwei Wiener Handschriften: οἱ διὰ τῶν ἱππείων δετοὶ γενύων χαλινοί, in Taur. G. m. und 2 Vind. οἱ διὰ τῶν ἱππείων δὲ γενύων χαλινοί). Hier ist das blosse διά der Originaltext und οἱ διὰ τῶν ἱππείων γενύων χαλινοί die ursprüngliche Erklärung (συντάσσεται οὕτως οἱ διὰ τῶν ἱππείων γενύων χαλινοί); Schol. Med. sagt dafür: οἱ ἐν ταῖς γένυσι τῶν ἵππων χαλινοί. Das διά des Dichters wurde denn erklärt durch δετοὶ καὶ δεδεμένοι; dieses δετοί drängte sich nun auch in die ursprüngliche Erklärung, zum Theil an verkehrter Stelle (οἱ διὰ τῶν ἱππείων δετοὶ γενύων χαλινοί), und über die Zeile geschrieben verband es sich mit dem Originale zu διάδετοι. Dieses hier prosaische διάδετοι wurde nun auch selbst noch durch πανταχόθεν δεδεμένοι erklärt (so Schol. B. G. i.; Lips. i. πανταχόθεν δεδεμένοι ἱμᾶσιν) und, da nun der Genitiv nicht mehr regiert war, auch mit (Schol. O. P. Vit. m.) ἐκκρεμάμενοι, Vit. i. κρεμάμενοι στομάτων. Da man heute an dem missverständlichen γρ. διάδετοι festhielt, versuchte man vergebens, den Vers des Dichters herzustellen: ohne ein Flickwort δή, τοί, ἔτι u. s. w. ging es nicht her, dergleichen auch bei dem einfachen διά nicht angewandt werden darf. Weiter hat man sich die Herstellung erschwert dadurch, dass man an ἱππείων festhielt, welches nur die Glosse von πωλικῶν ist. Dieselbe steht auch noch V. 206 im Text:

ὅτε τε σύριγγες ἔκλαγξαν ἐλίτροχοι
ἱππικῶν τ' ἀγρύπνων
πηδαλίων διὰ στόμα
πυριγενετῶν χαλινῶν.

wo der Hiatus nicht vom Dichter herrührt, sondern:

πωλικῶν τ' ἀγρύπνων πηδαλίων διαὶ
πυριγενεταὶ χαλινοί.

herzustellen ist. Denn ausser der Glosse war durch die richtige Sinnerklärung διὰ στόματος (Schol. G. i.) das Wort στόμα in den Text gerathen (in der Gegenstrophe wurde ihm entsprechend πόλεως eingeschoben) und durch die unrichtige: Schol. A. ἱππικὰ πηδάλια λέγει (καὶ) τοὺς χαλινούς der Genitiv πυριγενετᾶν χαλινῶν, den man nun als erklärende Apposition zu πηδαλίων auffasste (Vit. i. λέγω). Die beiden bei Dind. aus Schol. B. angeführten Bemerkungen stehen in Lips. i. noch richtiger und vollständiger: τῶν μὴ τοὺς ἵππους ἐώντων ἠρεμεῖν, ἀλλ' ἐλαυνόντων πρὸς δρόμον und καθάπερ τὴν ναῦν (l. τῶν νεῶν) τὰ πηδάλια· ἔστι δὲ τὸ διὰ στόμα πρὸς τὸ πηδαλίων, οὐ πρὸς τὸ χαλινὸν (sic), ὡς οἴονταί τινες; diese letztere Bemerkung scheint noch auf den Zeitpunkt hinzuweisen, wo διὰ στόματος als Erklärung von πηδαλίων angemerkt wurde und χαλινοί noch unverändert war. Das διά war dort gradeso gebraucht, wie in unsrer Stelle, in welcher ich statt der in den Text gerathenen Erklärungen schreibe:

διά τε πωλικῶν γενείων ἐμοὶ
κινύρονται φόνον χαλινοί.

In Rob. διάδετοι τὲ sieht man noch διά, das hinzugeschriebene δετοί und die nothwendige Copula, und das unter der Erklärung verschwundene ἐμοί in Schol. B. Lips. i. ἠχοῦσιν ἡμῖν, Vit. i. πέμπουσιν (daher Rob. προθέμπονται in V. 124, σημαίνουσιν ἡμῖν, vergl. Schol. Med. θρηνοῦσιν ἡμῶν τὴν ἀναίρεσιν. Noch mehr in Unordnung ist:

Ἀργεῖοι γὰρ πόλισμα Κάδμου
κυκλοῦνται· φόβος δ' ἀρηΐων ὅπλων.

φόβος δ' ἀρηΐων ὅπλων ist so für sich stehend kein Ausdruck. Ἀργεῖοι wird die hinzugeschriebene Erklärung sein, die den Plural verursachte, φόβος wird das Subject von κυκλοῦται gewesen und zu seinem Genitiv gerückt worden sein: vielleicht Καδμέϊον πόλισμ' ἀρηΐων ὅπλων κυκλοῦται φόβος, διά τε πωλικῶν κ. τ. λ. An einen Antispast mit folgenden Jamben ist hier so wenig, wie irgendwo, zu denken:

V. 87 ist überliefert:

βοᾷ ὑπὲρ τειχέων
ὁ λεύκασπις ὄρνυται λαὸς
εὐτρεπὴς ἐπὶ πόλιν διώκων.

und in Schol. O. Q. (auch in Vind. m.) ist bemerkt: σημείωσαι δὲ ὅτι ἡ ὑπὲρ πρόθεσις, ὅτε τὴν ἀνωτάτω (Vind. ἀνωτάτων) σχέσιν δηλοῖ, μετὰ αἰτιατικῆς συντάσσεται· οἷον, ὑπὲρ τὴν γῆν ὁ ἥλιος (Vind. add. δίεισιν), ἐν τῷ οὐρανῷ γάρ· ὅτε δὲ τὸ πλησίον καὶ ἐγγύς (Vind. fing an zu schreiben ὅτε δὲ πλησιότητα und am Rande steht γρ. πλησίον καὶ ἐγγύς), μετὰ γενικῆς, ὡς (Vind. οἷον ὡς) τὸ ὑπὲρ τῆς γῆς ὁ ἀνήρ (ἀὴρ? Vind. ἄνθρωπος) ἤτοι πλησίον τῆς γῆς· ἄνωθεν γὰρ αὐτῆς πορεύεται. καὶ ὁ Λυκόφρων 'ὑπὲρ Καλυδνῶν λευκὰ φαίνουσαι πτίλα', ἤγουν τὰ ἰστία ὑπεράνω τῶν Καλυδνῶν φέρουσαι νήσων, μικρόν τι ταῦτα τῶν νήσων ἐξέχοντα. τοιοῦτόν ἐστι καὶ τὸ ὑπὲρ τειχέων — nichts als eine pfiffige Benutzung der hier vorgefundenen Glossen πλησίον, ἐγγύς, welche über dem verschriebenen ὑπέρ standen und zu dem originalen πρόσθε gehörten:

βοὰ πρόσθε τειχέων·

vergl. Eurip. Hiket. V. 664 Κάδμου δὲ λαὸς ἧστο πρόσθε τειχέων. So hatte ich längst vermuthet, als ich in Vit. auch noch das πλησίον an seiner Stelle (über ὑπέρ) antraf, wie dort mit diesem πλησίον z. B. auch V. 457 πρός in πρὸς πύλαις erklärt wird (vergl. Eustath. 1824 τὸ πρόσθεν ἀντὶ τοῦ πρὸ ὀλίγου καὶ ὡς εἰπεῖν ἐγγύς). Das ὑπέρ der Handschriften entstand wahrscheinlich durch das hier beigeschriebene, gewöhnliche ὑπάρχει, so steht in G. i. und einer Wiener Handschrift noch ἡ βοὴ αὐτῶν ὑπάρχει, welches die Erklärung zum richtigen βοά ist (Schol. B. Lips. i. ἐστίν, G. i. γίνεται, ἐστί; Schol. O. P. Med. Vit. m. Vind. erklären das unrichtige βοᾷ willkührlich als μετὰ βοῆς, ἐν βοῇ, σὺν θορίβῳ καὶ ὄχλῳ. Das selbstständige βοὰ πρόσθε τειχέων· ist der Beleg zum Folgenden. Die bei Dind. aus O. P. excerpirte Bemerkung, worin auf den Euripideischen Kapaneus Bezug genommen wird, ist eine spätere Ueberarbeitung der bei Rob. gedruckten Bemerkung (Schol. O.), welche auch in Vit. m. und Vind. m. steht. — In den vorhergehenden Worten: ἰὼ ἰὼ θεοὶ θεαί τ' ὀρόμενον κακὸν ἀλεύσατε stammen die Interjectionen, welche hier, wie gewöhnlich, in allerlei Variationen in den Handschriften umspringen, von der beliebten Beischrift der Grammatiker zum Vocativ (s. m. Schr. S. 240), zu θεοί und wieder zu θεαί, wie sie denn auch noch zwischen θεοί und θεαί stehen in Ven. B. ἰώ, ἰὼ θεοὶ ἰὼ θεαί τ'. G. ἰὼ ἰὼ ἰὼ θεοὶ ἰὼ θεαί τ'. Cant. 1. ἰὼ ἰὼ ἰὼ θεοὶ ἰὼ ἰὼ θεαί τ'. Schol. Vind. m. hat noch bloss ὦ θεοὶ θεαί τε, was dem Ursprünglichen am nächsten liegt. Ὀρόμενον wurde zu seinem Substantiv gestellt. Beim Dichter entsprach ein lebhaftes:

θεοὶ θεαί τε κακὸν ἀλεύσατ' ὀρμενον

der Gegenstrophe:

κτύπον δέδορκα, πάταγον οὐχ ἑνὸς δορός.
Den ganzen Abschnitt schreibe ich:
δεοὶ θεαί τε κακὸν ἀλεύσατ' ὄρμενον.
βοὰ πρόσθε τειχέων·
ὁ λεύκασπις ὁρμᾷ λεὼς εὐτρεπισθεὶς
ἐπὶ πτόλιν διώκων.

Zu ὁρμᾷ, welches in Vit. i. u. Lips. i. übergeschrieben ist, vergl. Schol. O. P. ὄρνυται καὶ διεγείρεται καὶ ὁρμᾷ, das Original wie häufig zuletzt; zu εὐτρεπισθείς Schol. G. i. Vind. i. εὐτρεπισμένος εἰς πόλεμον (vergl. m. Schr. S. 200), Schol. Vind. i. ὡπλισμένος, vergl. das auf εὐπρεπής anspielende τοῖς ὅπλοις κεκοσμημένος in O. P. Die Gegenstrophe dazu lautet:
κτύπον δέδορκα, πάταγον οὐχ ἑνὸς δορός·
τί ῥέξεις, προδώσεις,
παλαίχθων Ἄρης, τὰν τεάν, χρυσοπήληξ,
πόλιν ποτ' εὐφιλήταν;

Ich habe éinen Satz hergestellt. Ἄν ποτ' εὐφιλήταν ἔθου ist in den Text gemischte alte Erklärung (Schol. O. P. Med. ἥν ποτε ἔθου εὖ πεφιλημένην war die vollständige) zu ποτ' εὐφιλήταν. Vielleicht nicht zufällig ist in einer der Wiener Handschriften δαίμων erst später hinzugeschrieben, und in der Erklärung des Schol. O. P. ὦ Ἄρης χρυσοπήληξ καὶ χρυσῆν περικεφαλαίαν ἔχων jenes δαίμων nicht berührt und Ἄρης χρυσοπήληξ direct verbunden. Das bedeutungsvoll zwischen τὰν τεάν und πόλιν gestellte Epitheton scheint die Theilung des Satzes verursacht und alles Weitere zur Folge gehabt zu haben: γᾶν trat neben πόλιν (Cod. Med. hat im ersten Theile nur noch τὰν τεάν, in Vit. m. heisst es τὰν τεάν : τὴν σὴν πόλιν ἤγ. τὰς Θήβας und auch des Schol. B. πόλιν δηλονότι verband ursprünglich τὰν τεάν mit πόλιν). Zu χρυσοπήληξ fügte man zuerst ὦ, dann δαῖμον und interpolirte nun mit einem zum selbstständig gewordenen Satze nothwendigen Verbum ἔπιδ' ἔπιδε den Senar fertig. In neuerer Zeit hat man das einmal Auseinandergetretene denn auch noch an verschiedene Choreuten vertheilt. Die geschichtliche Anspielung, welche man in χρυσοπήληξ fand (Schol. O. P. ἤ add. ὅτι μετὰ χρυσέων περικεφαλαιῶν οἱ σπαρτοὶ ἀνεδόθησαν), stimmt mit der Stellung des Wortes zwischen τὰν τεάν und πόλιν ποτ' εὐφιλήταν. Die Verse πόλιν ποτ' εὐφιλήταν und ἐπὶ πτόλιν διώκων bildeten den thetischen Schluss, der die ganze erste Strophe und Gegenstrophe abschloss.

Mit den letztern Beispielen habe ich eine von ihrer Lösung noch weit entfernte Aufgabe der äschylischen Kritik berührt: die Parodos der Sieben vor Theben. Meist hat man dieselbe, unter Voraussichickung einer einversigen προῳδός, in eine Reihe barbarischer Strophen und Gegenstrophen abgetheilt, Hermann hat in der Mitte ein Strophenpaar um eine μεσῳδός herumgruppirt und im Anfange freie dochmische, an einzelne Choreuten vertheilte Systeme angenommen, Dindorf endlich das strophische Verhältniss wieder auf die am Schluss deutlich vorliegende Strophe und Gegenstrophe beschränkt; alles Vorhergehende hat er frei überarbeitet und so die auf der grossen Reise bis zu uns hin meist durch Unglück eingetretenen Alterationen des Textes interpolirend weitergeführt. Die frische Lust der Erklärung hatte dieses erste Chorstück der beliebten Tragödie mit einer solchen Menge von Bemerkungen überschüttet, dass es unter der Last zusammenbrach. Alle Arten von Einwirkung der Erklärung haben hier den ursprünglichen Text aus Randen und Banden gebracht; nur hier und da wurde dabei auch der Sinn lädirt, aber die Form ist überall zerbröckelt. Und welches ist die Quelle zur Wiederaufrichtung dieses Haufens von Trümmern? Nicht die Vertiefung in die Buchstaben der überlieferten Texte, noch auch auf der andern Seite freie subjective Phantasie, sondern, wenn irgendwo, so muss hier die älteste Quelle der Ueberlieferung in Anspruch genommen werden: die Erklärungen selbst, welche die Kunstform zertrümmerten, und zwar, da dieselben hier in ungewöhnlicher Menge und Manchfaltigkeit wuchernd sich selbst wieder vielfach durchkreuzten und untereinander undeutlich machten, die aufgesuchte älteste Gestalt der Erklärungen und die an ihnen beobachtete Geschichte des Textes sind es, welche, unter Leitung der allgemeinen Kunstregeln, zu dem Ursprünglichen zurückführen. Das Resultat meiner Untersuchung ist, dass die ganze Scene — wie zu erwarten — von Anfang bis zu Ende in genauer strophischer Entsprechung componirt war und dass sich das zwar auseinandergefallene, aber von Schritt zu Schritt noch erhaltene Material auch heute noch wieder zu dem ursprünglichen Baue zusammenfügen lasse. Wenn ich nach solcher Behauptung gleichwohl eine vollständige Recension in diesem Augenblicke noch nicht vorlege, so wird man es nicht als eine Ausrede der Verlegenheit betrachten, wenn ich hinzufüge, dass ich damit noch zurückhalte, weil mir noch eine gute Anzahl noch nicht durchgesehener Handschriften übrig ist. Man sieht aus dieser Schrift, wie viel unbekannt gebliebene Ueberlieferung in den Handschriften noch umgeht; in so formlos gewordenen Particeen denn, wie diese Parodos, können die leisesten Winke der Ueberlieferung der Ausführung im Detail bestimmtere Richtung geben. Ich will daher einstweilen nur noch anführen, was ich in dem bisher vorliegenden kritischen Materiale und den deutschen Handschriften ferner für einzelne Stellen gefunden habe nebst den provisorischen Folgerungen, die ich daraus für die betreffenden ganzen Strophen ziehe.

Der V. 85, wo überliefert ist:

βρέμει δ'
ἀμαχέτου δίκαν ὕδατος ὀροτύπου.

gestaltete sich mir, da ἀμαχέτου keinen Sinn gibt, zu:

βρέμει δ' ἀχετᾶν ὀροτύπων δίκαν

die Wortstellung nach des Hesychius Artikel: ὀροτύπον δίκαν, der Plural nach Schol. Med. τρόπον ποταμῶν; der Singular kommt von der andern prosaischern Erklärung mit ὕδατος, welche in den Text gerieth; auch bei Hesychius gehört ὀροτύπων δίκαν zu der Erklärung: ὅτι οἱ γίγαντες ἀποσπῶντες ἀπὸ τῶν ὀρῶν κορυφὰς καὶ πέτρας ἔβαλλον, vergl. Photius: ὀροτύπους τοὺς γίγαντας, ὅτι ταῖς τῶν ὀρῶν κορυφαῖς ἔβαλλον. Man hat sich über diese Erklärung verwundert, aber man denke sich nur den ursprünglichen Plural, so ist der anonyme Ausdruck ὀροτύπων für Giganten, wie für ποταμοί gleich gerecht. Im Med. liegt dieselbe Erklärung, auf den Singular des Textes angewandt, vor in der Bemerkung: τοῦ καὶ ὄρη ῥηγνύντος, und in Hesychius ist, wie so häufig, das Lemma in der Form, welche es im Text erhalten hatte, ausgehoben. Diesem ὁροτύπων war denn das hier nothwendige Adjectiv ἀχετᾶν beigegeben. Zu ἀμαχέτου fand ich überall die Glossen ἀπολεμήτου Schol. (i. i., ἀκαταπονήτου Schol. O., ἀπειρίτου Schol. O. P. N. Vind., πρὸς ὃ μὴ δύναταί τις μαχήσασθαι ἤτοι κατασχεῖν φερόμενον Schol. B. Lips. i. Vind. i., bis mir endlich in einer Wiener Handschrift auch die Ueberlieferung des von mir vermutheten Begriffes vor Augen kam, wo nämlich neben ἀπολεμήτου auch πολυήχου steht — wie ich nicht zweifeln kann, aus ältern Handschriften fortgepflanzt, wo es ursprünglich über seinem Originale stand, vergl. Prometh. V. 575 ὑπὸ δὲ κηρόπλαστος ὀτοβεῖ δόναξ ἀχέτας ὑπνοδόταν νόμον, Schol. A. τὸ δὲ ἀχέτας ἀντὶ τοῦ πολυήχητος (vielleicht hängt auch die Glosse in Vit. i. πολλοῦ noch damit zusammen). Es kommt mir so vor, als wenn dieser Begriff auch noch sonst in den Scholien umgehe. Denn, wenn es in Schol. B. heisst: τοῦ κτύπον ἐν τῷ ὄρει ἐγείροντος τῇ φορᾷ ἢ τοῦ ἠχοῦντος ἐν τῷ ὀρούειν καὶ ὁρμᾶν (so ist auch Lips. m. diese bei Dind. in den addendis berichtigte Bemerkung geschrieben) und in Schol. O. P. N. Vit. m. Vind. m. ἠχεῖ δὲ αὕτη ἡ βοὴ τρόπον ὕδατος ἀπειρίτου καὶ ἀκαταπονήτου διὰ τὸ ἰσχυρὸν τοῦ ἀπὸ τῶν ὀρῶν κατερχομένου καὶ κτυποῦντος (in Vit. i. ist zu ὕδατος excerpirt: τοῦ ἀπὸ τῶν ὀρῶν κατερχομένου καὶ κτυποῦντος ἐν τῷ ὄρει), so scheint der Stoff dieser Bemerkung, welche nun zur Erklärung des in den Texten stehenden ὕδατος ὁροκτύπου dient, von dem ursprünglichen Adjectiv zu ὁροτύπων herzurühren und das ὁροκτύπου erst veranlasst und sammt dem ὕδατος in den Text gebracht zu haben.

Eine Hauptschwierigkeit aber bildet, was diesen Worten vorhergeht. An wenigen Versen sind so viele und eifrige Studien gemacht worden, wie an diesem ἐλεδεμνὰς πεδιοπλόκτυπος und θρέομαι φοβερὰ μεγάλ' ἄχη. Man hat Alles dabei in Bewegung gesetzt, nur das éine nicht: die Ueberlieferung. Πεδιοπλόκτυπός τι χρίμπτεται βοᾷ ποτᾶται in V. 83 wird in Schol. Med. erklärt mit: καὶ τὰ τῆς γῆς δέ μου πεδία κατακτυπούμενα τοῖς πόσι τῶν ἵππων καὶ τῶν ὅπλων ποιεῖ μου προσπελάζειν τὸν ἦχον τοῖς ὠσίν. Hier ist τοῖς πόσι τῶν ἵππων καὶ τῶν ὅπλων nachlässig geschrieben, er hätte τοῖς πόσι τῶν ἵππων καὶ ταῖς ὁπλαῖς sagen sollen; dass er καὶ τῶν ὅπλων schrieb, scheint veranlasst durch seine Vorlage, in welcher τοῖς ποσὶ τῶν ἵππων καὶ τῶν ἁρμάτων ausgeführt war, wie noch in einer Wiener Handschrift steht: ὑπὸ τοῦ κτύπου τῶν ποδῶν τῶν ἵππων καὶ τῶν ἁρμάτων ἐν τοῖς πεδίοις γινομένου und auch in der Erklärung des Schol. O. P. statt der Rosse gleich die Wagen genannt sind: (bei Dind.) βοὴ πεδιοπλόκτυπος- ἤγουν τῶν ἁρμάτων, κτύπον ἐμποιοῦσα τῇ γῇ, was in Vit. m. G. m. Vind. m. noch richtiger geschrieben ist: ἠγ. ἐκ τῶν ἁρμάτων κτύπον ἐμποιοῦσα τῇ γῇ (Vit. m. τὸν ἐκ τῶν κ. τ. λ. Schol. Vit. i. ἡ ἐμποιοῦσα κτύπον διὰ τῶν ἁρμάτων.) In Schol. O. steht noch ohne καὶ τῶν ἁρμάτων: ὑπὸ τοῦ κτύπου τῶν ποδῶν τῶν ἵππων ἐν τοῖς πεδίοις γινομένου. Andere Schreiber versahen sich ganz an dem zweideutigen ὅπλων und setzten gradezu die aneinander schlagenden Waffen neben das Pferdestampfen: Schol. P. ἤγουν ὁ κτύπος ὁ ἐκ συγκρουσμοῦ τῶν ὅπλων πρὸς ἄλληλα καὶ ἐκ τῆς ἐν τῇ γῇ τῶν ἵππων ποδοκροτήσεως γινόμενος. Dem Richtigen am nächsten steht Schol. A., der die Erklärung des Med. singularisch gebend schreibt: καὶ τὸ τῆς γῆς δέ μου πέδον κατακτυπούμενον τοῖς ὅπλοις ποιεῖ μου τοῖς ὠσὶ προσπελάζειν τὸν ἦχον, wo nur das auch in Schol. B. (κτύπον ἐν τῷ πεδίῳ τοῖς ὅπλοις ἐγείρουσα und ἠχεῖ ἡ βοὴ τῶν ὅπλων, letzteres auch in Lips. i.) durchlaufende τοῖς ὅπλοις in ταῖς ὁπλαῖς zu berichtigen ist. In dieser Erklärung nun steht das Subject βοά im Accusativ (τὸν ἦχον), weil das vom Geräusche selbst gebrauchte Medium χρίμπτεται zur Erklärung in das active ποιεῖ προσπελάζειν τοῖς ὠσὶ umschrieben ist, zu welchem nun als Subject treten musste das, wovon das Geräusch ausging (dass der Gebrauch von βοά und βοᾶν, wie auch von ᾠδή und ᾄδειν, nicht auf Personen beschränkt ist, kann als bekannt angenommen werden). Bei der directen Wiedergabe von χρίμπτεται erscheint der Nominativ: Schol. O. P. Vind. m. χρίμπτεται καὶ πλησιάζει, προσπελάζει βοή.

Schol. G. m. *χρίμπτεται ἦγ. πλησιάζει ἡμῖν βοὴ πεδιοπλόκτυπος.* O. P. N. *τῇ ἀκοῇ ἡμῶν προσπελάζει βοή.* Schol. P. *ἢ στικτέον εἰς τὸ βοά· τὸ δὲ ἑξῆς οὕτως, καὶ χρίμπτεται βοά* — Schol. B. Lips. i. *ἔπεισι καὶ πλησιάζει ἦχος,* wie er auch in den übrigen Erklärungen: Schol. P. *ἤγουν ὁ κτύπος κ. τ. λ.* Schol. B. *κτύπον-ἐγείρουσα* vorausgesetzt und für den folgenden Satz festgehalten wird: Schol. O. P. N. Vit. m. *ἠχεῖ δὲ αὕτη ἡ βοή.* Schol. B. *ἠχεῖ ἡ βοή,* während Schol. Med. der Erklärung des vorhergehenden Satzes gemäss fortfährt mit: *ἠχεῖ δὲ, φησί, τρόπον ποταμῶν τὰ πεδία τῆς γῆς μου.* In G. und Vind. steht *βοά* mit übergeschriebenem *ἤ,* in Vind. i. *ἠχή, φωνή,* in Lips. i. steht über *βοᾷ: ἦχος ἐναέριος φαίνεται* (die Erklärung zu *βοὰ ποτᾶται,* Schol. B. *ἐναέριος φέρεται*). Während also in jener Erklärung des Schol. A. und Med. das Subject in den Accusativ trat, wurde als Subject des Satzes genommen, was im Text den Genitiv von *βοά* bildete; ohne jene active Umschreibung hätte es geheissen: *ἦχος τῶν τῆς γῆς πεδίων.* Dieses *τὰ τῆς γῆς πεδία* selbst nun ist die Wiedergabe eines Wortes wie *γάπεδον;* aber durch die Umschreibung kam in den Text *πεδία ὑπλόκτυπα,* was elidirt zusammenwuchs zu *πεδιοπλόκτυπα,* und da dem wieder am Schluss des Verses *ἐπ' ὠτί μου* folgte, so enstand im Ganzen *πεδιοπλόκτυποσ τί,* was wir in den Texten sehen und in den Scholien mit *χρίμπτεται καὶ πλησιάζει ἡμῖν τι ἢ κατά τι ἡμῖν προσπελάζει βοὴ πεδιοπλόκτυπος* erklärt wird. Wie aber in der ältern Erklärung die zu *χρίμπτεται* nothwendigen Ohren nicht vergessen sind: *ποιεῖ μου τοῖς ὠσὶ προσπελάζειν τὸν ἦχον,* so hatte sich die Erinnerung an dieselben auch in den Handschriften noch erhalten: *τινὲς δὲ ὠτὶ χρίμπτεται γράφουσιν,* heisst es Schol. O. P. N. Vit. m. Vind. m., *ἤτοι τῇ ἀκοῇ ἡμῶν προσπελάζει βοή.* Dieses *ὠτί* wurde denn, wie in Vit., über der Zeile beigeschrieben; in den Text aufgenommen trat es unmittelbar vor *χρίμπτεται,* wie in G. u. a., und das ursprünglich von ihm herstammende *τι* wurde *τε,* welches nun *πεδιοπλόκτυπος* an das vorhergehende Adjectiv *ἐλεδέμνας* anknüpfte (Par. B. γρ. *τί* pro *τε*), oder *τι* wurde ganz ausgestossen, wie in Mosc. 1. 2. *πεδιοπλόκτυπος ὠτὶ χρίμπτεται.*

Ueber ὠτί wurde, wie in der Erklärung des Schol. A. u. Med., auch der Plural als Erklärung gesetzt (G. i. Vind. i. τοῖς ὠσί), so gerieth auch dies in den Text, in Colb. 2. verband es sich mit τε zu ὥστε. Auf dem Singular beruht auch die Erklärung τῇ ἀκοῇ, und der Genitiv μου, welcher dabei stand, ist in den Erklärungen, welche es noch berühren, nicht vergessen: τῇ ἀκοῇ ἡμῶν und ποιεῖ μου τοῖς ὠσίν προσπελάζειν τὸν ἦχον (so Schol. A. besser als Schol. Med.). Dem ἐπί, was ich annehme und womit ich die Mischung ὁπλόκτυπος τι erkläre (vergl. ἐπ' ὄμμασι βαίνειν), entspricht auch noch die Erklärung des Schol. B. Lips. i. ἔπεισι. Vit. i. ἐπέρχεται. Auf die ursprüngliche Stellung der Worte macht ferner aufmerksam eine Bemerkung in Vind. m., welche besagt: τινὲς δὲ ὠτὶ χρίμπτεται. ὠτὶ γράφουσι ἀντὶ βοῇ. Das setzt βοὰ χρίμπτεται voraus und dies bewährt sich am Text, wo βοὰ ποτᾶται nur die Stelle von βοὰ χρίμπτεται vertritt. Ποτᾶται ist (wie Choëph. V. 390 von ἅπται) alte Glosse zu χρίμπτεται (veranlasst grade durch ἐπί: ἐπ' ὠσὶ ποτᾶται) und nimmt dessen ursprüngliche Stelle ein. In Vit. i. steht über χρίμπτεται und ποτᾶται dieselbe Erklärung ἐπέρχεται. Für den Dichter geht aus alle dem ein dem V. 100 ἀκούετ' ἢ οὐκ ἀκούετ' ἀσπίδων κτύπον entsprechender Senar hervor. Wenn man den nun so schreiben wollte: καὶ γαπέδων ὁπλοκτύπων ἐπ' ὠτί μου βοὰ χρίμπτεται oder nach der Richtschnur der richtigen Gegenstrophe ὁπλοκτύπων δὲ γαπέδων ἐπ' ὠτί μου βοὰ χρίμπτεται, so wäre immer noch die Verbindung zu viel. In der Erklärung scheint καὶ ... δέ μου dem δέ (Vit.) oder τέ der Handschriften entsprechen zu sollen und das μου vom Schluss des Verses doppelt bezogen zu sein, im Original muss dieser Abschnitt selbstständig angefangen haben, wie V. 100, 86 und 104. Ich schreibe daher das gleichbedeutende:

*δραπέδων ὁπλοκτύπων ἐπ' ὠτί μου
βοὰ χρίμπτεται·*

vergl. Hesychius: δράπεδα, ἃ ἡμεῖς ἐλάπεδα (Mein. ἐλαιόπεδα), was dasselbe Wort ist, wie γάπεδον, und mit τὰ τῆς γῆς πεδία und τὸ τῆς γῆς πέδον erklärt wurde. Die Gegenstrophe dazu ist überliefert mit:

ἀκούετ᾽ ἢ οὐκ ἀκούετ᾽ ἀσπίδων κτύπον;
πέπλων καὶ στεφέων
πότ᾽, εἰ μὴ νῦν, ἀμφὶ λιτὰν ἕξομεν;

wie dies keinen Sinn hat, so geben uns die Erklärungen auch etwas anderes an die Hand. Zunächst heisst es in Schol. Med. πότε στέφη ῥίψομεν d. i. ἥσομεν, wovon ἕξομεν Schreibfehler, vielleicht über die Glosse ἐξίεμεν herüber, was, wie es scheint, die zweite Hand im Med. herstellen wollte (vergl. Hesychius: ἧκεν, ἔπεμψεν u. s. w.). Zu diesem ἥσομεν gehört denn πέπλους καὶ στέφη, wie es auch in der Erklärung heisst: πότε στέφη ῥίψομεν ἢ πέπλους ἐπὶ γῆς ἢ νῦν. Das täuscht uns nicht mehr, dass Schol. Med. als Lemma den Genitiv der Texte voranstehen hat. Dieser Genitiv war eine Folge des als ἐξόμεθα und ἀψόμεθα aufgefassten ἕξομεν, vergl. Schol. B. — τινὲς τὸ ἕξομεν ἀντὶ τοῦ ἐξόμεθα λέγουσι, συνάπτοντες πρὸς τὸ πέπλων, Schol. P. Vit. m. πότε ἕξομεν καὶ ἀψόμεθα τῶν πέπλων καὶ τῶν στεφάνων (dieses στεφάνων steht in einer Wiener Handschrift im Text) τῶν θεῶν. Der Schol. B. wusste eine bessere Erklärung: die Redensart ἀμφί τι ἔχειν, er construirt: πότε ἕξομεν ἀμφὶ λιτὰν πέπλων und erklärt (auch in Lips.): οἱονεὶ διατεθῶμεν. ὁ γὰρ περί τι διατιθεὶς ἄντικρυς τοῦτο κατέχει. τὸ ἕξομεν οὕτω νόει ὡς ἔφημεν, συνάπτων πρὸς τὸ ἀμφὶ λιτάν, τὸ δὲ ἀμφὶ λιτὰν πρὸς τὸ πέπλων καὶ στεφάνων· χρῶνται δὲ τούτῳ εἰς τοιαύτην σημασίαν καὶ οἱ ῥήτορες κ. τ. λ. Und an dieser prosaischen Redensart hat man heute festgehalten, obschon man das unmetrische Substantiv λιτάν fahren lassen und nun ἀμφὶ λίτανα πέπλων καὶ στεφέων construiren musste. Zu dem originalen Accusativ πέπλους καὶ στέφη lautete das Adjectiv ἀμφιλίταν᾽, was dadurch, dass es in ἀμφὶ λιτάν zerfiel, erhalten ist. Seine ursprüngliche Erklärung war: πολυπαράκλητα, λιτανευτικά, auf ersterer beruht des Schol. Med. ἢ πολυπαράκλητον; πολύ soll ἀμφί wieder geben, vergl. Hesychius: ἀμφιμιγές, πολυμιγὲς ἢ πολυσύγκρατον. ἀμφιλαφές, πολὺ δαψιλές. Eine genauere Wiedergabe des ἀμφί sollte sein τραπεῖσαι ἐπὶ λιτανείαν τὴν περὶ ἡμῶν αὐτῶν καὶ τῆς πόλεως in Schol. Med. u. O. Nachdem durch Wegfall des Apostrophs der Plural undeutlich geworden war, schien es gerathener auch die Erklärung in den Singular zu stellen. Ebenso verhält es sich (vergl. das Schol. zu ἐντῇ δίφρου Pers. 194) mit der Erklärung τὴν περὶ ἡμῶν λιτανείαν, was gleichsam τὴν ἀμφιλιτάνην λιτήν wiedergibt. Auch des Hesychius: ἀμφιλίτην, τὴν λιτανευτήν gehört unsrer Stelle an und ist ein solches Gemisch des ursprünglichen adjectivischen Plurals und des Singulars des verdorbenen Textes (vergl. Schol. Hiket. 809 λίτανα, λιτανευτικά). Eine ächte Scholiastenmischung, wie ich sie schon mehrfach nachgewiesen, ist noch die Erklärung in Schol. O. P., in welcher die vorgefundene Wiedergabe der richtigen Lesart in die des vorliegenden Textes hineingearbeitet ist: τινὲς δέ, heisst es, πότε τῶν πέπλων καὶ τῶν στεφάνων τῶν ἡμετέρων καὶ κεφαλοδέσμων ἀψόμεθα καὶ ταῦτα πρὸς γῆν κάτωθεν ῥίψασαι ὀλοφυρμὸν αὐταῖς l. αὐτοῖς περιθήσομεν, εἰ μὴ νῦν περὶ τὴν λιτήν;, wo ἥσομεν und ἕξομεν, ἀμφιλίτανα und ἀμφὶ λιτάν, πέπλων καὶ στεφέων und πέπλους καὶ στέφη nebeneinander erklärt werden; denn ἀψόμεθα mit seinem Genitiv fällt mit ἕξομεν πέπλων κ. τ. λ. zusammen, ῥίψασαι ταῦτα mit ἥσομεν und seinem Accusativ, περὶ τὴν λιτὴν mit ἀμφὶ λιτάν, und ὀλοφυρμὸν αὐτοῖς περιθήσομεν mit ἀμφιλίτανα. Wenn wir uns die hier (wie Pers. 93 Schol. O. P. vergl. S. 115) in die Erklärung des vorliegenden Textes aus der Vorlage hineinverarbeitete Erklärung der frühern Lesart ablösen, so erhalten wir: πότε, εἰ μὴ νῦν, πέπλους καὶ στέφη ὀλοφυρμοῖς περιτεθέντα (ἀμφιλίτανα) πρὸς γῆν ῥίψομεν (ἥσομεν). Nun entsprechen sich also:

ἐραπέδων ὁπλοκτύπων ἐπ' ὠτί μου
βοὰ χρίμπτεται, βρέμει δ' ἀχετᾶν ὀροτύπων δίκαν.
und:
ἀκούετ' ἢ οὐκ ἀκούετ' ἀσπίδων κτύπον;
πέπλους καὶ στέφη πότ', εἰ μὴ νυν, ἀμφιλίταν' ἥσομεν;
(dass hier von keiner Umstellung in εἰ μὴ νῦν, πότ' die Rede sein könne, zeigt nun das Metrum). Dazu wurden denn die sachlichen Erklärungen geschrieben: Schol. Med. παρετίθεσαν γὰρ καὶ πέπλους und (eine Parallele davon) ἐνέδυον γὰρ καὶ πέπλους τὰ ἀγάλματα und (Schol. P.) ἀνετίθεσαν γὰρ καὶ πέπλους καὶ ἕτερά τινα ἄμφια ἐν ταῖς

δεήσεσι, wovon die letzten Worte wieder auf ἀμφιλίτανα gemünzt scheinen, und Schol. B. (auch in Lips.) ἔθος ἦν τοῖς παλαιοῖς, ὁπότε ἱκέτευον τοὺς θεούς, ἐν χερσὶν ἔχειν τοὺς αὐτῶν πέπλους καὶ στεφάνους καὶ διὰ τούτων αὐτοὺς ἐξιλεοῦσθαι, letzteres die, wie es scheint, mit dem falschen ἕξομεν zusammenhängende Erklärung, welche auch in Schol. O. P. berührt wird: τινὲς δὲ, πότε τῶν πέπλων καὶ τῶν στεφάνων τῶν ἡμετέρων καὶ κεφαλοδέσμων ἁψόμεθα κ. τ. λ., was in G. m. lautet: τινὲς δὲ οὕτω· πότε ἕξομεν περὶ τὴν λιτὴν τῶν θεῶν ἁψάμενοι τῶν ἱματίων καὶ τῶν στεφάνων ἤτοι τῶν κεφαλοδέσμων ἡμῶν, ὥστε ἀποθέσθαι αὐτά, καὶ οὕτω ταπεινοτέρως παρακαλοῦντες αὐτούς, wo, wie man sieht, das ὥστε ἀποθέσθαι αὐτά wieder von der Erklärung des ἥσομεν herrührt, wie bei O. P. καὶ ταῦτα πρὸς γῆν κάτωθεν ῥίψασαι folgt. In der Mitte zwischen beiden Erklärungen liegt die erste beim Schol. O. P., auch in Vit. m.: πότε ἕξομεν καὶ ἁψόμεθα τῶν πέπλων καὶ τῶν στεφάνων τῶν θεῶν, εἰ μὴ νῦν αὐτῶν ἐπιλαμβανόμεθα, περὶ τὴν λιτὴν τὴν περὶ ἡμῶν καὶ τὴν τῆς πόλεως;;, wo in Bezug auf die Gewänder und Kränze zwar noch an die Götter gedacht, aber durch Festhalten an ἕξομεν der Sinn nun ganz verkehrt wird. Was den Ausdruck des Dichters betrifft, so schmiegte sich an στέφη wie das Adjectiv, so auch das Verbum; von Kränzen aber ist ἱέναι, βάλλειν u. dergl. der gewöhnliche schöne Ausdruck, dem das voranstehende πέπλους zeugmatisch verbunden ist (οἴσομεν oder θήσομεν, Schol. P. ἀνετίθεσαν, Schol. Med. παρετίθεσαν, wäre für sie der eigentliche Ausdruck, vergl. Hom. Il. VI, 271: πέπλον δ' ὅστις τοι χαριέστατος ἠδὲ μέγιστος ἔστιν ἐνὶ μεγάρῳ καί τοι πολὺ φίλτατος αὐτῇ, τὸν θὲς Ἀθηναίης ἐπὶ γούνασιν κ. τ. λ. Zu ἥσομεν vergl. bei Pind. Pyth. VIII, 57 χαίρων δὲ καὶ αὐτὸς Ἀλκμᾶνα στεφάνοισι βάλλω. Pyth. XI, 14 ἑστίαν τρίτον ἔπι στέφανον πατρῴαν βαλών, und mit φύλλα zusammen Pyth. IX, 124 πολλὰ μὲν κεῖνοι δίκον φύλλ' ἔπι καὶ στεφάνους.

Das in einzelnen Handschriften, wie im Med., in derselben Reihe noch vor πεδιοκλόκτυπος stehende Wort ἐλεδέμας oder ἐλεδεμνάς (in Vit. sind diese Verse so geschrieben:

σαφής δ' ἔτυμος ἄγγελος. ἐλεδεμνάς.
πεδιοπλόκτυπος δὲ χρίμπτεται βοὰ ποτᾶται
nur ist das Ende des ersten Verses vom Anfang des zweiten noch weiter getrennt, da der Text in dieser Handschrift in zwei (einigemal, im Prometheus, selbst in drei) nebeneinander stehenden Columnen fortlaufend geschrieben ist, was aufklärend ist für den Fall, dass ein ursprünglich am Rande, also zwischen zwei solchen Columnen, angemerkter Vers in einen ganz anderen Zusammenhang hineingerathen ist, wie Sieben vor Theben der zu V. 440 Καπανεὺς δὲ δεινὰ δρᾶν παρεσκευασμένος aus V. 549 angemerkte Vers πύργοις ἀπειλεῖ δειν' ἃ μὴ κραίνοι τύχη zwischen V. 425 und 426) habe ich unberücksichtigt gelassen, wie es in der alten Erklärung dieses Verses unberücksichtigt ist. Unter ihm mag der Anfang jener Statt des Originals in den Text gerathenen Erklärung (καὶ τὰ τῆς γῆς) gestanden haben. Das Wort stand an dieser Stelle gleichsam zwischen zwei Stühlen; von den Scholiasten, welche es berühren, ziehen die éinen es zu dem vorhergehenden ἄγγελος — darauf beruhen die masculinen Erklärungen mit ἐλαύνων, διώκων, διεγείρων, ἐλάσας, vergl. Schol. P. N. ὁ ἄγγελος ὁ ἐλεδέμνας ἤγουν ὁ ἐλάσας ἡμᾶς τῶν δεμνίων, στικτέον γὰρ καὶ ἐν τούτῳ (wie man in Vit. vor sich sieht, auch in G.), oder mit dem folgenden βοά — daher ἐλαύνουσα, λαμβάνουσα u. s. w. z. B. Schol. S. ἤτοι ἐλοῦσα καὶ λαβοῦσα τὸ δέμας ὑμῶν l. ἡμῶν. In der That gehört das Wort weder zu dem einen noch zu dem andern, sondern an den defecten Anfang, an die Spitze des ersten Verses der Parodos. Von dort ist es (wie ἔρραντai Pers. V. 571) heruntergerutscht oder vielmehr wird es dort ursprünglich von seiner Erklärung, die Text wurde, überdeckt worden sein und sich dagegen dort erhalten und in den Text gemischt haben, wo es am Rande erklärt ward und als Lemma stand. Der überlieferte Anfang θρέομαι φοβερὰ μεγάλ' ἄχη (φοβερά als Femininum gemeint) ist dem Ausdrucke nach prosaisch, also Erklärung, und der Form nach das Ueberbleibsel zweier Dochmien, beide mit erster aufgelöster Arsis, wie sie hier stehen müssen. Μεγάλ' ἄχη ist ein Stück Text und verbindet

sich mit dem durch θρέομαι umschriebenen θροῶ zum zweiten Dochmius: μεγάλ' ἄχη θροῶ. Φοβερά ist der Sinn des ersten Dochmius. Wenn man mit diesem φοβερά und den am Anfang in den Handschriften (Schol B. Lips. i. Vind. i. G. i.) stehenden Erklärungen φοβοῦμαι, ταράττομαι, die Erklärungen jenes räthselhaften Wortes confrontirt, so sieht man auch hier die gleichen Begriffe sich einstellen: Schol. Med. ἡ τὸ δέμας ἡμῶν τῷ φόβῳ λαμβάνουσα καὶ ταράττουσα. Schol. Vind. m. und G. m. ἐλῶσα καὶ ἐκδιώκουσα ἐκ τῶν δεμνίων ὑπὸ τοῦ φόβου. Schol. O. P. N. ἀντὶ τοῦ τὸ δέμας καὶ τὸ σῶμα ἡμῶν λαμβάνουσα τῷ φόβῳ καὶ συσφίγγουσα (in Vind. m. ἐνσφίγγουσα) καὶ κατέχουσα — Vind. m. fährt hier fort mit: καὶ ταράττουσα καὶ περιθλίβουσα, in Vit. m. steht: καὶ καταρράπτουσα καὶ περιθλίβουσα, ersteres wohl nicht als Schreibfehler für ταράττουσα: zu dem erst mit καταράπτουσα geschriebenen Worte ist das zweite ρ noch nachträglich unter der Zeile hinzugefügt; bei Hermann ist καταρράττουσα gedruckt (wie ich mich überzeugt habe, sind die Referate Hermann's auch über die Handschriften, welche er selbst benutzt hat, in seiner Ausgabe hier und da nicht genau; so steht z. B. VII, 1035 in G. nicht οὐδέ, sondern οὔτε, obschon es so bestimmt umgekehrt heisst: οὐδέ, non οὔτε etiam G. Zu Prometh. V. 1007 heisst es: γρ. ἀλλ' ἐρεῖν μάτην secunda manus in marg. G. Dies scheint eine Verwechslung zu sein, in G. steht nichts der Art: über καὶ μάτην ἐρεῖν steht in dieser Handschrift ματαίως εἰπεῖν und der Rand ist an dieser Stelle ganz leer. Pers. V. 312 steht in G. nicht φεσεσσεύης, sondern φαρεσσευής, was bei Hermann aus Par. K. angeführt wird. Pers. V. 774 hat G. nicht πατρᾶς, sondern πάτρας, Pers. V. 670 steht in G. i. nicht κατὰ πᾶσ' ὄλωλε, sondern γρ. πᾶσ' ὄλωλε. Zu Prometh. V. 523 fehlt die Lesart in G. συγκαλυπτέον mit der Erklärung ἄξιον καλύπτειν darüber. In Vit. steht Pers. V. 165 nicht ἄφραστός ἐστιν, sondern ἄφραστ' ἔστι, mit über dem ,στ' stehendem ο. Pers. V. 629 fällt auch das Wort βασιλεύς in die Lücken, welche diese Handschrift in dieser Stelle lässt, es steht nur βασι in der Handschrift, und in V. 636 steht nur εἰπ. Pers. 834 hat auch Lips. πάντη (auch Vind. hat so). In dem zu VII, 791 καμψίπους Ἐρινύς aus G. m. angeführten Scholion : ἡ κεκλιμένους ἔχουσα πόδας πρὸς τὸ ταχέως παραγίνεσθαι ὅπου ἂν ἔλθοι steht in der Handschrift richtig : ὅπου ἂν ἐθέλοι). Wenn das fragliche Wort in der Verbindung mit ἄγγελος oder βοά activ erklärt wurde, so wird es hier, vom Chore gesagt, passiv oder neutral gewesen sein. Das in seinen Erklärungen sich wiederholende φόβῳ können wir schon als Schluss des ersten Dochmius ansetzen, und es käme nur noch darauf an, das Adjectiv zu finden, welches ihm in päonischer Form vorherging :

⏑⏑́⏑⏑̄ φόβῳ μεγάλ' ἄχη θροῶ

In den Handschriften steht nun geschrieben : ἐλεδέμας, ἐλεδεμνάς, ἐλεδεμνάς, ἐλαδάμνας, Rob. ἐλιδεμνάς, und in einer Wiener Handschrift γρ. ἐλεδαμνάς. Ueber diese apokryphen Wörter und Wortbildungen hinaus scheinen uns wieder die beredten Erklärungen λαμβάνουσα καὶ κατέχουσα καὶ συσφίγγουσα καὶ καταρράπτουσα καὶ περιθλίβουσα zu führen. Sie weisen hin auf den Stamm εἴλειν (vergl. Hesychius : ἔλλειν, ἰλλειν, κατέχειν. συνειλέοντες, συλλαβόντες. εἰλόμενοι, συνεστραμμένοι, συγκεκλεισμένοι. Pind. Ol. XI, 43 ἔλσας, Schol. κατασχών, Apollon. Rhod. I, 129 δεσμοῖς ἰλλόμενον· II, 1250 ἰλλόμενος χαλκέῃσιν ἀλυκτοπέδῃσι, Schol. δεδεμένος) und eine mit ihm zusammenhängende, zu φόβος wohl passende Metapher : κατεχομένη, συσφιγγομένη φόβῳ, vergl. Eurip. Jon V. 1498 ἐν φόβῳ καταδεθεῖσα. Hat denn Aeschylus vielleicht ἐλεδανὸς φόβῳ geschrieben? Es fehlt hier sprachliche Vergleichung, aber ἐλεδανός ist seiner Natur nach Adjectiv (ἐλεδανοὶ δεσμοί), mit einem λ geschrieben steht es (ausser in den Handschr. des Hesiod) noch bei Suidas und Etym. Gud. s. v. εἰλῶ — καὶ ἐν τῷ ἐλεδανός, ὃ σημαίνει τὸν δεσμόν; vergl. das active und passive δέσμιος. In einer Wiener Handschrift steht über dem Worte : ἐλαύνουσα ἐκ τῶν δεσμῶν, was freilich Schreibfehler für ἐκ τῶν δεμνίων sein kann, vielleicht aber, wie dergleichen zufällige Reste von Frühern ja vom Zufalle vertheilt sind, hängt es auch noch mit ἐλεδανός und seiner gewöhnlichen Erklärung δεσμός zusammen, von deren Beischrift überhaupt die Alteration des Wortes ausgegangen sein könnte. Neben den Varianten ἐλιδεμνάς, ἐλεδαμνάς, mit ihrem ι, α und Accent fällt noch auf, dass in Vit. i. als Erklärung zuerst geschrieben war : ἐλαύνων καὶ διώκων ἀπὸ τῶν δεμνίων τοὺς λαούς, dann diese letztern Worte getilgt und statt dessen ἐμὶ zwischen διώκων und ἀπὸ gesetzt wurde. Dieses τοὺς λαούς kann nicht wohl aus etwas anderm genommen sein, als aus der Form ἐλεδαμός; so aber grade war das Wort auch bei Hesychius vor der Verbesserung geschrieben (ἐλλεδαμοί). Vielleicht findet sich noch eine authentische Nachricht; das vorher aus einer Wiener Handschrift in V. 85 erwähnte πολυήχου steht auch ganz vereinzelt neben den sich sonst überall in mehrfachen Variationen wiederholenden Erklärungen von ἀμαχέτου.

Die folgenden Verse sind überliefert mit:
μεθεῖται στρατὸς στρατόπεδον λιπὼν
ῥεῖ πολὺς ὧδε λεὼς πρόδρομος ἱππότας·
αἰθερία κόνις με πείθει φανεῖσ'
ἄναυδος σαφὴς ἔτυμος ἄγγελος.
mit keinen weitern nennenswerthen Varianten als: πολὺς δ', entstanden durch eine mit der Erklärung zusammenhängende Interpunction nach ῥεῖ (Schol. P. ἢ στικτέον εἰς τὸ στρατός, ὁμοίως δὲ εἰς τὸ ῥεῖ; so fand ich noch in einer Wiener Handschrift punktirt: ῥεῖ. πολὺς δ' ὧδε λεώς), ferner σαφὴς δ', aus dem von der Erklärung betonten Gegensatze ἄφωνος μὲν, σαφὴς δὲ hervorgegangen (Schol. P. N. ἄναυδος καὶ ἄφωνος οὖσα, σαφὴς δὲ), und ὧδε und ὅδε (Lips. ὅγε), wovon das hinweisende ὅδε hier, wo nicht von einem wirklich gesehenen, sondern nur erschlossenen (αἰθερία κόνις με πείθει) λεώς die Rede ist, an sich keine Anwendung hatte: dass die Feinde herankommen (ῥεῖ ὧδε), ist, was der Chor mit Schrecken ruft, das blosse ῥεῖ ist gar kein Ausdruck. Aber ausserdem hat diese Stelle in allen Handschriften schon eine Aenderung erlitten durch die Erklärung. Wenn man die Scholien, welche hier in Folge der verschiedenen Abtheilung der Satzglieder, auch der verschiedenen sachlichen Auffassung (Schol. G. m. dehnt das φαντάζονται δὲ ταῦτα πάντα und ὁρῶν νοεροῖς ὀφθαλμοῖς sogar aus bis zu: οὐχ ὅτι ὀφθαλ-

μοῖς ἑῷα ταῦτα οὕτω φησίν· οὐ γὰρ ἦν που τὸ στράτευμα τὸ μετὰ Πολυνείκους ἐπελθόν· οὐδὲ γὰρ ἃ πρὸς Ἐτεοκλῆν ὁ ἄγγελος ἔλεγεν, ὡς παρόντος τοῦ στρατεύματος ἔλεγεν, ἀλλ' ὡς ἔτι ἐν Ἄργει ὄντος κἀκεῖ βουλευομένου ἅπερ ἔλεγεν· ἀλλ' ὅτι ἔμελλεν ταῦτα γενέσθαι ἐπελθόντος τοῦ στρατεύματος) allerlei verschiedene Erklärungen enthielten, welche sich demnächst mehrfach ineinander verwickelten, sich erst wieder deutlich auseinanderlegt, so erhält man das geschichtliche Material, welches auf die frühere Gestalt des Textes zurückführt. Die älteste Bemerkung zum Texte wird sein das χ: Schol. Med. P. Vind. m. (wo aber, da man auf dieses Zeichen nicht mehr gefasst war, nur τὸ δή steht, wie in P. Q. τὸ δὲ ῥεῖ) τὸ δὲ χ πρὸς τὴν διαφορὰν τοῦ στρατοῦ καὶ τοῦ στρατοπέδου· στρατόπεδον γὰρ καλεῖται τὸ ἐνδιαίτημα τοῦ στρατοῦ. An die Verbindung, welche jetzt unser Text zeigt: μεθεῖται στρατὸς στρατόπεδον λιπών knüpfte sich dieses χ nicht an, dabei wäre στρητόπεδον als ἐνδιαίτημα τοῦ στρατοῦ genommen worden, das χ wurde gesetzt, weil man στρατόπεδον in dem andern Sinne als das ganze Heer auffasste (vergl. Timaeus, Schol. Thucyd. Phot. Suid. δύο γὰρ σημαίνει ἡ λέξις, καὶ τὸ στράτευμα καὶ τὸν τόπον τοῦ στρατεύματος. ἐτυμώτερον δέ ἐστιν ἐπὶ τοῦ τόπου λέγεσθαι· οἷον τοῦ στρατοῦ τὸ πέδον). Vom Heere ist es erklärt in dem (nun in zweiter Reihe einrückenden) Scholion, welches Rob. und Victor. haben, Dind. auch in O. fand und in die Anmerkung verwies, Vind. m., so wie Vit. m., aber erst vollständig aufweisen und so, dass man seinen ganzen Sinn deutlich sieht. Dort heisst es: ἐμφαίνεται ὁ τῶν παρθένων χορὸς ὁρῶν οἱονεὶ νοεροῖς ὀφθαλμοῖς πῶς ὁ τῶν Ἀργείων ὄχλος κεκίνηται κατὰ τῆς χώρας (Vind. κατὰ τὴν χώραν, Vit. κατὰ τὰς χώρας) αὐτῶν καί φησι θρηνῶ (so Vit., Vind. βοῶ, d. s. die zwei verschiedenen Glossen zum Anfang, Schol. Med. θρηνῶ, βοῶ) μεγάλους θρήνους (d. i. μεγάλ' ἄχη θροῶ) καὶ ὁ ἱππικὸς στρατὸς συγκεχώρηται καὶ ἀφίεται πρὸς τὴν πόλιν ὁρμᾶν (d. i. μεθεῖται στρατός), πρόδρομος ἤτοι προπορευόμενος τῶν ἑτέρων, τὸ τοῦ στρατοῦ ὅλον τουτέστιν ἅπαν τὸ τοῦ στρατοῦ πλῆθος (so Timaeus: λέγεται καὶ τὸ πλῆθος τῶν στρατιωτῶν καὶ ὁ τόπος κ. τ. λ.) δάσας ῥεῖ, ὁρμᾶ, χέεται, κινεῖται· ἀσυνδέτως ταῦτα. Setzt man die in diesem Scholion beobachtete Reihenfolge : πρόδρομος — ἅπαν τὸ τοῦ στρατοῦ πλῆθος ἐάσας — ῥεῖ her, so erhält man μεθεῖται στρατὸς πρόδρομος ἱππότας στρατόπεδον λιπὼν ῥεῖ, worauf denn auch die obige Verbindung ὁ ἱππικὸς στρατὸς πρόδρομος beruht, στρατός und πρόδρομος ἱππότας standen nebeneinander, und auf den bei éinem Subjecte zusammentretenden zwei Verben beruht die Bemerkung ἀσυνδέτως ταῦτα. Nun hat man zugleich den Ursprung des χ wieder vor Augen und macht sich ferner deutlich, dass durch die Zusammenstellung des logisch zusammengehörenden λεὼς πρόδρομος ἱππότας der überlieferte Text entstanden ist, was, da das nach λεώς gestellte πρόδρομος ἱππότας grade einen Dochmius ausmachte, das Versmaass nicht alterirte. In der ganzen Strophe aber hat man nun ferner — als Resultat der in den Scholien aufgesuchten Ueberlieferung — die genaue Uebereinstimmung mit der Gegenstrophe, nämlich :

ἐλεδανὸς φόβῳ μεγάλ' ἄχη θροῶ.
μεθεῖται στρατός· πρόδρομος ἱππότας
στρατόπεδον λιπὼν ῥεῖ πολὺς ὧδε λεώς·
αἰθερία κόνις με πείθει φανεῖσ'
ἄναυδος σαφὴς ἔτυμος ἄγγελος.

und :

τίς ἄρα ῥύσεται; τίς ἄρ' ἐπαρκέσει
θεῶν ἢ θεᾶν; πότερα δῆτ' ἐγὼ
ποτιπέσω βρέτη πατρῷϊ' ἢ τί δρῶ;
δαίμονες εὐσταθεῖς, ἀκμάζει βρετέων
ἔχεσθαι· τί μέλλομεν ἀγάστονοι;

wie diese beiden Stücke durch die syllaba anceps resp. den Hiatus von dem Uebrigen abgegränzt sind und alle dochmischen Formen gleich haben, auch an dritter Stelle den nicht aufgelösten, beiderseits bei einem Sinnabschnitte. Πατρῷϊ' ἢ τί δρῶ ist zurückübersetzt aus Schol. Med. πότερον πρόσφιγες τῶν πατρῴων (kein Zusatz der Paraphrase) ξοάνων γενώμεθα ἢ ἄλλο τι πράξομεν; (Hesychius: δρῶσι, πράττουσι), Schol. A. hat noch den Singular: πρὸς τὰ εἴδωλα τῶν θεῶν πέσω . . . ἢ ἄλλο τι πράξω, und in der Wiener Scholienhandschrift steht dieselbe Bemerkung mit dem vollständigen Anfang: ἆρα ἐγὼ πέσω κ. τ. λ. Jene, einen Dochmius bildenden Worte wurden durch den Zusatz der Erklärung: δαιμόνων (nach V. 211) überdeckt; als sie fortgefallen waren, half man dem allein übrig gebliebenen πότερον nach mit der wortreichen Bemerkung, welche wir in Schol. B. lesen (characteristisch ist das Anathema am Schluss: τῶν δὲ μὴ ταῦτα δεχομένων βραχὺς λόγος· ἱκανὴν γὰρ τὴν ἐκ τῆς ἀγνοίας διδόασι δίκην) und deren Sinn in Lips. kurz über die Zeile geschrieben ist mit ἢ οὔ. Ἰώ in V. 96 stammt von dem zugesetzten ὠ. Statt μάκαρες, was sich nach δαιμόνων um so leichter festsetzte, schrieb ich δαίμονες, vergl. Hesychius: δαιμόνιε, μακάριε. δαιμονία, μακαρία. In Vit. i. steht über δαιμόνων: θεῶν, dann ὠ d. i. der ursprüngliche Zusatz, dann δαίμονες θεοί, was der Erklärung, wie bei Hesychius, δαίμονες, θεοί gleichkommt. Ueber das überlieferte εὔεδροι sprach ich schon S. 17; in Vit. i. steht vor den Glossen ἀκίνητοι und βοηθοί noch ἀραγγεῖς, soll wohl ἀρραγεῖς heissen. In zweiter Reihe steht auch ἐγκάτοικοι da, was, wie des Schol. B. ὧν οἶκοι ἐν τοῖς ναοῖς, G. i. εὐκάθεδροι ἐν τοῖς ναοῖς, Lips. i. ἔνοικοι τοῖς ναοῖς, eine dritte Erklärung von εὐσταθεῖς ist.

Wenn die deutschen Handschriften nicht alle Ueberlieferungen vorweggenommen, so werden sich noch mehre Fingerzeige über den ursprünglichen Text dieses Chorstückes finden. Die dichtesten Nebel sind, denke ich, zerrissen, die Form liegt hell zu Tage: vor der unzweideutig überlieferten Schlussstrophe drei Strophen und Gegenstrophen, jede in drei Abtheilungen:

στρ. ἀ. 1. ἐλεδανὸς φόβῳ — ἔτυμος ἄγγελος.
        2. ἐραπέδων — ὀροτύπων δίκαν.
        3. θεοὶ θεαί τε — διώκων.
ἀντ. ἀ. 1. τίς ἄρα ῥύσεται — ἀγάστονοι.
        2. ἀκούετ᾽ ἢ οὐκ ἀκύετ᾽ — ἤσομεν.
        3. κτύπον δέδορκα — εὐφιλήταν.

στρ. β'. 1. θεοὶ πολίοχοί θ᾽ — ἅλωσιν.
        2. Καδμέϊον πόλισμ᾽ — χαλινοί.
        3. ἑπτὰ δ᾽ ἀγάνορες — λαχόντες.

ἀντ. β'. 1. σύ τ' ὦ Διογενές — ἐναργῶς.
2. καὶ Κύπρις ἁ γένους — πελαζόμεσθα.
3. καὶ σὺ Λύκει' ἄναξ — εὐτυκάζου.

στρ. γ'. 1. ἒ ἒ ἒ ἒ — κλύω.
2. ὦ πότν' Ἥρα — γνόαι.
3. Ἄρτεμι φίλα, ἒ ἒ — ἐπάγει θεός.
ἀντ. γ'. 1. ἒ ἒ ἒ ἒ — ἔρχεται.
2. ὦ φίλ' Ἄπολλον — σακέων.
3. καὶ Διόθεν ἔκγονον — ἐπιρρύου.

στρ. δ'. ἰὼ παναλκεῖς θεοὶ — λιτάς.
ἀντ. δ'. ἰὼ φίλοι δαίμονες — ἔστε μοι.

Bei V. 149 schrieb ich: καὶ Κύπρις ἁ γένους προμάτωρ, weil ich glaube, dass das τε durch die Harmonia in den Text gerathen ist, welche man hier durchaus selbst mit hineinhaben und unter προμάτωρ verstehen γollte: Schol. A. φησὶν οὖν ὁ χορὸς πρὸς τὴν Ἀφροδίτην καὶ τὴν ταύτης θυγατέρα Ἁρμονίαν und vorher: Κύπρις ἡ Ἀφροδίτη λέγεται· ταύτης δὲ καὶ Ἄρεος θυγάτηρ ἡ Ἁρμονία ἐγένετο, ἣν ὁ Κάδμος ἔλαβεν εἰς γυναῖκα· ἀφ' ἧς οἱ ἀπὸ Κάδμου πάντες γεγόνασι, vergl. Schol. B. zu V. 105 Ἁρμονία γὰρ ἡ τῶν Θηβαίων προμήτωρ. — Was ich von dem in dieser Parodos angewandten Spiele, der Zerlegung in kleine abgerissene Stückchen und Vertheilung derselben an verschiedene einzelne Choreuten, wodurch sie ihren innern Zusammenhang und Sinn einbüssen, denke, brauche ich wohl nicht hinzuzufügen; ich will nur noch bemerken, dass die vermeintliche Wiederholung des Anrufs derselben Götter, welcher man durch die Personenvertheilung zugleich hat zu Hülfe kommen wollen (was an der Sache doch nichts ändern würde), dass eine solche Wiederholung überhaupt nicht statt findet. Ἀθάνα und Ἀθάνα Ὄγκα, Ἀπόλλων und Ἀπόλλων Λύκειος sind gottesdienstlich zwei verschiedene Personen. Ebenso Ἄρτεμις und Ἄρτεμις Λοχία — denn diese ward nach dem Lykeios angerufen in V. 146 mit:

στόνων τ' ἀϋτὶς
σὺ κούρα τόξον εὐτυκάζου.

Von dem in den Handschriften stehenden verschriebenen ἀϊτάς, ἀητᾶς, ἀϋτᾶς führt Schol. B. durch τῶν ἡμετέρων στεναγμάτων ἀκροατής (Lips. i. ἀκροατής, in Vit. i. steht λείπει ἀκούων!) auf ἀϊτάς, was nach Fortfall von τ', als noch zum Lykeios gehörig, entstanden war. Diese wortspielende Bezeichnung der Artemis (Weiber sind die Betenden) ist das Pendant zu Λύκει' ἄναξ λύκειος γενοῦ: 'die du das Stöhnen der Weiber hörest, erhöre uns auch jetzt'; und, wie dort der Name Apollo nicht weiter ausgesprochen, sondern nur Λύκειος wortspielend ausgebeutet wird, so war auch hier nur mit diesen Worten selbst, mit στόνων ἀϊτὶς κούρα die Person bedeutsam bezeichnet, und nicht bloss das Ἄρτεμις φίλα ἒ ἒ ἒ ἒ der Handschriften ist Zusatz der Grammatiker (aus V. 154), sondern auch Λατογένεια (Λητογένεια) sammt dem ὤ ist, wenn auch schon früher, hinzugeschrieben worden (zur Artemis Lochia mit den Pfeilen vergl. Aesch. Hiket. 676. Eurip. Hippol. 168). Wenn Hermann, als er den Fingerzeig der Scholien bei Seite schob, dazu bemerkte: Aeschylus ne si licuisset quidem Atticis illud ι corripere, hic ἀϊτὰς scripturum fuisse credo. Valde enim nocet virtuti orationis nomen substantivum, ubi gravis simplicitas participium poscit, so dreht sich nun das Argument, was bei Apollo Anwendung hatte, bei der Artemis grade um; es dürfte nun z. B. nicht mehr στόνων ἐπάκοος oder metrisch στόνων τε κλύουσα κούρα τόξον εὐτυκάζου heissen, sondern muss nun das Substantiv sein, da die Göttin durch στόνων ἀϊτίς überhaupt erst und nur dadurch bezeichnet wird. Nun stimmt die Gegenstrophe:

καὶ σύ, Λύκει' ἄναξ, Λύκειος γενοῦ
στρατῷ δαΐῳ, στόνων τ' ἀϊτίς
σὺ κούρα τόξον εὐτυκάζου.

mit ihrer Strophe überein:

ἑπτὰ δ' ἀγάνορες μέδοντες στρατοῦ
δορυσσοῖς σάγαις πύλαισιν πόλεως
προσίστανται πάλῳ λαχόντες.

denn das in den Handschriften stehende πύλαις ἑβδόμαις, was eine so reiche Sammlung ändernder Vorschläge zur Folge gehabt hat, ist auch wieder nur durch die Erklärung entstanden, welche sich hier natürlich nicht enthalten konnte, über der Zeile ἑπτά anzumerken, woraus sich denn schliesslich der neue Dochmius mit dem unrichtigen Ausdrucke bildete (in G., und in einer Wiener Handschrift, steht ἑβδόμοις, in letzterer auf radirter Stelle). Der Scholiast A., welcher hier bei Dind. wieder mager ist, lautet hier noch in einer Wiener Handschrift und in Vit. m.: — προσίστανται ταῖς ἑπτὰ τῆς πόλεως πύλαις, ἤτοι ἀνὰ ἑκάστην πύλην εἷς στρατηγός, ἀπὸ κλήρου λαχόντες ἣν ἕκαστος ἔμελλε πύλην λαβεῖν, wo man das ursprüngliche πύλαισιν πόλεως noch vor sich sieht; vorher geht eine wortreiche Auseinandersetzung über das sieben- und das hundertthorige Theben, wie am Schluss der ὑπόθεσις: ἑπτὰ πύλας εἶχεν ἡ πόλις αὕτη αἱ Θῆβαι, ὅθεν καὶ ἑπτάπυλοι ὀνομάζονται πρὸς ἀντιδιαστολὴν τῶν Αἰγυπτίων Θηβῶν· ἐκεῖναι γὰρ ἑκατοντάπυλοί εἰσιν. φησὶν οὖν, ὅτι ἑπτὰ πρέποντες στρατηγοὶ ἤτοι προέχοντες τῶν Ἀργείων στρατηγοὶ (wäre μέδοντες, cf. ἡγήτορες ἠδὲ μέδοντες, und πρέποντες zusammen) ὑπερήφανοι καὶ αὐθάδεις προσίστανται κ. τ. λ. In des Schol. Med. λαχμῷ λαχόντες τὰς πύλας scheint auch nicht zufällig das Zahlwort zu fehlen, und in Lips. steht über der Zeile ἥγ. ταῖς ἑπτά d. i. der ursprüngliche Zusatz, der πόλεως überdeckte. Die von Hermann hier in der Strophe bezeichnete Lücke eines Verses verurtheilte sich selbst, da προσίστανται πάλῳ λαχόντες ein Schlussvers. Damit fällt auch das invictum argumentum Hermann's, welches aus der antispastischen Gleichspannung von προσίστανται πάλῳ λαχόντες und σύ τ' ὦ Διογένεια κούρα hervorgehen sollte (hic versus cum antistrophico comparatus invicto argumento ostendit veram esse eam huius metri rationem, quam a me monstratam contra Boeckhium defendit Weissenbornius). Alle vermeintlichen Beweise jener angeblichen, unrhythmischen antispastischen Rhythmen verschwinden durch die Berichtigung der Texte. — Wie mit Athene und Athene Onka, Apollon und Apollon Lykeios, Artemis und Artemis Lochia (σωωδίνα, σώτειρα, λυτηρία u. s. w.), so verhält es sich endlich auch mit Ἄρης und Ἄρης χρυσοπήληξ. Der zuerst angerufene ist der Ares der Σπαρτοί, daher heisst es hier παλαίχθων und χρυσοπήληξ, vergl. Schol. O. P.

ὅτι μετὰ χρυσέων περικεφαλαιῶν οἱ σπαρτοὶ ἀνεδόθησαν; (man sieht nun ferner, wie es in der betreffenden Stelle in éinem zusammenhängenden Satze heissen musste: — προδώσεις, παλαίχθων Ἄρης, τὰν τεάν, χρυσοπήληξ, πόλιν ποτ' εὐφιλήταν), und an der zweiten Stelle ist es der Ares der ἐπηλύδων, weshalb es denn hier auch Κάδμου πόλιν φύλαξον κήδεσαί τ' ἐναργῶς heisst.

Es liegt uns nun Material genug vor, um uns eine allgemeine Vorstellung darüber zu machen, wie es sich mit den Scholien zu Aeschylus verhalte. Nach den im Vorhergehenden vorliegenden Anknüpfungspunkten kann ich mich kurz fassen. Was uns von Scholien vorliegt, wie verschieden auch in den einzelnen Handschriften die Menge des Excerpirten ist und die Redaction desselben im Detail, es geht schliesslich alles zurück auf eine compakte Scholienmasse, welche von älterer Zeit her vorlag. In dieser Masse unterscheiden sich zwei verschiedene, von einander unabhängige Stämme: Schol. A. Schol. B. Beide sind keine eigentlichen Originalarbeiten, sondern mit Benutzung älterer Quellen zu einem Texte zusammengestellt, welcher schon dem uns in den Abschriften überlieferten Texte nahe lag. Insbesondere ist das, worauf es in kritischer Hinsicht hauptsächlich ankommt, deutlich, dass der Schol. A. bestand, als der Mediceer Codex geschrieben ward, denn Schol. Med. ist ein Excerpt aus Schol. A. Nach dem, was in den letzten Zeiten über diesen Punkt gelehrt wurde, begehe ich mit dieser Behauptung ein Sacrilegium. Allein der blinde Cultus, welcher dieser Handschrift und ihren Scholien zu Theil geworden ist, hat lange genug der Kritik geschadet und, indem er der Ueberlieferung die Pulsadern unterband, die freie Strömung des werthvollsten kritischen Materials verhindert, um endlich mit Entschiedenheit zurückgewiesen zu werden. Die alte Handschrift ist vortrefflich, sie ist aus guter Quelle von sachverständigerer Hand geschrieben, als viele andere. Allein, was erstlich ihre Scholien betrifft, so sind sie ein magerer Auszug des Schol. A., der uns für die drei Stücke: Prometheus, Sieben vor Theben,

Perser in später geschriebenen Handschriften vollständiger vorliegt. Wenn Schol. Med. nach dem, was früher als Schol. A. nur erst mitgetheilt war, vieles Eigenthümliche zu enthalten schien, so ist durch die von Dindorf aus Pariser Handschriften veröffentlichten Nachträge ein guter Theil davon bereits verschwunden. Ferneres, was bei Dindorf noch fehlt, findet sich wieder in andern Handschriften, wie in der Wittenberger und Wiener. So steht, um an einige hervorstechende Fälle zu erinnern, die Bemerkung über das Schweigen der Personen zu Prometheus V. 436 (σιωπῶσι γὰρ παρὰ τοῖς ποιήταις τὰ πρόσωπα κ. τ. λ.), die beiden ebendaselbst V. 378 citirten Senare (λόγος γὰρ ἀνθρώποισιν κ. τ. λ.), die Hinweisung auf die Troja verlassenden Götter zu Sieben vor Theben V. 217 (λέγεται δὲ ὅτι ὅταν ἔμελλε πορθηθῆναι ἡ Τροία κ. τ. λ.; die wiederholte Beziehung darauf mit der Verweisung auf des Sophocles Ξοανηφόροι war schon anfangs mitgetheilt), die Erklärung von πόνοι πόνων ἐφέστιοι in V. 852, und zwar die vollständigere, wovon Schol. Med. nur den Schluss excerpirt, die in Schol. Med. abgeschwächte Erklärung zu ὁμόσποροι δῆτα καὶ πανώλεθροι V. 933 (ἀληθῶς ἀδελφοὶ κ. τ. λ.) in der Wittenberger Handschrift, die Bemerkung über die Dochmien zu VII, 103 (ὁ μέντοι ὀκτάσημος ῥυθμὸς οὗτος πολύς ἐστιν κ. τ. λ.), die hinter die Einschiebsel im Text zurückgehende Bemerkung zu Perser V. 1000, und diese zwar wieder in ihrer älteren Gestalt, in einer der Wiener Handschriften u. s. w. Eine vollständige Sammlung des Schol. A. wird zeigen, ob noch irgend eine Differenz übrig bleibt. Das Auffälligste in dieser Beziehung sind einstweilen noch die Bemerkungen zu Prometh. V. 511 und 522, die didaskalische Notiz zu den Sieben vor Theben (die zu den Persern ist gemeinschaftlich), und Glossen, wie Pers. V. 735 διαπράττεσθαι. Dergleichen pflanzt sich in den Handschriften fort; keine Handschrift aber hat solcher eigentlicher Handschriftennotizen eine so geringe Anzahl, als grade der Mediceus. Im Allgemeinen sieht man auch jetzt schon auf beiden Seiten nichts wie Uebereinstimmung, die Berufung auf dieselben Schriftsteller, dieselben Varianten der Erklärung mit ihren τινές, οἱ δέ, ἄλλοι, ἕτεροι δέ u. s. w., und Alles dies entweder genau mit denselben Worten oder aber mit denjenigen kleinen Redactionsverschiedenheiten, wie wir sie auch auf der andern Seite unter der Hand verschiedener Schreiber finden. Sprechend ist auch, dass wir in Bezug auf die Scholien selbst Varianten berührt finden, wie VII, 224, welche sich auf der andern Seite im Text der Scholien wiederfinden — also Bezugnahme auf diejenige gemeinschaftliche Quelle, aus welcher auch das in den spätern Handschriften Verzeichnete geflossen ist. Der hauptsächlichste Unterschied aber besteht in dem (für die Beurtheilung der Quelle entscheidenden) Umstande, dass der Schol. A. in den später geschriebenen Handschriften noch eine Menge von Hinweisungen auf ältere, richtige Lesarten enthält, welche in dem knappen Excerpte des Schol. Med. nicht vorkommen. Im Uebrigen participirt dieser an all jenen, in dieser Schrift aufgewiesenen Schwächen, welche der Arbeit des Schol. A. überhaupt eigen waren: an den manchfaltigen Verbindungen und Mischungen von zu frühern Lesarten geschriebenen Bemerkungen mit dem inzwischen entstandenen Texte. Wenn wir hier und da auch eine gewisse Behutsamkeit bei ihm beobachten können, wie wenn er VII, 273 den Plural οἱ ἀπὸ Ἰσμηνοῦ vermeidet oder V. 490 den Accusativ zu δινήσαντος, V. 933 das ἀληθῶς, zu dem er in ὁμόσποροι keine Veranlassung mehr sieht, vrgl. S. 132, so excerpirt er dafür auf der andern Seite (um von den vielen Schreibfehlern nicht zu reden, von denen schon Dindorf sich veranlasst sah eine Anzahl nach Anleitung des Schol. A. zu verbessern; sie sind manchmal der Art, dass man nicht weiss, was man davon denken soll), wie wir gesehen haben, häufig mangelhaft, unrichtig, und verdreht noch das in den andern Handschriften richtig Vorliegende auf seinen Kopf, wie VII, 689. Wem darüber noch Zweifel zurückgeblieben sein sollten, vergleiche nur noch die Fortsetzung der Bemerkung zu der zuletzt citirten Stelle. Zu den Worten des Dichters:

ἐπεὶ τὸ πρᾶγμα κάρτ' ἐπισπέρχει θεός,
ἴτω κατ' οὖρον κῦμα Κωκυτοῦ λαχόν,
Φοίβῳ στυγηθὲν, πᾶν τὸ Λαΐου γένος.

bemerkt Schol. A. *ἐπεὶ γὰρ ὁ θεὸς καθαρὸς καὶ ἀμίαντος ὢν παρήγγειλε τῷ Λαΐῳ μὴ κοινωνεῖν τῇ γυναικὶ μηδὲ συνουσιάζειν αὐτῇ, οὗτος δὲ παρήκουσεν αὐτοῦ καὶ ἐγένετο ἀνόμως πατήρ, διὰ τοῦτο ἐμίσησεν ἅπαν τὸ γένος αὐτοῦ.* Man sieht, dass hier die Worte *καθαρὸς καὶ ἀμίαντος ὢν* eine Erklärung von *Φοῖβος* sein wollen, im Uebrigen ist es eine, den Grund des *Φοίβῳ στυγηθέν* ausführende, vernünftige geschichtliche Bemerkung. Wie lautet sie im Schol. Med.?: *Ἀπόλλωνος δὲ εἶπεν* (es ging vorher *ὑπὸ Ἀπόλλωνος μισηθέν*), *ἐπειδὴ αὐτὸς μέν ἐστιν καθαρὸς καὶ ἀμίαντος* — hier hat die obige Erklärung von *Φοῖβος* schon ganz ihren Sinn verloren, es hätte vor Allem heissen müssen: *Φοίβῳ δὲ εἶπεν* oder *Ἀπόλλωνα δὲ Φοῖβον εἶπεν* — gesetzt aber, er habe so schreiben wollen und *Ἀπόλλωνος* sei nur Schreibfehler, was will der gebildete Gegensatz: *ἐπειδὴ αὐτὸς μέν ἐστιν καθαρὸς καὶ ἀμίαντος καὶ μὴ κοινωνεῖν τῇ γυναικὶ παρήγγειλεν, οὗτοι δέ* . . . . ? (er erinnert an das S. 137 f. besprochene *ὅτι ὡς ἔδει μὲν παρατέτακται ὁ Ξέρξης, ἡ δὲ θεοῦ ἐπιβουλὴ κ. τ. λ.* des Schol. O. P. zu Pers. 93). Allein alles bisher Dagewesene übertrifft fast der Schluss und das Resultat der ganzen Bemerkung, wenn es also nach *ἐπειδὴ* — *μὴ κοινωνεῖν τῇ γυναικὶ παρήγγειλεν* heisst: *οὗτοι δὲ παρήκουσαν καὶ ἐγένοντο ἀνόμως*, der lustigste Unsinn, den man nur erdenken kann; man möchte ihm beispringen mit einem *οὗτος δὲ παρήκουσεν καὶ ἐγέννησεν ἀνόμως* oder *ἐγένετο ἀνόμως πατήρ*, aber nein, Laios ist nicht nah noch fern; man überzeugt sich: es ist grade die Behutsamkeit des Scholiasten, welche ihn hier, während er die Skylla zu vermeiden meint, so tief in die Charybdis stürzte. Während er nämlich in der Vorlage von fremden Personen sprechen sieht, findet er es doch sicherer, sich an die beiden Söhne des Oedipus, den Eteokles und Polynikes, wovon der Text spricht, zu halten; so häuft er denn den ganzen Inhalt der ihm vorliegenden Bemerkung auf das Haupt dieser beiden unglücklichen Brüder zusammen, welche nun entgegen dem Befehl des Gottes heirathen und alsdann selbst aus dieser Ehe unrechtmässig erst hervorgehn. Das ist die munditia scholiorum Mediceorum, quam saluberrimo consilio prorsus segregatam esse Dindorfius voluit a recentiorum scholiorum farragine Byzantina. Wenn man so, sich in ehrwürdiger Entfernung haltend, über Objecte urtheilt, welche man vorerst kennen zu lernen sich nicht die Mühe gegeben, so entstehen die Vorurtheile, welche sich, da man dem so bestimmt Ausgesprochenen von anderer Seite Vertrauen schenken zu dürfen glaubt, manchmal Jahrhunderte lang fortpflanzen und der Wissenschaft den grössten Schaden bringen. Es ist ein Glück für die betreffenden drei Stücke, dass Schol. A. in den neuern Handschriften in reicheren Excerpten vorhanden ist, und für die übrigen Stücke ist es das grösste Unglück, dass ihre Kritik nur von den kurzen Scholien des Med. unterstützt ist. Denn selbst die Behutsamkeit des Schol. Med., wenn er auf den ihm vorliegenden Text achtete und damit nicht Stimmendes seiner Vorlage vermied, hat die Ueberlieferungen verkürzt.

Wenn man denn, was auf den Kopf gestellt war, wieder grade richtet, so entscheidet sich auch die Frage über die Quelle der Texte ohne Weiteres. Woher haben die Handschriften des Prometheus, der Sieben vor Theben, der Perser, welche später als der Med. geschrieben sind und den Schol. A. vollständiger enthalten, diese ihre Scholien? Sollte man hier noch Ausreden versuchen, so frage ich weiter: woher haben sie alle jene Interlinearbemerkungen und Glossen, die uns die Nachrichten von früheren, in allen Texten, auch dem des Med., verschwundenen Lesarten wieder zuführen, ohne dass sich auch in den Scholien eine Spur davon zeigt? Woher hat z. B. die Wittenberger Handschrift in den Sieben vor Theben V. 346 ihr $\varphi v \lambda \alpha \varkappa \acute{\eta} v$, V. 556 ihr $\sigma \tau \omega \mu v \lambda \varepsilon v o \mu \acute{\varepsilon} v \eta v$, V. 553 ihr $\dot{\alpha} v \tau \acute{\iota} \mu \alpha \chi o \varsigma$, V. 554 ihr $\delta \varepsilon \iota \varkappa v \acute{v} \varepsilon \iota$, 435 ihr $\dot{\alpha} v \alpha \lambda o \gamma \acute{\iota} \zeta o v$ oder Pers. V. 743 ihr $\varepsilon \dot{v} \varrho \acute{\varepsilon} \sigma \vartheta \alpha \iota$ u. s. w.? Woher die Leipziger Handschrift Pers. 630 ihr $\lambda v \pi \acute{\eta} v = \mathring{\alpha} \chi o \varsigma$, V. 344 ihr $\mathring{\alpha} \varrho \alpha = \mathring{\eta}$, VII, V. 788 ihr $\mathring{\eta} = \mathring{\eta}$ u. s. w.? Woher stammt in dem Wolfenbüttler Codex $\delta v \sigma \varepsilon \varkappa \beta \lambda \acute{\eta} \tau \omega \varsigma$ Prometh. V. 60, $\mu \grave{\eta} \; \delta v v \alpha \mu \acute{\varepsilon} v \omega v \; \beta o \eta \vartheta \varepsilon \tilde{\iota} v$ Pers. V. 166, $\tau o \tilde{v} \; \dot{o} \varrho \tilde{\alpha} v \; \alpha \dot{v} \tau o \acute{v} \varsigma$, $\varkappa \lambda \eta \varrho \omega \vartheta \varepsilon \acute{\iota} \varsigma$, $\dot{o} \varrho \vartheta \acute{o} \varsigma$, $\dot{\varepsilon} \lambda \vartheta \acute{\omega} v$ VII, 25, 486, 564, 981 u. s. w.? Und aus welcher Quelle fliesst in den

Wiener Handschriften ein πολυήχου oder ἀποστροφήν VII, 85, 613 oder ein γγ. μέλεα, ἐξαίφνης, ἔφοδος, ein καὶ ἀνεπίστροφον Pers. 275, 389, 428, 981, und so manches Andere, was ich in diesen Blättern Gelegenheit hatte aus den deutschen Handschriften anzuführen? Es ist klar, die drei Stücke, wie sie so zusammen in den Handschriften gefunden werden mit dem Schol. A. oder B. (auch beide zusammen in derselben Handschrift bei verschiedenen Stücken) und den vielen Interlinearbemerkungen, sie haben ihre besondere Quelle und auf ihrer Seite liegt, wie vortrefflich auch sonst als Handschrift der Med., überwiegend die älteste Ueberlieferung. Die Untersuchung ihrer Texte, Rand- und Interlinearscholien ist für die Kritik dieser drei Stücke wesentlich. Es ist bezeichnend für die in der lezten Zeit geübte und gelehrte Methode der Aeschylischen Kritik, dass, während die Kritiker damit beschäftigt sind, über die letzten Zweifel in Betreff der Pünktchen und Striche des Med. zu beruhigen, und diese Handschrift für alle Stücke des Aeschylus als die einzige Quelle aller noch existirenden geschildert wird, ein Exeget, der eben erst angefangen hat, sich mit Kritik zu beschäftigen, weil er bis dahin sich noch nicht dazu berufen fühlte, in einem verschollenen Wiener Codex, diesem Aschenbrödel, kann man sagen, unter den Aeschylischen Handschriften, eine, wie es scheint, noch von Niemanden auch nur angesehene Abschrift der Perser findet, deren Lesarten und Notizen sie zu der merkwürdigsten aller bis jetzt bekannten Aeschylus-Handschriften stempelt.

So verhält es sich mit dem Med., seinem Texte, seinen Scholien und dem Schol. A. Was den Schol. B. betrifft, so pflegt man ihn dem Schol. A. nachzusetzen. Es kann erst darüber geurtheilt werden, wenn sein Inhalt ausgemessen ist. Die Zeit der uns vorliegenden Redactionen ist gleichgültig, es fragt sich, was er an Nachrichten über verschwundenen Text in sich enthält. Ich erinnere denn kurz daran, dass wir in ihm finden: Promet. V. 313 λύπην = ὄχλον, V. 430 βαστάζει = ὑποστενάζει, Sieben vor Theben V. 29 ἐν νυκτὶ ἀγείρεσθαι = νυκτηγορεῖσθαι, V. 146 ἀκροατής = ἀΐτας, V. 229 ἐγείρει = αἴρει, V. 278

διὰ τοῦ ἐμοῦ δορὸς σκυλευθέντα = δουρίληφθ', V. 394 σφαδάζει = ἀκταίνει, V. 378 μαίνεται, ὁρμᾷ und V. 498 μαίνεται = μαιμᾷ, V. 550 τύχη, V. 565 ἀκούουσα = κλύουσα, V. 557 διαλύων, ἀναπτύσσων = ἐξαμπετάζων, V. 696 ἀκαμπέσι καὶ ἀσυμπαθέσιν = ἀκλάστοις, V. 707 μαλακωτέρῳ, V. 768 γινόμενα = πελόμενα, V. 846 αὐτοσφαγῆ, V. 900 λόγος = φῆμις, V. 973 διπλῶν = δοιῶν, Pers. V. 418 ἐχώρουν = ἔτεινον, V. 702 μέλλω λέξειν = ἐρέω, V. 763 μιτρηλόφου = μιτρηφόρου u. s. w. Nur bei einem kleinen Theile stimmt Schol. A. ein, in den meisten Fällen spricht B. allein. Daraus kann und muss man sein Gewicht und seine Selbstständigkeit beurtheilen.

Ueber die bis jetzt bekannten Scholien hinaus reichen denn noch viele der Interlinearscholien und Glossen, welche sich direct von Handschrift zu Handschrift zwischen den Zeilen fortgepflanzt zu haben scheinen. Als ich die ersten unbekannten und für die Kritik ergiebigen in dem Wittenberger Codex gefunden hatte, schrieb ich (S. 34 m. Schr.): 'wenn in einer Handschrift, welche so viel und so sorgfältig benutzt worden ist, wie die Wolfenbüttler, noch solche einen überall verschwundenen Text heraufbeschwörende Zeugnisse unbemerkt enthalten waren, so mögen deren auch sonst herum noch zerstreut sein', und wenige Monate später sind mir, aus den bisher am wenigsten geachteten, in Deutschland befindlichen Handschriften, schon eine solche Menge derartiger Ueberlieferungen zugeflossen, dass ich sie kaum bewältigen kann. Muss ich, auf diesem Punkt angelangt, nicht weiter vermuthen, dass das, was mir bis jetzt vor Augen gekommen, nur einen Theil ausmacht von der ganzen Summe von Ueberlieferungen, welche uns in den nicht von dem Med. herstammenden Handschriften noch erhalten sind? Allerdings wiederholen sich die Notizen vielfach, einzelne Handschriften stimmen mit andern auch in den Interlinearbemerkungen im Allgemeinen sehr, Lips. 1. und eine Wiener Handschrift, G., Taur. und wieder eine Wiener, haben die grösste Aehnlichkeit; allein in jeder Handschrift habe ich bis jetzt auch eine Anzahl Notizen gefunden, welche sie allein enthält: so dass man sieht, der Zufall hat die Ueberlieferungen vertheilt, die Quellen sind so manchfaltig gewesen oder die eine so reich, dass verschiedene Hände Verschiedenes daraus geschöpft. Ich bemerke bei dieser Gelegenheit, dass in diesem Schriftchen auch der Vorrath der deutschen Handschriften noch nicht erschöpft ist: theils vergass ich mir schon bekannt gewordene Fälle bei dem betreffenden Abschnitte (so steht über dem, überhaupt unter auffallenden Symptomen überlieferten V. 669 der Sieben vor Theben: οἶμαί νιν αὐτῷ νῦν (σὺν) παραστατεῖν πέλας, wo G. noch ῥεῖα am Schluss hat, in einer Wiener Handschrift ἀντὶ αὐτοῦ und βασιλεύειν, was auf προστατεῖν führt, vielleicht: οἶμαί νιν αὐτῷ προστατεῖν χειρῶν πέλας; ebendaselbst V. 679 ἀλλ' ἄνδρας Ἀργείοισι Καδμείους ἅλις ἐς χεῖρας ἐλθεῖν steht zwischen ἀλλ' und ἄνδρας über der Zeile ὅσον (sic), was ich einstweilen nicht zu deuten weiss, wenn es nicht am Ende von ους συν herstammt und so mit dem von mir vorgeschlagenen ἅλιος σὺν Ἀργείοισι Καδμείους ἔα ἐς χεῖρας ἐλθεῖν zusammenhängt; Pers. V. 86 δόκιμος δ' οὔτις ὑποστὰς μεγάλῳ ῥεύματι φωτῶν ἐχυροῖς ἕρκεσιν εἴργειν ἄμαχον κῦμα θαλάσσης kommt unter andern in G. i. u. Lips. i. die Glosse φρόνιμος vor, d. i. vielleicht πόριμος, vergl. Hesychius: πτόριμον, φρόνιμον. πτορισμός, φροντισμός, Eurip. bei Aristoph. μισῶ πολίτην — πόριμον αὐτῷ τῇ πόλει δ' ἀμήχανον, wo man πόριμον αὐτῷ mit ἱκανὸν αὐτῷ wiedergeben könnte, welche Glosse hier im Schol. B. steht (ἱκανὸς ἔσται). Sinn und Construction der Stelle sind: οὔτις δυνατός ἐστι (dies in den betreffenden Stil erhöht gäbe εὐμήχανος, εὔπορος, πόριμος, vergl. Thucyd. τῶν πλεόνων καὶ ἐς πάντα ποριμωτέρων), μεγάλῳ ῥεύματι φωτῶν ὑποστὰς (davon sind des Par. B. γρ. ἐπιστὰς ἤγουν ἐναντιωθεὶς μαχεσόμενος, ἀντιστάς die Erklärungen) εἴργειν ἄμαχον κῦμα θαλάσσης), theils finde ich noch immer neue Beispiele; denn das Eigne hat diese Art von Ueberlieferungen wohl, dass zu ihrer Wirkung jede betreffende Stelle kunstgerecht vorbereitet sein muss; das Licht der Exegese muss zuerst im überlieferten Texte deutlich das negative Bild herausgestellt haben, wenn dieses sich mit Hülfe solcher Ueberlieferungen in das positive Bild des Dichterausdrucks verwandeln soll.

Für die Trilogie und Hiketiden haben wir nur die magern Excerpte und Interlinearglossen des Med. Dass auch diese in kritischer Hinsicht noch lange nicht erschöpft sind, habe ich gelegentlich bemerkt. Ihre Schreibfehler müssen verbessert (es sind deren nicht so wenige, als man zu glauben scheint), ihre Lemmata berichtigt, und ihr Inhalt alsdann consequent mit den überlieferten Texten confrontirt werden. Ich gehe (obwohl ich auch hier auf eine Menge bisher übersehener Punkte aufmerksam zu machen hätte) darauf hier nicht näher ein, weil die Quelle im Allgemeinen als solche bekannt ist, ich bemerke nur noch kurz, dass man bei der Benutzung dieser Mediceischen Scholien nun die in dieser Schrift geschilderten Verhältnisse mit in Anrechnung bringen muss: nicht bloss, wenn der Scholiast, was noch häufig der Fall, ist, ausdrücklich und klar eine andere Lesart beschreibt, sondern auch wo er im ersten Augenblick unverständlich spricht und wo er die Lesart der Handschriften gradezu berührt und ihren Sinn und noch etwas dazu durcheinandergemischt angibt, dürfen wir aus ihm die Ueberlieferung früherer Lesarten schöpfen. Auf diese Weise kommt uns, was wir an ihm und Schol. A. und B. in den drei Stücken beobachtet haben, auch bei den vier übrigen Tragödien zu gut. Ausserdem habe ich aber noch darauf aufmerksam zu machen, dass auch nach dieser Seite hin das hinter unsere Texte zurückführende Material der Ueberlieferung nicht einzig und allein auf den Mediceus beschränkt bleiben, sondern dass sich wahrscheinlich noch Weiteres finden werde. Ich will auseinander setzen, warum ich dies vermuthe. Die Scholien des Med. zur Trilogie und den Hiketiden halte ich für ein Excerpt, wie seine Scholien zu den übrigen Stücken. Es fragt sich, ob die Quelle dieser Excerpte, oder andere Excerpte aus derselben Quelle nicht noch anderwärts existiren. Es finden sich nun die Bemerkungen des Med. in den besonders edirten Scholien zu Agamemnon und den Eumeniden (Dind. p. 504—512) grade so wieder, wie bei den drei andern Stücken (vergl. die Bemerkungen zu Agam. V. 33. 49. 172. 205. 260. 283. Eumen. V. 22. 26. 48. 52. 57. 152. 150. 172. 180. 206. u. s. w.).

Von diesen besondern Scholien hat man denn wieder gesagt, sie kommen her vom Med., und ich meine wieder: sie stammen aus gleicher Quelle. Dass diese sogenannten byzantinischen Scholien ältern Ursprungs sind, als unsre Texte, oder, was hier dasselbe ist, älteres Material in sich aufgenommen haben, geht hervor aus den bekannten Stellen der Eumen. V. 52 (ἀπὸ γὰρ ὀμμάτων αὐτῶν λείβουσι σταλαγμὸν αἱματηρόν = λίβα. codd. δία und βίαν, erst Burges. λίβα, vergl. Pers. V. 613 λιβάσιν, Schol. B. Lips. i. G. i. σταλαγμοῖς) und Agam. V. 1673 (ἐγὼ, φησί, καὶ σὺ κρατοῦντες τῶνδε τῶν δωμάτων διαθησόμεθα τὰ καθ᾽ αὑτοὺς καλῶς, wo die Handschriften statt trochäischer Tetrameter nur Schiller'sche Verse haben (Ritter Toggenburg) ohne ἐγὼ und καλῶς). Von diesen Scholien existiren, glaube ich, noch fernere Theile, und zwar grade auch zum Agamemnon, bei welchem der mit den verlorenen Blättern der Mediceer Handschrift zusammenhängende Verlust auch des Scholien-Excerpts die Kritik am härtesten trifft. Die S. 41 berührte späte Wiener Octavhandschrift enthält σχόλια παλαιὰ εἰς τὸν Ἀγαμέμνονα und εἰς τὰς Εὐμενίδας. Letztere sind die edirten; sie sind hier geschrieben, wie ich sie bei Butler abgedruckt finde (doch ohne die Bemerkung zu V. 20, welche auch bei Victor. aufgenommen war), mit einem Dutzend Glossen mehr, als bei Dind., darunter die auch im Schol. Med. stehenden zu V. 75. 78 (mit ἐνεργῶν). 80 (ἐν ταῖς ἀγκάλαις). 90. 91. 152 (mit dem richtigen Lemma τὸν μητραλοίαν). 223. 487. Zu V. 59 hat die Handschrift richtig ἄνευ ἄτης und V. 40 ἐμφαντικῶς. V. 38 steht auch hier, wie bei Butl., statt δείσασα γὰρ] τὰ δεινὰ δείσασα ἐξέπεμψέ με κ.τ.λ., wie auch Victor. hat (das unrichtige δείσασα hängt mit dem unrichtigen Lemma zusammen, Rob. hat δείσασα als Lemma, aber noch nicht im Text des Scholions), nach vorhergeschicktem ἢ δεινὰ λέξαι, richtig, wie in Schol. Med., τὰ δεινά, φησίν, ἐξέπεμψέ με τοῦ μαντείου; das Folgende ist (wie bei Butl.) als von der Seherin gesprochen angefügt: ἰδοῦσα γὰρ Ὀρέστην ἐπὶ τοῦ βωμοῦ καὶ τὰς Ἐρινύας κοιμωμένας ἔξειμι τεταραγμένη (ohne den Schluss τετραποδηδὸν ἐκ τοῦ νέω). In diesen Scholien enthalten ausser der vorherberührten

Bemerkung zu V. 52 noch zwei andere die Ueberlieferung der richtigen Lesart. Einmal die (bei Dind. fehlende) zu V. 560, wo Cod. Med. schon die Glosse im Text hat: θερμῷ ἦγ. θερμουργῷ. Dies, so als Scholion überliefert, nicht Conjectur, wird die Quelle der im Farn. stehenden richtigen Lesart sein. In Schol. Med. zu dieser Stelle: γελᾷ, φησὶν, ὁ δαίμων ἐπὶ τῷ ἀδίκως πάσχοντι ist ἐπὶ τῷ ἀδίκως πάσχοντι verschrieben für ἐπὶ τῷ ἀδίκῳ πάσχοντι; ἄδικος vertritt die Stelle von θερμός, wie es auch zu V. 553 heisst: τὸν ἀντίτολμον, τὸν τὰ ἐναντία τοῖς εἰρημένοις τολμῶντα, ἀντὶ τοῦ τὸν ἄδικον. Die andere Bemerkung, welche auf den ursprünglichen Text zurückweist, ist die (bei Dind. ebenfalls fehlende) zu V. 163 κρατοῦντες τὸ πᾶν δίκας πλέον. Während hier Schol. Med. παρὰ τὸ δίκαιον τὸ πᾶν ἔχοντες schreibt, heisst es in der Wiener Handschrift (wie bei Butler) noch deutlicher: ὑπὲρ τὸ δίκαιον d. i. das originale δίκας πέρα, wovon ὑπέρ die Glosse ist, vergl. Hesychius: πέρα λόγου, ὑπὲρ λόγον. πέρα, ὑπεράνω. νοῦ πέρα παντός, ὑπεράνω παντὸς νοῦ. Dass hier in der Handschrift πλέον ἦγ. ὑπὲρ τὸ δίκαιον steht, so kennen wir dies schon: es ist die überlieferte Erklärung der frühern Lesart, gestellt zu der ebenfalls durch Erklärung in den Text gerathenen falschen Lesart als Lemma, vergl. Hesychius, auch Etym. Gud. πέρα, πλέον, was auch im Med. schon die Stelle des Originals eingenommen hat. In dem Artikel des Hesychius: πέρα, πλέον, ἐπέκεινα, ὑπεράνω hat man die ganze Geschichte dieser Stelle vor Augen (ἐπέκεινα wendet Schol. B. an zu Prometh. V. 30 πέρα δίκης, ἐπέκεινα τοῦ δικαίου). Das betreffende Scholion hiess, ehe es vom entstandenen Text influenzirt ward, δίκας πέρα, ὑπὲρ τὸ δίκαιον. Ein Beleg mehr für den Ursprung dieser Bemerkungen, so wie für die Nützlichkeit, auch solchen kleinen Scholienpartikeln Aufmerksamkeit zu schenken. — Wenn es zu V. 92 heisst: σέβει τοι] τοῦτο διὰ μέσου, so wird hier wohl das Lemma zu berichtigen sein: V. 94 ὠή] τοῦτο διὰ μέσου. In der ersten Bemerkung V. 15 τιμαλφεῖ] ἦν τιμᾷ hat, wie Butl. und Dind., so auch die Wiener Handschrift den Schreibfehler ἦν τιμᾷ statt ἦγ. τιμᾷ.

Die Scholien zum Agamemnon enthalten einen Commentar zur ganzen Tragödie. Es finden sich in demselben eine Anzahl der in Schol. Med. stehenden Bemerkungen (wie die Scholien zu V. 3. 22. 31. φροίμιον ἥγ. πρῶτος πρὸ τῆς Κλυταιμνήστρας. 69. 107; dazu folgt ein ἄλλως. 120. 144 u. s. w.), ferner die meisten der besonders edirten Scholien (z. B. die zu V. 143. 163. 306. 344. 374. 385. 413. 448. 452. 505 u. s. w.), dann eine Reihe der aus Farn. citirten Glossen (z. B. die zu 87. 117. 141. 144. 286. 430. 597 u. s. w.), endlich eine Anzahl von, jedesmal am Schluss mit δ. τρ. d. i. Demetrius Triclinius bezeichneten Bemerkungen. Ob das Alles grade so in (dem 'scholia antiqua, Thomae Magistri et Demetrii Triclinii' enthaltenden) Farn. zusammensteht, weiss ich nicht. Als Lemmata treten im Allgemeinen die Lesarten des Farn. hervor (z. B. V. 231 φράσεν δ' ἐν ὅσσοις mit der Erklärung διὰ νεύματος τῶν ὀφθαλμῶν, V. 312 τοιοίδε ἥγ. τοιοῦτοί εἰσιν ἑτοῖμοι ἥγ. πρόχειροι, V. 521 δέξαισθε κόσμῳ ἥγ. δέξαισθε ἂν ἐν κόσμῳ, V. 729 χάριν γὰρ τροφεῦσιν ἥγ. ἀμοιβὰς ἀποδιδοὺς τοῖς θρέψασιν αὐτόν κ. τ. λ., V. 777 steht auch hier παλίντροπ' ὄμμασιν, wie Becker an Hermann aus Farn. referirte, und zwar, dass kein Zweifel über die Meinung sein kann, mit der Erklärung ἥγ. εἰς τοὐπίσω τετραμμένα τῶν ὀμμάτων), jedoch nicht überall, es kommen auch Lesarten vor, die bis jetzt noch von keiner Seite her referirt sind; so steht V. 454 ἐχθρῶς δ' ἔχοντας ἥγ. ἐχθρωδῶς διακειμένους περὶ αὐτήν (bei Herm. ist ἐχθρῶν aus Farn. citirt), vorher gehen die Erklärungen τὸ δὲ εὔμορφοι πρὸς πλείονα οἶκτον προσέθηκε; auf diese edirte Bemerkung folgt noch: εὔμορφοι ὄντες δηλονότι (καὶ del.) ἔτι ζῶντες', als sie noch lebten, meint er. V. 117 steht (nicht, wie bei Hermann aus Farn. referirt ist, sondern wenigstens unter sich übereinstimmend) παμπρεπτέσιν ἥγ. εὐπρεπέσιν, ἡ εὐθεῖα ἡ παμπρέπτις. Wie es sich damit nun verhalten möge, unter jenen Scholien befinden sich wieder noch nicht edirte Bemerkungen, welche hinter den überlieferten Text zurückführen und die Hinweisung auf verschwundene richtige Lesarten in sich enthalten. So liest man zu V. 144, wo überliefert ist: τόσονπερ εὔφρων σύμβολα κρᾶναι δεξιὰ μὲν ... erstlich die Bemerkungen ... Ἄρτεμις (ist doch wohl ... τοῦ ἃ καλά heruntergerutschte ... τελέσαι ἀντὶ φᾶναι τελεσθῆναι. ... mit τούτων τῶν στρουθῶν τὰ φάσ- ... καὶ εἰπεῖν καὶ ἀποφήνασθαι. Dann, ... wie im Text, noch mit μέν und δέ, was ... wesentlich ist: ἦγ. δεξιὰ μὲν διὰ τὴν νίκην, ... διὰ τὸν χόλον Ἀρτέμιδος, endlich die Anmerkung des Triclinius: δέον δὲ εἰπεῖν φάναι, ἐπειδὴ ἃ λέγουσιν οἱ μάντεις καὶ τέλος λαμβάνουσιν, εἰκότως κρᾶναι εἰπεῖν. ἔδει δὲ οὕτως εἰπεῖν, ὡς χρὴ δέ με ποιεῖν τὰ σύμβολα τῶν φασμάτων τῶν στρουθῶν δεξιὰ καὶ τὰ ἑξῆς· ὁ δὲ ἔμψυχα οἷον δεικνὺς τὰ φάσματα αἰτεῖ με φησὶ τὰ φάσματα τὴν αἴτησιν ἐκ τῶν φασμάτων γίνεσθαι χαριέστατα προβαλλόμενον. δ. τε. Schol. Med. zu dieser Stelle lautet: τὰ σύμβολα αἰτεῖ με φάναι δεξιὰ διὰ τὴν νίκην, ἐπίμομφα διὰ τὸν χόλον Ἀρτέμιδος. Hier ist φάναι, was Triclinius mit der Lesart des Textes κρᾶναι in Einklang zu bringen sucht (ein Beispiel, wie κτέανα und φῆμις S. 120), die Glosse zu dem (von Hermann gefundenen, aber nicht benutzten) originalen κρῖναι. Dieses κρῖναι ist denn auch in dem ἄλλως des Cod. Vind., neben dem Schreibfehler κρᾶναι, deutlich wiedergegeben durch εἰπεῖν καὶ ἀποφήνασθαι; ὁ κριτὴς ἀποφαίνεται, sagt Plato (Polit. 580 b. ἴθι δή μοι, ἔφην ἐγώ, νῦν ἤδη ὥσπερ ὁ διὰ πάντων κριτὴς ἀποφαίνεται, καὶ σὺ οὕτω, τίς πρῶτος κατὰ τὴν σὴν δόξαν εὐδαιμονίᾳ καὶ τίς δεύτερος, καὶ τοὺς ἄλλους ἑξῆς πέντε ὄντας κρῖναι, βασιλικόν, τιμοκρατικόν, ὀλιγαρχικόν, δημοκρατικόν, τυραννικόν. Ἀλλὰ ῥᾳδία, ἔφη, ἡ κρίσις κ. τ. λ.) und überall die Redner, vergl. Hesychius: ἀπόφασις, κρίσις. Es ist hier die Rede von einem Zeichen und seiner Deutung durch den Seher. Kalchas sagt, dass die den jungen Thieren geneigte Artemis ihn auffordere, die fröhlichen Zeichen jener Vögel zu erklären für (κρῖναι, ἀποφήνασθαι, φάναι, εἰπεῖν) δεξιὰ μέν, κατάμομφα δὲ φάσματα. Fast sämmtliche neue Bearbeitungen dieser Stelle sind so ausgefallen, dass von diesem nothwendigen Sinne keine Spur mehr zu finden, bei Dindorf sieht man sogar nur noch: τερπνὰ [τούτων αἰτεῖ] ξύμβολα κρᾶναι. Ich glaube nicht zu irren, wenn ich hier die Theile des alten Scholiasten (Schol. A.) zusammensetze: ἡ καλλίστη Ἄρτεμις . . . τὰ φάσματα αἰτεῖ με κρῖναι καὶ ἀποφήνασθαι δεξιὰ μὲν διὰ τὴν νίκην ἐπίμομφα δὲ διὰ τὸν χόλον Ἀρτέμιδος, welche denn von dem Anonymus, dem Schol. Med. und den Grammatikern des Farn., wie vorliegt, benutzt wurden. In Bezug auf den Text, welchem die unzeitige Erinnerung eines Grammatikers an das homerische Zeichen das Wort στρουθῶν einverleibte, ist zu bemerken, dass, wenn es heisst:

τερπνὰ
τούτων αἰτεῖ ξύμβολα κρῖναι
δεξιὰ μὲν, κατάμομφα δὲ φάσματα φανῶν

(vergl. Od. 3, 372 Ἀθήνη, φήνῃ εἰδομένη. Schol. εἶδος ὀρνέου ἀετῷ ὅμοιον. 16, 217 φῆναι ἢ αἰγυπιοὶ γαμψώνυχες. Schol. εἴδη ταῦτα ἀετῶν) die Worte in glänzender und bedeutsamer Weise so gestellt sind, dass, während das zu deutende Object den ganzen Satz umschliesst, die den deutenden Ausspruch bringenden Worte erst nach der beim betreffenden Worte κρῖναι eintretenden Verspause fallen. Es gehört dies mit zu der noch wenig oder gar nicht beobachteten Wortstellung der Dichter, dass sie den Einhalt beim Versschluss, überhaupt die Stellung der Worte in die Verse, mit zur Declamation benutzen. Wenn es bei Pind. Nem. V, 4 heisst:

ἀλλ' ἐπὶ πάσας ὁλκάδος ἔν τ' ἀκάτῳ, γλυκεῖ' ἀοιδά,
στεῖχ' ἀπ' Αἰγίνας, διαγγέλλοισ', ὅτι
Λάμπωνος υἱὸς Πυθέας εὐρυσθενὴς
νίκη Νεμείοις παγκρατίου στέφανον κ. τ. λ.

so erscheint nach dem ankündigenden διαγγέλλοισ' ὅτι der Name des Siegers abgesondert in einen Vers für sich gestellt mit hervortretender glänzendster Declamation. Isthm. V ist V. 5 der neue isthmische Sieg so hervorgehoben durch ein abgegränztes νῦν αὖτις Ἰσθμοῦ δεσπότᾳ und da, wo nach dem Gebet des Herkules das Zeichen der Gewährung am Himmel erscheint, ist dies in einer gleichsam die plötzliche Erscheinung nachahmenden Weise geschildert:

ἃ καλὰ ... τερπνὰ τούτων αἰτεῖ ξύμβολα κρᾶναι δεξιὰ μὲν κατάμομφα δὲ φάσματα στρουθῶν, erstlich die Bemerkungen des Farn. τερπνά ἦγ. ἡ καλλίστη Ἄρτεμις (ist doch wohl nichts anderes, als eine von ἃ καλά heruntergerutschte Bemerkung) und κρᾶναι, τελέσαι ἀντὶ φᾶναι τελεσθῆναι. Dann folgt ein ἄλλως mit τούτων τῶν στρουθῶν τὰ φάσματα αἰτεῖ με κρᾶναι καὶ εἰπεῖν καὶ ἀποφήνασθαι. Dann, wie in Med., aber, wie im Text, noch mit μέν und δέ, was für den Sinn wesentlich ist: ἦγ. δεξιὰ μὲν διὰ τὴν νίκην, ἐπίμομφα δὲ διὰ τὸν χόλον Ἀρτέμιδος, endlich die Anmerkung des Triclinius: δέον δὲ εἰπεῖν φάναι, ἐπειδὴ ἃ λέγουσιν οἱ μάντεις καὶ τέλος λαμβάνουσιν, εἰκότως κρᾶναι εἶπεν. ἔδει δὲ οὕτως εἰπεῖν, ὡς χρὴ δέ με ποιεῖν τὰ σύμβολα τῶν φασμάτων τῶν στρουθῶν δεξιὰ καὶ τὰ ἑξῆς· ὁ δὲ ἔμψυχα οἷον δεικνὺς τὰ φάσματα αἰτεῖ με φησὶ τὰ φάσματα τὴν αἴτησιν ἐκ τῶν φασμάτων γίνεσθαι χαριέστατα προβαλλόμενον. δ. τρ. Schol. Med. zu dieser Stelle lautet: τὰ σύμβολα αἰτεῖ με φάναι δεξιὰ διὰ τὴν νίκην, ἐπίμομφα διὰ τὸν χόλον Ἀρτέμιδος. Hier ist φάναι, was Triclinius mit der Lesart des Textes κρᾶναι in Einklang zu bringen sucht (ein Beispiel, wie κτέανα und φῆμις S. 120), die Glosse zu dem (von Hermann gefundenen, aber nicht benutzten) originalen κρῖναι. Dieses κρῖναι ist denn auch in dem ἄλλως des Cod. Vind., neben dem Schreibfehler κρᾶναι, deutlich wiedergegeben durch εἰπεῖν καὶ ἀποφήνασθαι; ὁ κριτὴς ἀποφαίνεται, sagt Plato (Polit. 580 b. ἴθι δή μοι, ἔφην ἐγώ, νῦν ἤδη ὥσπερ ὁ διὰ πάντων κριτὴς ἀποφαίνεται, καὶ σὺ οὕτω, τίς πρῶτος κατὰ τὴν σὴν δόξαν εὐδαιμονίᾳ καὶ τίς δεύτερος, καὶ τοὺς ἄλλους ἑξῆς πέντε ὄντας κρῖναι, βασιλικόν, τιμοκρατικόν, ὀλιγαρχικόν, δημοκρατικόν, τυραννικόν. Ἀλλὰ ῥᾳδία, ἔφη, ἡ κρίσις κ. τ. λ.) und überall die Redner, vergl. Hesychius: ἀπόφασις, κρίσις. Es ist hier die Rede von einem Zeichen und seiner Deutung durch den Seher. Kalchas sagt, dass die den jungen Thieren geneigte Artemis ihn auffordere, die fröhlichen Zeichen jener Vögel zu erklären für (κρῖναι, ἀποφήνασθαι, φάναι, εἰπεῖν) δεξιὰ μὲν, κατάμομφα δὲ φάσματα. Fast sämmtliche neue Bearbeitungen dieser Stelle sind so ausgefallen, dass von diesem nothwendigen Sinne keine Spur mehr zu finden, bei Dindorf sieht man sogar nur noch: τερπνὰ [τούτων αἰτεῖ] ξύμβολα κρᾶναι. Ich glaube nicht zu irren, wenn ich hier die Theile des alten Scholiasten (Schol. A.) zusammensetze: ἡ καλλίστη Ἄρτεμις ... τὰ φάσματα αἰτεῖ με κρῖναι καὶ ἀποφήνασθαι δεξιὰ μὲν διὰ τὴν νίκην ἐπίμομφα δὲ διὰ τὸν χόλον Ἀρτέμιδος, welche denn von dem Anonymus, dem Schol. Med. und den Grammatikern des Farn., wie vorliegt, benutzt wurden. In Bezug auf den Text, welchem die unzeitige Erinnerung eines Grammatikers an das homerische Zeichen das Wort στρουθῶν einverleibte, ist zu bemerken, dass, wenn es heisst:

τερπνὰ
τούτων αἰτεῖ ξύμβολα κρῖναι
δεξιὰ μὲν, κατάμομφα δὲ φάσματα φανῶν

(vergl. Od. 3, 372 Ἀθήνη, φήνῃ εἰδομένη. Schol. εἶδος ὀρνέου ἀετῷ ὅμοιον. 16, 217 φῆναι ἢ αἰγυπιοὶ γαμψώνυχες. Schol. εἴδη ταῦτα ἀετῶν) die Worte in glänzender und bedeutsamer Weise so gestellt sind, dass, während das zu deutende Object den ganzen Satz umschliesst, die den deutenden Ausspruch bringenden Worte erst nach der beim betreffenden Worte κρῖναι eintretenden Verspause fallen. Es gehört dies mit zu der noch wenig oder gar nicht beobachteten Wortstellung der Dichter, dass sie den Einhalt beim Versschluss, überhaupt die Stellung der Worte in die Verse, mit zur Declamation benutzen. Wenn es bei Pind. Nem. V, 4 heisst:

ἀλλ' ἐπὶ πάσας ὁλκάδος ἔν τ' ἀκάτῳ, γλυκεῖ' ἀοιδά,
στεῖχ' ἀπ' Αἰγίνας, διαγγέλλοισ', ὅτι
Λάμπωνος υἱὸς Πυθέας εὐρυσθενής
νίκη Νεμείοις παγκρατίου στέφανον κ. τ. λ.

so erscheint nach dem ankündigenden διαγγέλλοισ' ὅτι der Name des Siegers abgesondert in einen Vers für sich gestellt mit hervortretender glänzendster Declamation. Isthm. V ist V. 5 der neue isthmische Sieg so hervorgehoben durch ein abgegränztes νῦν αὖτις Ἰσθμοῦ δεσπότᾳ und da, wo nach dem Gebet des Herkules das Zeichen der Gewährung am Himmel erscheint, ist dies in einer gleichsam die plötzliche Erscheinung nachahmenden Weise geschildert:

ταῦτ' ἄρα οἱ φαμένῳ πέμψεν θεὸς
ἀρχὸν οἰωνῶν μέγαν αἰετόν· κ. τ. λ.

und V. 72, da, wo am Schluss des Preises des Lampo die Bemühungen desselben in Betreff der gymnastischen Wettkämpfe hervorgehoben werden sollen, ist dies so gestellt, dass nach dem mit steigernder Betonung vorhergeschickten:

φαίης κέ νιν ἀνδράσιν ἀθληταῖσιν ἔμμεν

nun das preisende Prädicat compact zusammengeschlossen ist in:

Ναξίαν πέτραις ἐν ἄλλαις χαλκοδάμαντ' ἀκόναν.

Um auf die Scholien zu Agamemnon zurückzukommen, so zweifle ich nicht, dass neben den Excerpten des Schol. Med. auch die übrigen edirten und noch nicht edirten alten Bemerkungen auf gemeinschaftlicher älterer Quelle beruhen und hoffe, dass auch hier die Bohrversuche nach einer neuen Quelle der Kritik nicht ganz vergeblich sein werden.

In wie weit das in diesen Blättern an Aeschylus Beobachtete auch auf andre Schriftsteller Anwendung hat, wird die Zukunft lehren. Wenn man im Allgemeinen bereits daran gewohnt ist, aus den alten Scholien (z. B. denen des Pindar) das Bild des frühern Textes wieder heraufzubeschwören, so wird sich der Kreis der Untersuchung, und damit die Quelle der Kritik, dadurch erweitern, dass man über die directen und unzweideutigen Referate der Scholien hinaus nun auch die manchfaltigen Mischungen und ihre Folgen, so wie die unbewussten Ueberlieferungen des Frühern von Seiten der Scholiasten in's Auge fasst. In dem Scholion zu der S. 7 besprochenen Stelle des Pindar Pyth. VI, 50, worin es heisst: «οἱ δὲ (auch das richtige δέ ist hier erhalten), ὦ Πόσειδον, προσέρχεται καὶ προσοικειοῦται ὃς (οὓς leg. ἃς) εὗρες ἱππείας εἰσόδους τουτέστιν ἱππικὰς ἁμίλλας, ὅτι ἱππικὸς ὁ θεός ist προσέρχεται καὶ προσοικειοῦται grade so ein Paar, wie wir deren so häufig in den Scholien des Aeschylus angetroffen haben: πανώλης καὶ ἀνδρεῖος, ἔμπορος καὶ συνήθης, ῥέουσαν καὶ πολλὰ λέγουσαν u. s. w., denn προσοικειοῦται ist die Glosse zu dem richtigen προσέρχεται. Jenes προσέρχεται wird nun Schuld sein, dass auch die Erklä-

rung sich verwischte, es wird zuerst das Wegfallen des
τέ nach ἅς veranlasst haben: man dachte nun προσέρχεται
ἃς εἶρες ἱππείας ἐσόδους, während bei dem originalen
προσέχεται aus ἃς θ' εὗρες ἱππείας ἐσόδους der Dativ her-
austrat und sich an das vorhergehende τίν anschloss (σοὶ
καὶ ταῖς ἱππείαις ἐσόδοις ἃς εἶρες προσέχεται): als das θ' weg
war, konnte nun auch ὃς εἶρες entstehen, was bisher ge-
lesen wurde, während das von Mommsen in Schol. Vat. B.
gelesene οἷς εἶρες noch wenigstens auf ἃς zurückführt.
Und in der S. 130 berührten Stelle Olymp. X, 10 steht
in der ersten Paraphrase des Scholiasten ἀνθεῖ, die Lesart
der Handschriften, in der zweiten das originale λάμπει.
Von der unbewussten Ueberlieferung sind auch die in m.
Schr. über Aeschylus besprochenen Stellen des Horaz
Beispiele. Denn, wenn es zu Sat. I, 5. 77:

> incipit ex illo montes Apulia notos
> ostentare mihi, quos torret Atabulus

im Scholiast Acro heisst: unde et pestifer dicitur esse et
gravis, so weiss das Lemma des Scholiasten: quos torret
Atabulus, also sein Text nichts mehr ab von diesem gravis, er schreibt es seiner Vorlage nach, wie eine ausser-
halb des Dichters liegende Notiz, während sein Vorgänger
mit dem unde dicitur esse et .. et den ihm noch vorliegenden Text: gravis quos torret Atabulus gemeint hatte.
Und wenn Od. 3, 5, 37 zu dem ausdrücklich bezogenen
und erklärten Texte:

> et Marte Poenos proteret altero,
> qui lora restrictis lacertis
>   sensit iners timuitque mortem.
> hic unde vitam sumeret inscius
> pacem duello miscuit

Schol. Acr. schreibt: qui tanquam in pace se hostibus
credidit, dum se debuerat armis tueri, so gehörte ursprünglich das tanquam in pace als Erklärung zu pacem duello
miscuit und dum se debuerat armis tueri zu hinc unde
vitam sumserat aptius, und die fernere Bemerkung ignarus rerum et per hoc ignavus, qui nesciret vitam viro forti
potius de armis sperandam ist ursprünglich keine Erklä-

rung zu hic unde vitam sumeret inscius gewesen, sondern eher umgekehrt die Veranlassung dieser Interpolation; ignarus rerum et per hoc ignavus, qui nesciret u. s. w. ist von der Erklärung aus metuensque mortem hinc unde u. s. w. gezogen.

Was endlich die vielen Ueberlieferungen zwischen den Zeilen der äschylischen Handschriften betrifft, welche die Erinnerung an frühere, verschwundene Lesarten aufbewahrt haben, so wäre es doch ganz wunderbar, wenn deren bloss in den Handschriften des Aeschylus vorkommen sollten. Freilich forderte die alte Sprache dieses Dichters und sein hoher, über das Gewöhnliche hinausgehender Stil mehr, als bei manchem andern Dichter, zu Erklärungen von Wort zu Wort auf, aber die Handschriften sind ja überhaupt von solchen Glossen angefüllt, und wenn sie heute bei Aeschylus, dessen Schwierigkeiten und Verderbnisse am ersten zu ihrer Beachtung auffordern konnten, in Masse übersehen worden sind, wird dies nicht auch bei andern Dichtern der Fall sein? Möge das hier über Aeschylus Dargelegte diejenigen, welche Gelegenheit dazu haben, zur Nachforschung auch bei andern Schriftstellern anregen. Man sieht bei Aeschylus die wahrlich unerwarteten Folgen. Hat die Ueberlieferung nicht nahezu als abgeschlossen gegolten? Wusste man noch andre Hülfe der Ueberlieferung als die (erst halbbekannten) Scholien und die letzte erschöpfende Aufzeichnung des Textes einer Handschrift, wie der Mediceus? Und ist nicht eine neue, reiche Quelle plötzlich zum Vorschein gekommen in den angeblich geringfügigern und vermeintlich erschöpften und nun bei Seite gelegten Handschriften? Und ist dies nicht eine Quelle, welche nicht bloss Hülfe bietet in längst von der Kritik zur nothwendigen Berichtigung bezeichneten Stellen, sondern auch an solchen, von denen man behaupten möchte, dass sie nie und nimmer, ohne solche Mahnung, auch nur zur Sprache gekommen sein würden? eine Quelle, welche Lücken authentisch ausfüllt (wie durch καὶ ἀνεπίστροφον = οὐκ ἀπόνοστον), welche dem Dichter seine schönste Sprache und Bilder, ja seine Wortspiele wiedergibt (wie Ἑρμῆς δ' εὐλόγως ξύνειρέ νιν) und seine spitzesten Wortwitze (wie γλῶσσαν ἐργμάτων ἄτερ εἴσω πυλῶν φλύουσαν) u. s. w.?

Gesetzt: ich habe hier und da zu sanguinisch zugegriffen — neue Messer schneiden manchmal so scharf und plötzlich ein, dass man sie nicht gleich vollkommen in seiner Gewalt hat: so ist die Mischung der Stofftheile zweier verschiedener Erklärungen in einer und derselben Scholienbemerkung ein glatter Boden, auf welchem man gar leicht straucheln kann; und wie die Glossen, welche manchmal, besonders die allgemeinern, von verschiedenen Seiten her zusammen treffen, äffen können, weiss jeder aus Erfahrung. Ich glaube die Stellen alle zu kennen, wo Täuschung spielen kann, und werde dieselben wiederholt prüfen, ehe ich den betreffenden Text feststelle (so schlug ich VII, 280 statt μηδ' ἐν ματαίοις κἀγρίοις ποιφύγμασιν über die sehr allgemeine Glosse μεγάλοις in G. i. herüber κἀκύροις vor, aber auch Prometh. V. 358 steht statt ἄγρυπνον βέλος in G. Lips. 1. und in einer Wiener Handschrift ἄγριον βέλος, in G. i. Vind. i. mit den Erklärungen βίαιον, μέγα; das μεγάλοις gehört schon zu ἀγρίοις, dagegen wäre denn ματαίοις κἀγρύπνοις ποιφύγμασιν zu bedenken, was auch in der Berührung dieser Stelle bei Schol. Med. zu V. 268: οὐ γὰρ ματαίας οὐδὲ γυναικείας εὐχὰς ἐπιτελέσω versteckt sein könnte, vergl. Schol. B. zu V. 281 εἰ καὶ διαπαντός θρῆνοι; ἐκδοίης σαυτήν κ. τ. λ. V. 206 steht ἄϋπνων in allen Handschriften. Bei solchen nicht allzu häufig vorkommenden Wörtern sieht man die Schreiber meist nach der einen oder andern Seite ausbiegen; so vermuthe ich Pind. Pyth. IX, 29 statt des unerklärlichen αὐτίκα δ' ἐκ μεγάρων Χείρωνα προσέννεπε φωνᾷ, was sprachlich unmöglich allocutus est vocans e tectis bedeuten kann, sondern wofür nur die Böckh'sche Erklärung ex aede Delphica übrig bliebe — an und für sich eine ächt pindarische Vorstellung, welcher aber die übrige Erzählung vom Dichter homogen gemacht worden wäre, was grade bei dieser Cyrenemythe, wo der Gott das Mädchen aus Thessalien nach Cyrene bringen muss, unmöglich war, ich vermuthe: αὐτίκα δ' ἐμμεμαὼς Χείρωνα προσέννεπε φωνᾷ, wodurch neben αὐτίκα die Heftigkeit des

rung zu hic unde vitam sumeret inscius gewesen, sondern eher umgekehrt die Veranlassung dieser Interpolation; ignarus rerum et per hoc ignavus, qui nesciret u. s. w. ist von der Erklärung aus metuensque mortem hinc unde u. s. w. gezogen.

Was endlich die vielen Ueberlieferungen zwischen den Zeilen der äschylischen Handschriften betrifft, welche die Erinnerung an frühere, verschwundene Lesarten aufbewahrt haben, so wäre es doch ganz wunderbar, wenn deren bloss in den Handschriften des Aeschylus vorkommen sollten. Freilich forderte die alte Sprache dieses Dichters und sein hoher, über das Gewöhnliche hinausgehender Stil mehr, als bei manchem andern Dichter, zu Erklärungen von Wort zu Wort auf, aber die Handschriften sind ja überhaupt von solchen Glossen angefüllt, und wenn sie heute bei Aeschylus, dessen Schwierigkeiten und Verderbnisse am ersten zu ihrer Beachtung auffordern konnten, in Masse übersehen worden sind, wird dies nicht auch bei andern Dichtern der Fall sein? Möge das hier über Aeschylus Dargelegte diejenigen, welche Gelegenheit dazu haben, zur Nachforschung auch bei andern Schriftstellern anregen. Man sieht bei Aeschylus die wahrlich unerwarteten Folgen. Hat die Ueberlieferung nicht nahezu als abgeschlossen gegolten? Wusste man noch andre Hülfe der Ueberlieferung als die (erst halbbekannten) Scholien und die letzte erschöpfende Aufzeichnung des Textes einer Handschrift, wie der Mediceus? Und ist nicht eine neue, reiche Quelle plötzlich zum Vorschein gekommen in den angeblich geringfügigern und vermeintlich erschöpften und nun bei Seite gelegten Handschriften? Und ist dies nicht eine Quelle, welche nicht bloss Hülfe bietet in längst von der Kritik zur nothwendigen Berichtigung bezeichneten Stellen, sondern auch an solchen, von denen man behaupten möchte, dass sie nie und nimmer, ohne solche Mahnung, auch nur zur Sprache gekommen sein würden? eine Quelle, welche Lücken authentisch ausfüllt (wie durch $καὶ\ ἀνεπίστροφον = οὐκ\ ἀπόνοστον$), welche dem Dichter seine schönste Sprache und Bilder, ja seine Wortspiele wiedergibt (wie $Ἑρμῆς\ δ'\ εὐ$-

λόγως ξύνειρέ νιν) und seine spitzesten Wortwitze (wie γλῶσσαν ἐργμάτων ἄτερ εἴσω πυλῶν φλύουσαν) u. s. w.?

Gesetzt: ich habe hier und da zu sanguinisch zugegriffen — neue Messer schneiden manchmal so scharf und plötzlich ein, dass man sie nicht gleich vollkommen in seiner Gewalt hat: so ist die Mischung der Stofftheile zweier verschiedener Erklärungen in einer und derselben Scholienbemerkung ein glatter Boden, auf welchem man gar leicht straucheln kann; und wie die Glossen, welche manchmal, besonders die allgemeinern, von verschiedenen Seiten her zusammen treffen, äffen können, weiss jeder aus Erfahrung. Ich glaube die Stellen alle zu kennen, wo Täuschung spielen kann, und werde dieselben wiederholt prüfen, ehe ich den betreffenden Text feststelle (so schlug ich VII, 280 statt μηδ' ἐν ματαίοις κἀγρίοις ποιφύγμασιν über die sehr allgemeine Glosse μεγάλοις in G. i. herüber κἀκύροις vor, aber auch Prometh. V. 358 steht statt ἄγρυπνον βέλος in G. Lips. 1. und in einer Wiener Handschrift ἄγριον βέλος, in G. i. Vind. i. mit den Erklärungen βίαιον, μέγα; das μεγάλοις gehört schon zu ἀγρίοις, dagegen wäre denn ματαίοις κἀγρύπνοις ποιφύγμασιν zu bedenken, was auch in der Berührung dieser Stelle bei Schol. Med. zu V. 268: οὐ γὰρ ματαίας οὐδὲ γυναικείας εὐχὰς ἐπιτελέσω versteckt sein könnte, vergl. Schol. B. zu V. 281 εἰ καὶ διαπαντός θρῆνοις ἐκδύῃς σαυτήν κ. τ. λ. V. 206 steht ἄϋπνον in allen Handschriften. Bei solchen nicht allzu häufig vorkommenden Wörtern sieht man die Schreiber meist nach der einen oder andern Seite ausbiegen; so vermuthe ich Pind. Pyth. IX, 29 statt des unerklärlichen αὐτίκα δ' ἐκ μεγάρων Χείρωνα προσέννεπε φωνᾷ, was sprachlich unmöglich allocutus est vocans e tectis bedeuten kann, sondern wofür nur die Böckh'sche Erklärung ex aede Delphica übrig bliebe — an und für sich eine ächt pindarische Vorstellung, welcher aber die übrige Erzählung vom Dichter homogen gemacht worden wäre, was grade bei dieser Cyrenemythe, wo der Gott das Mädchen aus Thessalien nach Cyrene bringen muss, unmöglich war, ich vermuthe: αὐτίκα δ' ἐμμεμαὼς Χείρωνα προσέννεπε φωνᾷ, wodurch neben αὐτίκα die Heftigkeit des

Gottes geschildert war. Prometh. V. 109 ist ϑηρῶμαι πυρὸς πηγήν geschrieben statt δωροῦμαι; in dem Münchn. Fragm. steht noch (etwas tiefer, neben V. 111) am Rande δίδωμι, vgl. παρέχω im Schol. O. P. und die Mischung in G. i. ὥσπερ ϑηρήσας δέδωκα τοῖς ἀνϑρώποις). Allein im Ganzen und Grossen liegt es ja doch nun unzweifelhaft vor: die nicht im Med. befindlichen edirten und noch nicht edirten Randscholien A. und B. und die nicht im Med., sondern in den andern Handschriften aufbewahrten Interlinearscholien enthalten die indirecte Ueberlieferung zur Wiederherstellung unzähliger Stellen; in einzelnen Stücken, wie Perser und Sieben vor Theben, können schon allein durch die in den deutschen Handschriften noch aufbewahrten, bisher übersehenen Ueberlieferungen alle bisherigen Texte bereits als antiquirt betrachtet werden. Die Erklärung, welche hauptsächlich den Text des Dichters in den Zustand gebracht hat, in welchem er uns in den Handschriften geboten wird (tagtäglich bewährt es sich mir mehr, und bei den verschiedensten Schriftstellern, dass dies die Generalquelle der Alterationen der Texte gewesen ist), trägt nun einen Theil ihrer Schuld wieder ab, wenn ihre Ueberbleibsel den Dichter auch wieder herzustellen behülflich sind. Freilich mag es noch eine Weile dauern, ehe man sich allgemein an das neue Material und die daraus hervorgehende andere Methode, welche sich nun gegen früher so ziemlich umkehrt, gewöhnt. Die älteste Handschrift und der überlieferte Buchstabe, sie werden so schnell nicht vergessen werden; es wird eine Uebergangszeit eintreten, in welcher man sich erst nach und nach von dem frühern Systeme trennen und zu den neuen Quellen Vertrauen fassen wird. Aber der Umschwung wird nicht ausbleiben. Was mich betrifft, so wird mich nichts abhalten, die einmal entdeckten Spuren bis zu Ende zu verfolgen. Was ich im vorigen Herbste in den deutschen Handschriften fand, habe ich an diesen Winterabenden aufzuzeichnen mich bemüht; mit dem kommenden Frühling hoffe ich fernern Ueberlieferungen entgegen zu eilen.

Glossenverzeichniss.

Zu den in m. früh. Schr. zusammengestellten, in den Text gerathenen Glossen treten gemäss diesen Blättern folgende hinzu (die auf gleichem Wortstamme beruhenden, wie φαντασμάτων für φασμάτων, μηχανή für μῆχος, ἀρχόντων für ἐπαρχόντων, τὸν ἀμήχανον für τὸν ἀμηχανοῦντα, ὠλέσατε für ὄλλντε, θνάσκοντας für θανόντας, σπεῖραι (σπείρας) für σπείρειν u. s. w. sind nicht mit aufgeführt). Die betreffende Stelle im Buche ist aus dem folgenden Verzeichniss zu ersehen.

ἀγαθά für κεδνά Perser 218.
ἀνάνδρων für ἀναλκῶν Perser 166.
αὐτοφόνα für αὐτοσφαγῆ Sieben vor Theben 848.
γένος für τόκος (τόκοι) Sieben vor Theben 807.
δή für ἤ (cod. Taur.) Sieben vor Theben 788.
δίυγρα für διερά Sieben vor Theben 985.
δύσλεκτα für δύσρητα Perser 702.
ἑτεροφώνῳ für ἑτεροθρευμένῳ Sieben vor Theben 170.
εὔεδροι für εὐσταθεῖς Sieben vor Theben 96.
ἐφορμαίνοντα für ἐπακταίνοντα Perser 205.
ἔχων für λαχών Sieben vor Theben 486.
ἴδετε für λεύσσετε Sieben vor Theben 111.
ἱππικῶν und ἱππείων für πωλικῶν Sieben vor Theben 205. 122.
κακά für ἄχη Sieben vor Theben 847.
κακῶν für πημάτων Sieben vor Theben 808.
λέγειν und λαλεῖν für λακεῖν Sieben vor Theben 619.
λέξων (λέξας) für ἐρέων Perser 702.
μάκαρες für δαίμονες Sieben vor Theben 96.
μεγαληγόρων für μεγαλολάλων Sieben vor Theben 565.

μέγας für δεινός Eumeniden 274, Agamemnon 1102, Perser 984. Choëphoren 962.
ξυνήγαγεν für ξυνεῖρεν Sieben vor Theben 508.
ὁμόσποροι für ὁμαίμονες Sieben vor Theben 934.
πόδας für γυῖα Prometheus 712.
προστάταις für ἐπιστάταις Sieben vor Theben 1026.
πυρός für φάους Sieben vor Theben 25.
πῶς für τί Perser 1014.
ῥέουσαν für φλύουσαν Sieben vor Theben 557.
τελευτᾶν für περαίνειν Perser 735.

Verzeichniss

der Stellen aus Aeschylus und andern Schriftstellern, für welche in dieser Schrift andere Lesarten vorgeschlagen werden, mit Einschluss derjenigen in meiner frühern Schrift besprochenen, zu welchen hier handschriftliches Material nachgetragen wird.

Die Verszahlen sind nach Dind. edit. 3. regulirt.

Aeschylus	Seite	Perser	Seite
Agamemnon V. 144	184	V. 428	54
V. 289	42	478	40
1102	32	599—605	128
Choëphoren V. 183	19	631 (S. 57 Z. 251. ἐπέκεινα)	56
V. 875	40	675—680	126
962	32	702	28
Eumeniden V. 82	10	721	8
V. 135	35	732	56
163	182	735	11
274	32	743 f.	72
Hiketiden V. 498 Sch. Med.	113	763	68
Perser V. 13	71	784 f.	74
V. 86	179	795	69
93—114	137	862	78
101	50	923 f. (Vit. i. φορτιστῇ)	84
113	139	932	71
121	67	941	70
133	61	954 u. 966	100
166	10	955	101
205	18	958 f.	102
218	7	962 ff.	60
275	33	968	101
310	5	980	99
314 f.	73	982 f.	97
329	34	983	98
334	28	984	38 u. 98
337	81	985 f.	95
344	63	992	100
348	64	995	99
372	59	998	98
388	65	1000 f.	95
392 f.	73	1002	6 u. 75
418	55	1004	77

Perser	Seite	Sieben vor Theben	Seite
V. 1005	77	280	189
1006	77	315	28
1007	78	346 f	102
1010	78	357 f.	108
1012 f.	78	378	51
1014	37	394	18
1036	16	429	15
1040	79	435	16
1042	79	468	89
1066 ff.	80	486	10

Prometheus V. 60	48	489	65
V. 109	190	498	58
313	57	508	19
378 (Z. 2 v. u. l. ὀργῆς)	47	515	14
629 (Z. 25 l. Synizese)	40	518	14
677	60	544	142
712	129	549 ff.	140
717	128	553	18
986	15	554	142
1009	35	557	12

Sieben vor Theben V. 13	15	560	18
V. 25 Prien φάους δίχα	17	562	142
29 Abr. νυκτηγερεῖσθαι	58	565	87
31	129	575 f.	49 u. 122
78–180 Form d. Parod.	168	613	49
78	162	619	80
79–82	165	626 ff.	86
83 f. S. 156 l. ποσί'	155	637	14
85	154	669	179
86 f.	151	679	179
87 ff.	151	686	107
95	167	696	58
96	17 u. 168	707	61
101 f.	159	710	V 31
105 ff.	152 u. 171	735 f.	82
110 ff.	143	749	35
120 f.	150	754	36
122 S. 150 l. προπέμπ.	148	759 f.	115
124 f.	170	768	50
131 f.	147	788	62
133 f.	152	807	24
146 f.	169	808	25
170	131	809	25
189	133	811	26
206 ff.	149	812 (Z. 15 l. λπός u. δορί)	26
218	27	813	96
225	134	820 f.	96
226 ff.	29	826 (Z. 7 l. 826 st. 822)	145
242	35	846—60	83
256	50	900	48 u. 120
260	38	931	89
266	40	963	18
273	60 u. 121	964 f.	22
278 (Z. 10 l. 278 st. 261)	50	971	21 u. 127

Sieben vor Theben	Seite	Euripides Cyclops	Seite
974	128	V. 300	27
979	89	367 f.	86
980 f.	47	372	83
984	128	401	61
985	20	490	89
991	23	496	89
993 (l. δορός γε u. τῷδ')	23	503	89
995	23	516	89
996	23	583	89
1003 f.	24	595	89
1026	34	Electra V. 526	94
1047	132	Pindar Ol. X, 10	130
1056	36	Pyth. VI, 48	131
Erotian. s. v. φλυδᾶν	13	" VI, 50	7 u. 186
Etym. magn. s. v. βρέμει	52	" IX, 29	189
Euripides Cyclops V. 16 H.	19	Isthm. VII, 10	99
V. 240	27	Schol Aeschyl. verbessert 88—94	
290 vielmehr:	39	u. a. vielen and. Stellen	
		Schol. Pind. Ol. X, 10	130
		" " Isthm. V, 54	84
		Tacitus German. c. 27	97

ἄντρα
μὴ τλῇς πρὸς οἴκους σοὺς
ἀφιγμένους ξένους

Uebersicht des Inhalts.

Einleitung. Indirecte Ueberlieferung 1
(Ist der cod. Med. die Quelle aller übrigen Aeschylus-Handschriften? Wiener Abschrift der Perser S. 5).
Glossen im Text, entlarvt durch andere Glossen in den Scholien 9
Glossen im Text, entlarvt durch andere mit ihnen in Verbindung stehende, im Text befindliche Glossen . . . 28
Glossen im Text, entlarvt durch andere in den Text einzelner Handschriften eingedrungene Glossen 30
    Glossen im Text, entlarvt durch Sinn- oder Formanstoss 31
    Irthümliche Glossen im Text 37
Schreibfehler im Text, angezeigt und berichtigt durch überlieferte Worterklärungen des Originals 43
Schreibfehler im Text, angezeigt und berichtigt durch überlieferte Sinnerklärungen des Originals 66
Schreibfehler im Text, angezeigt und berichtigt durch in den Text gedrungene Erklärungen des Originals . . . 80
(Schreibfehler in den Scholien A. B. und Med. S. 88—94).
Beschaffenheit der Scholien. Nachweis, dass die Scholiasten, frühere Commentare bei späterem Texte benutzend, die Erklärungen früherer und späterer Lesarten mischen . 104
    Erklärungen verschiedener Lesarten nebeneinander . 109
    Erklärungen verschiedener Lesarten durcheinander . 117
    Erklärungen früherer Lesarten identificirt mit spätern Lesarten 120
    Allmähliches Verschwinden der auf den benutzten Commentaren beruhenden ältern Bestandtheile in den Scholien 128
    Missverständliche Auffassung der vorliegenden Commentare von Seiten der sie benutzenden Scholiasten . . 142
Ursprung der Scholien. Schol. Med. zu Prometheus, Sieben vor Theben, Perser nicht die Quelle, sondern ein Excerpt von Schol. A. 172
    Zu der Behauptung auf S. 174, dass in Schol. A. eine Menge von Hinweisungen auf ältere, richtige Lesarten, welche in dem Excerpt des Schol. Med. nicht vorkom-

men, vergl. man z. B. die Scholien zu den in dieser Schrift berührten Stellen Sieben vor Theben V. 80. 127. 170. 229. 270. 273. 375. 428. 440. 497. 576. 676. 768. 1047. Pers. 93. 117. 207. 215. 372. 732. 1056. Prometh. 77. 377. 674 u. s. w.

Cod. Med. nicht die Quelle des Textes für alle Stücke des Aeschylus	176
Schol. B.	177
Interlinearscholien der Handschriften als älteste Ueberlieferung	178
Scholien zu den übrigen vier Tragödien des Aeschylus	180
Anwendung des bei Aeschylus Gefundenen auf andere Schriftsteller	186
Glossenverzeichniss	191
Stellenverzeichniss	193

www.ingramcontent.com/pod-product-compliance
Lightning Source LLC
Chambersburg PA
CBHW020823230426
43666CB00007B/1081